英雄

焦裕禄
JIAO YU LU

朱司俊 编著

青海人民出版社

图书在版编目（CIP）数据

焦裕禄/朱司俊编著. -- 西宁：青海人民出版社，2021.5（2024.11重印）
（英雄模范共产党员故事汇）
ISBN 978-7-225-06168-9

Ⅰ.①焦… Ⅱ.①朱… Ⅲ.①传记文学—中国—当代 Ⅳ.①I25

中国版本图书馆CIP数据核字（2021）第093389号

英雄模范共产党员故事汇

焦裕禄

朱司俊　编著

出 版 人	樊原成
出版发行	青海人民出版社有限责任公司
	西宁市五四西路71号　邮政编码：810023　电话：（0971）6143426（总编室）
发行热线	（0971）6143516 / 6137730
网　　址	http://www.qhrmcbs.com
印　　刷	青海西宁西盛印务有限责任公司
经　　销	新华书店
开　　本	890 mm × 1240 mm　　1/32
印　　张	9.75
字　　数	230千
版　　次	2021年9月第1版　2024年11月第3次印刷
书　　号	ISBN 978-7-225-06168-9
定　　价	42.00元

版权所有　侵权必究

目录

北崮山焦家添丁	001
五年的小学时光	008
在黑暗中挣扎	017
大山坑的斗争	032
南下宿迁	055
回乡参加革命	069
造雷手和侦察兵	080
淮河大队的宣传员	099
彭店来了位焦队长	108
初到大营	120
智斗土匪黄老三	129
郎才女貌	148
洛阳会战	157
尉氏县来了个"1.5书记"	179

目录

初入兰考	192
不讲情面的"黑包公"	202
人民的勤务员	215
黄沙情绿色梦	231
向盐碱宣战	263
汤汤大水中	268
回乡探亲	279
与世长辞	294

北崮山焦家添丁

一

在山东省淄博市有一个博山县,这个地处鲁北腹地的县份,山川秀丽,风景如画。在博山县崮山的北面,有一个住着几十户人家的小山村叫北崮山村,或石墙或土坯麦草顶砌成的房子散落在山脚下,有的在沟渠旁,有的在山丘上,有的在平地上,清一色坐北朝南,远远望去错落有致,别有一番景象。村子的四周全是密匝匝的树林,有耸入云霄的杨树,有婀娜多姿的柳树,有布满沧桑的老榆树,也有挂满果实的各种果树。风一吹,树梢像水浪一样层层翻滚着,有节奏地向山顶上漾去,整个村庄在晃动的树林中起伏着,若隐若现。1922年8月16日,焦裕禄就出生在这个小山村里。

二

说起焦裕禄的出生，还真有一段故事。那是 90 多年前，在北崮山村一家用石头垒砌的院子里，一个身着麻布上衣的中年汉子，正在从自家油坊里往外搬油桶，看着一桶一桶的油，他却没有太多的高兴，相反眼神流露出一丝忧愁，他低下头在沉思，沉思着自己的将来，沉思着马上就要出生的第二个孩子，这个人就是焦裕禄的父亲焦方田。焦方田是一个多愁善感却忠厚朴实的人，他高大的身躯，典型的山东大汉形象的背后却有着一颗脆弱的心。当他知道自己的妻子怀孕后自然是十分欣喜，毕竟添丁对于当时的人来说是一件天大的喜事，焦方田也有过短暂的喜悦，但一想到孩子生下来后，他的压力也更大了，毕竟又多了一口人吃饭，而他更发愁的是孩子将来的前途，在这穷苦的社会里，他想不出自己的孩子将来靠什么生活，想到自己的孩子也会和自己一样受累受苦过一生，他的喜悦之情便荡然无存，心情不免沉重起来。而此时正在那边打扫院子的女人，就是他的妻子李氏，李氏的性格刚好与丈夫相反，她吃苦耐劳，乐观向上，什么事情都看得开，虽然她怀着身孕，还要洗衣做饭，干很多家务，但是她丝毫没有怨言，而且还很能体谅自己的丈夫。焦家虽说日子不富裕，但是由于祖上留下来的油坊，日子倒也过得安稳。

1922 年 8 月 16 日黎明，在焦家石墙草顶的三间南屋内，伴随着一声响亮的啼哭声，一个小生命呱呱坠地了，焦家又多了一个男丁。在焦念礼看来，这是焦家的希望，他暗下决心一定要好好培养他，将来为焦家光宗耀祖。但是，在从小就穷怕了、苦怕了、累乏了，并且性格懦弱、多愁善感的焦方田看来，他断定小裕禄的出生无非是多了一个和自己一样的受苦人，多一口人就多一个吃饭的人，就多一个需要娶媳妇、盖房子的人，而这些在焦方田看来几乎是无法完成的负担。他整天笼罩在绝望的情绪中，萦绕在他心中的不是希望而是恐惧。

日子一天天地过去，小裕禄也一天天长大，地灵则人杰，小裕禄从小就透出了聪颖的灵气：温顺、乐观、爱笑、懂事。黄白的面庞上，一双水汪汪的大眼睛着实可爱。焦念礼每天干活回来的第一件事就是逗活泼可爱的小孙子玩，只要看到小孙子，他一天的疲乏就抛到九霄云外了。小裕禄每次看到爷爷，也总爱缠着他问东问西，似乎有问不完的问题，而爷爷也总是不厌其烦地解答着，虽然有时候回答的问题并不准确，但这丝毫不影响祖孙俩的乐趣。

焦裕禄三四岁时，他家的院子里就有一个小磨坊，实际上就是榨油用的油坊。磨坊内有两盘大青石碾子，这两盘都是上好的青石，长年累月碾轧着花生、大豆等植物种子，也变得通身油光闪闪，仿佛两坨无比润滑的青玉。这磨坊传到焦裕禄的爷爷焦念礼身上的时候多了一头骡子，焦裕禄每天起床后就跑到油坊里看大骡子推磨，好奇的小裕禄会不住地问爷爷："爷爷，爷爷，为什么大骡子蒙着眼睛，它能看见我吗？""爷爷，爷爷，大骡子会不会转晕呢？""爷爷，爷爷，大骡子累吗？"……这时爷爷焦念礼就会冲着焦裕禄嚷道："一个小小孩子家哪来的这么多事，别在这里捣乱，到别处玩去。"每当看到爷爷生气了，焦裕禄就会乖乖地离去，可是第二天又到油坊来"捣乱"，爷爷又是一通嚷嚷，久而久之油坊成了小裕禄的乐趣，而爷爷几天不见小裕禄来还真不习惯了。

三

　　焦家的骡子天天在拉磨，小裕禄的爷爷和父亲天天在忙碌，但是家里仍然吃不饱，穿不暖，只有在过年时才能吃上白面馍馍，穿上一身像样的新衣服。有时小裕禄想吃白面馍馍时就会不停地问母亲："娘，娘，什么时候过年啊？"听到小裕禄不停地发问，母亲心里比刀割还难受：是啊，自打过完了年哪里吃过一次馍馍，整天除了地瓜干就是高粱米，有时候不得不把野菜、花生叶子粉碎后掺在地瓜面里蒸着吃，哪来的白面。看着骨瘦如柴的小裕禄对馍馍渴望的眼神，母亲总是紧紧地把小裕禄揽在怀里，眼里的泪水滴在小裕禄的脸上。而小裕禄知道因为自己使母亲难过后，就会很长时间不再提过年的事，妈妈瞅着懂事的小裕禄即怜悯又无奈，暗暗发誓一定要让自己的孩子吃上一顿白面馍馍。爷爷焦念礼看到一天天消瘦的小裕禄更是心疼，他决定用新榨的花生油到县城换一袋小麦回来，上碾子压成面粉后蒸馍馍给孙子吃。

　　有一天，焦念礼看见小裕禄在自家院子里玩耍，就问小裕禄："想不想吃白面馍馍？"小裕禄一听说要吃馍馍，连忙跑到爷爷身边说："快给俺，馍馍在哪里？"爷爷笑着说："想吃就跟爷爷到县城去换，不去县城哪来的馍馍？"说完，小裕禄跟上爷爷就走。从北崮山到县城有几十里远，起初小裕禄一直跟在爷爷后面，可是走着走着就跟不上了，哭喊着要回去，爷爷只好把油放在独轮车的一面，把他放在独轮车的另一面，就这样爷孙俩一个推着，一个坐着，伴随着独轮车"吱拗吱拗"的声音一路往县城方向走去。坐在独轮车上的小裕禄，异常兴奋，一路上不住嘴地问这问那，爷爷一边推着独轮车一边回答着小裕禄提出的各种问题，爷孙俩就这样一路来到了县城。找到供销社，换完小麦已经过了晌午，爷孙俩仍旧是爷爷推着独轮车，小裕禄坐在独轮车上，"吱扭吱扭"地往村里返。小裕禄看着车子上的一袋麦子，想到很快就能吃上香喷喷的白面馍馍，馋得口水都快流下来了，心里别提有多高兴！想着想着，小裕禄美美地睡着了。看着熟睡的小裕禄，爷爷加快了脚步，他要尽快赶回去，好让小裕禄早一点吃上白面馍馍。

也不知走了多长时间，太阳已经挂在了西山顶上，似乎在跟爷孙俩说再见了，秋后的风刮过来也有丝丝凉意。前面不远处北崮山村也好像在向爷孙俩招手致意，欢迎爷孙俩顺利回来。也许是凉风吹的，也许是本该睡醒了，小裕禄睁开了双眼，他看到快进村了，便从车子上下来跟在爷爷后面走，刚走到村南头，就听到前面传来了呜呜的哭泣声，小裕禄赶忙喊道："爷爷有人在哭鼻子，你听见了吗？"经小裕禄这么一说，焦念礼仔细一听，确实是有人在哭，便想去探个究竟。走了没多远，焦念礼看到了在路边老槐树底下有一个白发老人，坐在那呜呜地哭泣，靠近一看，原来是村东头本家大嫂焦王氏，焦王氏已经60多岁了，去年家遭不幸，自己的独生儿子生了一场怪病死了，儿媳妇改嫁走了，只留下两个十几岁的孩子，无依无靠，只能靠焦王氏一个人给大户人家做做杂活勉强维持生活。他便上前去问道："老嫂子，你这是怎么了？可千万别想不开！"看到焦念礼问自己，焦王氏抹了把眼泪哽咽着说："大兄弟，我真没用了，我本来靠给东家做做杂活还能吃上饭，可东家嫌我这个老婆子老了，不中用了，不让做活了，这不已经断顿好几天了，两个孩子饿得直哭，以后的生活可怎么过啊！我也不想活了！"听到这里焦念礼心里不免也沉重起来，他看了看车上的麦子，又看了看小裕禄，对焦王氏说："老嫂子，我刚从县城里换回来一袋子麦子，你先拿回去救救急，以后再想想别的办法，千万别想不开，孩子还得你去照顾，为了孩子你必须好好活着。"焦王氏哭着说："俺知道你们家也很长时间没吃白面了，俺可不要。"焦念礼把袋子递给焦王氏说："你就别客气了，不管怎么说我家也比你家宽裕些，天不早了，早一点儿回家吧，孩子还等着你呢。"说完，爷孙俩往自家走去。小裕禄眼巴巴看着爷爷把辛辛苦苦换回来的麦子送给了别人，自己吃不上馍馍了，急得眼泪都掉下来了。看着小裕禄委屈的样子，爷爷对小裕禄说："禄子，麦子给了你二奶奶，我也心疼，可是如果咱不帮帮她，她就会寻死，咱这叫救人命，行善事。再者说了，亲帮亲，邻帮邻，穷人就该帮穷人。等爷爷榨了油后咱再换麦子去，到时候让你吃个够。行吗？"小裕禄听了爷爷的话，似懂非懂，他含着眼泪点了点头。望着爷孙俩远去的背影，焦王氏跪倒在地一连磕了三个响头。

四

焦念礼在七里八乡也是一个出了名的正直人，有时候又有点认死理。县里有个地主老财，仗着自己的儿子是国民党的军官，又有一帮打手，横行乡里，无恶不作，经常变着法儿剥削农民和佃户。也不知从什么年代起兴下了一条规矩，每当逢年过节，穷苦的佃户和农民都要向老财主家送节礼。

有一年中秋节，老财主家又派爪牙到北崮山村来催礼，各家各户都不得不将家里仅有的粮食拿出来，有的没有粮食的就把家里的牛羊猪等牲畜牵出来，作为节礼，乡亲们敢怒不敢言。眼看已经过了晌午，大多数人家都将节礼送到了村东头的打谷场上了。这时只见从村东头过来了一个人，他两手空空，既没背粮食，也没牵牲畜，径直来到了打谷场。乡亲们一眼就认出了焦念礼，看到他什么也没拿，都不知道他葫芦里卖的什么药。这时，老财主家的管家冲着焦念礼喊道："姓焦的你准备的节礼呢？"焦念礼似乎早有准备，他气愤地说："我上敬天下敬地，中间敬父母，凭什么给你们送礼？"管家说："就凭你种的是我们东家的地。"焦念礼回应说："种地已经交了租子了，凭什么还要交节礼？"管家还是头一回遇到抗礼不交的人，便恶狠狠地对焦念礼吼道："姓焦的，你反了，没有东家的地种，你吃什么，喝什么，穿什么？这礼你是交也得交，不交也得交。"乡亲们怕老焦吃亏都赶忙劝他说："老焦，还是别惹他们了，咱们惹不起他们。"焦念礼看到乡亲们害怕了，便一步蹿到一个碌碡上大声喊道："乡亲们，大家听我说，我们一年到头起早贪黑、没白没黑地干活，一个汗珠子摔八瓣，种的粮食除了交的租子后，还剩多少？凭什么还要再给他们送节礼，大家说这个礼该不该送啊？"经老焦这么一喊，乡亲们压抑在心中的怒火终于爆发出来了，大家群情激奋一起喊道："这明显是欺负穷人，我们不交了！"乡亲们一拥而上，纷纷找回上交的节礼各自回家了。老财主感觉到了众怒难犯，又加上自己的儿子在国军中因犯事被革职了，就再也没收过节礼。

焦念礼就是这样一个接济穷人、乐于助人、刚正不阿的人，因此在村里一直很受人尊敬。小裕禄从小就受到了爷爷焦念礼的影响，这为他今后的成长打下了良好的基础。

五年的小学时光

一

一晃焦裕禄到了该上学的年龄了，母亲李星英就和丈夫焦方田商量说："他爹，你看咱们这辈子没上过学，大字不识一个，说啥也得让禄子上学识字。"可是焦方田却说："庄户人家上不上学又能怎样，能认识自己的名字就行了。"李星英听了焦方田的话，又气又急，便去找焦裕禄的爷爷焦念礼，爷爷听了儿媳妇的话，把儿子焦方田叫到身边怒斥道："你这个没出息的东西，真是井底之蛙，鼠目寸光，不上学能光宗耀祖？不上学能出人头地？难道你还想让禄子像你一样窝囊一辈子？"焦方田挨了父亲一顿训斥后，也不再坚持自己的意见，他本来就没什么主见，最后大家决定让焦裕禄上学。由于北崮山村子小，没有小学校，离家最近的也就是南崮山小学了，正好焦裕禄的姥姥家与南崮山小学相邻，所以就决定让他上南崮山小学。

二

开学的那一天,焦裕禄肩上背着母亲亲手为他缝制的碎花布书包,手里拿着爷爷用木头为他制作的小板凳,高高兴兴地往南崮山小学走去,一想到自己就要坐在学堂里跟同学们一起读书,他打心眼儿里高兴,他加快了脚步恨不得一下子就飞到学校。对于南崮山小学,焦裕禄并不陌生,因为学校和他姥姥家只有一墙之隔,他小时候到姥姥家来,经常被课堂里飘来的朗朗读书声所吸引,总盼着自己快一点长大也能够坐在学校里读书,这一天终于到来了。

焦裕禄到了班里,在老师那里做了登记,便到自己的座位上坐下来,很快他的同学们也陆陆续续地来了,他悄悄地打量了一下周围的同学,发现自己的同学中大部分是比较富裕的,穷苦的孩子相对要少一些。他知道要想在这个学校站得住脚,必须先要和大家搞好关系。

他的同桌李安祥和他打招呼说:"我是李安祥,以后咱们就是同桌啦。"

焦裕禄高兴地说:"我是焦裕禄。"

在认识了自己的同学后,焦裕禄便要了解一下周围的环境,谁知不问不知道,一问吓一跳,学校里经常有富人家的孩子欺负穷人家孩子的事发生。这下可惹恼了焦裕禄,他便和李安祥商议,决定要改变这种不良风气。

李安祥说:"这帮人确实可恶,咱们必须得想办法治治他们,不能让他们这么肆无忌惮。"李安祥挥了挥自己的拳头,问:"你有什么好办法吗,焦裕禄?"

焦裕禄说："我觉得当务之急就是得找一个典型，所谓擒贼先擒王，必须拿下他们领头的，你来说说谁经常领头欺负人。"

"要说欺负人，姓孙的倒是个典型，他家是个有钱的地主，下了课，常抓住一些小同学当马骑。他骑在别人背上，揪着耳朵叫人家爬行。因为他家有钱有势，同学们都不敢惹他，就连老师都得让他三分，对他的行为睁一只眼闭一只眼，大家都对他深恶痛绝，但是却一直没机会动手。"

焦裕禄便说："好，就拿他开刀，一定要给他点颜色看看，灭灭他的威风！"

"好啊，好啊，太好了，终于可以教训教训他了。"李安祥叫道。不久那个姓孙的又开始耀武扬威，他指着一个低年级的学生说："你给我过来，让我骑大马。"那个孩子不愿意，没有挪地方，姓孙的怒了，找了个木条，狠狠地打这个低年级的学生。

那个低年级学生愤怒地说："你凭什么打人？"

孙姓孩子却说："不凭什么，打的就是你，就是你们这些穷鬼！"

有人见到后，便跑去告给焦裕禄。焦裕禄听到这消息后，十分生气，心想必须狠狠地治一下这个小豺狼。于是，他快步走到事发地，把那个姓孙的学生喊到屋里，关上门，将他摁在地上狠狠地揍了一顿。

起初，那个学生哭着说："你敢打我，我去告诉俺爹，送你到衙门里。"焦裕禄听了这话，更火了，他抡起拳头，一面揍，一面说："我要揍得你忘了姓！"

姓孙的孩子被打得翻不过身，最后苦苦哀求说："焦裕禄，你放了我吧，从今以后我再不欺负人了！"

焦裕禄不放，摁着他说："放了你可以，你要答应我两个条件！"

"好，好，你说吧，我答应，全都答应。"

"第一，从今以后不准欺负小同学！"

"好，好，不欺负就是了！"

"第二，不准向你爹告状！"

"我——我——"姓孙的不肯答应。

"不答应就揍死你！"焦裕禄说着又抡起了拳头。

"好，好，我答应。"姓孙的连声求饶。

焦裕禄对姓孙的说："你要发毒誓！这事不得告诉任何人！"

"我发誓：我要告你的状，不是人！天打五雷轰，轰我全家，轰我爹，轰我娘……"

从那以后，地主的孩子老实了，再也不敢随便欺负人了。这件事也很快传遍了整个校园，其他人见状，都不敢随便欺负人了。李安祥和同学们找到焦裕禄说："太棒了，真是大快人心，可算解了大家心头的一口恶气。"

焦裕禄说："可是，这还没有彻底解决问题呢，这只是第一步。"李安祥说："啊？不会吧，我看已经解决了啊！现在那些富人都不欺负人了，谁要是再敢欺负小心咱们的拳头。"

焦裕禄说："可是，用暴力来制服他们只怕是口服心不服，他们有一天还是会欺负人的。要想解决必须得让他们心服口服。"

大家都对这个想法不以为然，果然不出焦裕禄所料，姓孙的孩子和那些爱欺负人的富人怎么能善罢甘休呢，过了不久就找来自己家里的家丁，把那些和焦裕禄一起打他的人都打了一顿，还扬言要打得焦裕禄叫娘。大家都很着急，赶紧找到焦裕禄，问他怎么办。

李安祥急了，说："这可如何是好啊，要不咱们大家一起上，和他拼了算了。"

焦裕禄说:"不行,我们都上也打不过他们。我看不如这样,我们在山上占领制高点,设好套子,准备好石子、木棍,等他们自投罗网。"

李安祥说:"只能如此了。"

山上,焦裕禄和他的几个小伙伴,已经埋伏在了树林里。很快,山上匆匆跑来一群家丁和姓孙的孩子,孙说他们就在这附近,大家快找啊,一边喊了起来:"焦裕禄,别躲了,有种你就出来啊!"

这时,一个家丁一下子踩到了套子,被无形的力量提起。"哎哟!"一声尖叫,瘦子家丁双脚让藤条拴住,倒挂在了树上。

在其他人吃惊之余,焦裕禄一声大喝:"打!"

站在高处的李安祥等人滚下一块块石头,一边打一边喊:"打死你个王八蛋。"

姓孙的孩子和家丁们不断地躲着石头,焦裕禄则带领伙伴们突然从背后抄起木棒向他们冲过来,姓孙的孩子被两面夹击,很快便在"哎哟"声中求饶:"别打了,我投降还不行吗?"

很快大家便围了上来,李安祥说:"你这个人说话不算数,还敢报复我们,这次你服不服?"

姓孙的孩子说:"服了,我服了!以后再也不敢了。"

李安祥说:"我看大家再打他一次,让他长长记性,看他还敢不敢再胡来。"

焦裕禄却说:"我看还是放了他吧。"

看见大家都不解的样子,焦裕禄说:"不管是穷人还是富人都不应该欺负人,但也都不应该被欺负,如果他以后不欺负我们,我们也保证不欺负他们，我们还可以做朋友。"

最终大家还是被焦裕禄的言行所感动，一起原谅了那个姓孙的孩子。这个姓孙的孩子也被焦裕禄的大度所折服，从此，南崮山小学十分太平。

三

很快焦裕禄就上三年级了。

一天，老师带领大家去观看阚家泉，途中孩子们一直在打闹，李安祥说："焦裕禄啊，你说这沿途的景色咋样？"焦裕禄说："景色的确不错，可是我觉得那些为国家立过功的人，和这景色一样美丽。"

李安祥说："让你说景色，却跑到仁人志士上面去了。你啊！"说完，便跑到前面去了。焦裕禄却在那里寻思着。很快到了阚家泉，大家都被这美丽的景色迷住了，老师说："大家看这里的景色是不是很美丽啊，我看大家不如就在这里写一篇文章吧。"

焦裕禄写道：

> 仁者爱山，智者乐水。我钦佩那些为国建立过功勋的仁人智者，更爱哺育过无数仁人智者的好山好水。最令我喜爱的，就是岳阳山南山脚与崮山西山脚交汇处的阚家泉……
>
> 阚家泉的泉眼有锅口粗细，传说有一条蛟龙自东海钻来，在此处出洞，洞口也成了泉眼。清凌凌的泉水从泉眼

涌出，在近处的洼地形成一个小湖，然后冲刷出一条河流，流经南崮山我的学校，奔向山外的天井湾去。我常在湖里河里游水捉鱼，也想看见那条蛟龙是怎样自泉眼里钻出，张开巨口对着山上的旱地喷水……

全部文章千字有余，质朴沉稳，写景状物，既有传奇化，又有理想化，不愧为一篇模范作文。随着参观同学的触景生情，更多描绘阚家泉的作文写成了，全校掀起一阵"阚家泉风波"。焦裕禄也在师长、同学以及乡邻的心目中成了才子，成了乡间的文科状元。

那年，焦裕禄就读的南崮山小学组建了一支时髦的高格的"雅乐队"，包括二胡、笛箫、琵琶以及西乐军号、钗鼓等，堪称大雅。这可是一件大事情，焦裕禄自然也十分感兴趣。品貌兼优、才华出众的男女学生皆集其内，恰同学少年，风华正茂，书生意气，歌舞雅乐，风采极尽。焦裕禄被选为"雅乐队"队长。他初司军号，在操场上练，在野地里练，在崮山山顶上练，在岳阳山丛林中练，练得腮腺肿胀，练得腹空气短。然而，号音却逐渐圆润、挺拔、嘹亮。之后又练二胡，滚指运弓，打砸滑揉，或欢快或优柔，皆拉出个人情韵味。之后又练鼓乐了，打出个气势，打出个节奏，打出个花点，从做派到效果，皆被大家赞许。

学校歌队在"雅乐队"伴奏下演唱。那时，正逢中国革命风起云涌，进步思潮、革命思想已在知识分子云集的学校中传播，南崮山小学教师中不乏热血青年，因而当时所授课目、所练节目皆有进步意义，借古而抒激情的歌曲有《木兰诗》，女生歌队分部合唱，悲壮凄切：

> 唧唧复唧唧，
> 木兰当户织。
> 不闻机杼声，
> 唯闻女叹息。
> 问女何所思，
> 问女何所忆。
> ……

因明了木兰从军的悲壮，又念及国家兴亡，歌者乐者热血沸腾，常有泪流满面的情形。还有更加贴近现实，亦更加昂扬激情的外来歌曲，其中，最爱唱最上口的便有《伏尔加船夫曲》：

> 哎哟嗬，哎哟嗬，
> 齐心合力把纤拉！
> 哎哟嗬，哎哟嗬，
> 拉完一把又一把。
> ……

这是一首描写劳动者苦痛的歌曲，是劳动人民乏力苦累的写照，唱来令人想起自己握镐扛锹、惨受压榨的父亲。另一首纪念"济南惨案"的歌曲，则激起广大师生和广大民众的爱国热情。这首歌不单在校园唱，亦在村街乡集上唱，常常是学生唱，众人和，无论村妇童叟，皆能随声附和：

五三事变真可惨，

日兵到济南。

蓄意寻衅端，

灭公理，恃强权，

意在逞凶顽。

炮火猛射击，

军民饮弹丸。

……

在这样的激情澎湃中，少年焦裕禄已被熏染了革命思想。如果以直线思维推断，小学有成的他定会一而十、十而百地升学及第。但是，接连遭受的天灾，或旱或涝，或蝗或雹。焦家的几亩薄地连年歉收，父亲焦方田开始愁死愁活，母亲李星英的破补烂缝、野菜干柴已不能维持焦裕禄的求学之用。外祖父去逝后，南崮山的五位舅父各宅另院，妻子儿女，家家都有一本难念的经，照顾这个外甥的学业，已到了有心无力的境地。焦裕禄这位没有见过多大世面的山乡农家子弟面临着人生的抉择，他终究没能摆脱和超越贫穷的围困，挣断生活的枷锁。他不忍看父亲忧郁的眼睛，不忍看母亲强作笑颜的脸，不忍听爷爷撕心裂肺的咳嗽声，不忍看全家清一色的菜绿的面容。这一年，学习刻苦认真、成绩优异的焦裕禄被迫辍学了。

在黑暗中挣扎

一

1936年,焦裕禄还只是个十几岁的娃娃,他还找不到解脱穷人苦难的钥匙,历史还没有形成风起云涌的革命气候,责任感只能促成少年的他像个有模有样的男人一样,用他还显稚嫩的肩膀,勇敢地挑起家庭生活的重担。

他开始每天攀上岳阳山和无数的人去争砍秃头毫发般稀疏的树木,成了一名英俊矫捷的砍樵郎。他砍的柴火不是去卖,而是为了自家的灶下生火,用热锅炒黄豆粒,然后用油坊的石碾碾轧。

焦家油坊的第三代传人焦念礼逐渐老去,不得不交给第四代传人焦方田,而在焦方田手上,焦家油坊规模没有任何扩大,依旧还是两个并列的青石大碾砣,滚碾于亦是青石铺就的环形碾道上,碾砣上出一石凸,合辙碾轧于碾盘槽内,无论是豆粒还是蓖麻子匀撒碾盘，均可碾成扁子作榨油之用。

那只老弱的骡子，像一个只吃糠菜的人一样——因有草无料而步履蹒跚，老态龙钟。它在环状的碾道中一圈圈走着，肩肉被木制枷板挤压到脊上，以至两肋的瘦皮绷紧起来。它的头深深地低下去，抵触地面，颈下的瘦皮则垂垂吊吊，抖抖索索。为了怕它偷吃碾盘上的豆类，有一副破布缝制的"眼箍"，戴在它双眼上，不透丝毫光亮。骡子的老泪经常自"眼箍"下滴落，母亲说它老了，已通晓人性。

它在青石铺就的环状碾道打转，一日日，一夜夜，每当它的钉了蹄铁的蹄子趾滑了青石，便会发出吱吱的、令人害怕的摩擦声，每当它的步履因无力而蹒跚，父亲便以铁铲刮削碾盘——使它产生"活儿将完，正在收粮"的错觉，以便能鼓足最后的干劲，快走几圈。年轻的焦裕禄以为这样对待骡子是不公平的，因为它也通人性，你不能欺骗一个心里明白而又不会说话的"哑巴"！他常常故意给它戴偏那副眼箍，使它能够偷吃一点豆料。当他发现那可怜的老骡子并不敢稍有造次的时候，他不得不可怜它的老实，而又愤慨它的窝囊。

在无月的深夜里，焦裕禄曾经听见老骡子深沉的叹息声，恰如房内半夜失眠的老父的作为。猛悟到他自己要与父亲有所不同了。打碎那个黑暗世界的概念还不可能形成，而用自己双手、双脚改变命运，挑起家庭重担的决心，却在此时下定。他开始修理他家的一辆破旧独轮车。曾经握笔操弦的一双嫩手，如今毛毛糙糙地穿钉抹油，加绳捆袢，他要推起这辆爷爷和爹爹推过的独轮车，把自家油坊的油、别家油坊的油运到博山城里去，再从博山捎回金贵的煤炭。

当他推起重载的油车、煤车，蹒跚于崎岖山道上的时候，他感觉到他和老骡子所不同的是眼上缺少一副眼箍。他双手握住车把，弓身探首，车袢把脖颈的瘦皮挤压至脊上。他的腰臀不住地扭动，以便调整着、维持着独轮车的平衡。上坡的时候，双脚趾滚着吱吱发响的石子，摇首甩飞淹眼的汗珠。下坡的时候他全身后坠，以便制住这匹"惊骡"的冲栽。他的车不止一次地翻倒于陡坡下、滑坡上，他做梦都想有一辆驴拉的车和一条二尺宽的平坦些的路。

随着那匹又老、又累、又病的骡子倒在碾道里，他们家不可能买得起一匹新的骡马或牛、驴，油坊的营生就要倒闭，一家人赖以生存的支柱就要断折，焦裕禄第五代油坊继承人的梦也碎了。他感觉这是一种不祥的预兆，而且，通人性的老病骡子与人并无太大的不同，人在病饿苦乏、体力透支、精神崩溃之时，也难免一死。

他忽然联想到父亲深沉的如同病骡的长叹声，看见父亲忧郁悲伤的双眼，也恰如临死前的骡子，不祥的预感便像灰色的影子印在了他的心头，而唯一能有希望避免不祥的举措，便是他要挑起一副新的担子，走一条更窄更陡更险的路。

二

博山山区遍布着星星点点的小煤窑，而这些小煤窑没有任何安全保障，无论是斜井、竖井、地窝窑，都充满着死的恐怖：有成批的人被窑顶塌方埋在里面；有成群的人被瓦斯爆炸烧死在地下；最最可怕的便是"活埋"——窑口被塌方封住，人却并未砸死。成群的人憋在黑暗的地底，不知天日，不知生活，只盼着地面的人将他们扒出来。但是，这样的希望是不存在的，不要说心比煤黑的窑主不愿舍血本而为之，就说那一镐一锹的劳动条件，难以展开救援的低窄的巷道，就是人们来救，没个十天半月别想扒通。而那深埋地底的活人，由于极度的焦躁与恐惧，大多活不到那样多的时日，因而在将尸首呈现在人们面前时，常出现的是惨不忍睹的情景：许多人因为窒息之苦痛，胸部被抓挠得血肉模糊；许多人为在塌落的煤堆中扒出一点缝隙，五指磨割得脱皮掉肉，白骨生生；许多人因不能速死，在极度的饥饿中，吞吃自己的棉袄……所以，在当地有一句精辟的大实话描写"煤黑子"的营生——下了窑就算是活埋一半的人了。

急于改变命运的焦裕禄不得不去做这"活埋一半"的人了，他钻爬于狭窄的煤洞中，像一条蛇钻入深深的地窖，常常跪在地上，左左右右地刨镐，飞迸的煤块击打在他的脸上，污浊的煤尘呛入了气管和肺脏。有时候，他需要仰躺在煤泥地上，像在水中仰泳一样钻过行道的出口，甚至仰着刨切顶部的煤层，被煤块矸石击打得鼻口流血。汗水与煤泥搅成一团，各种可怕的声响使他屡屡想到民间故事中地狱的景象。他在工头的怒喝下背煤出窑，在窑主的斥骂中扛镐下窑，他的所得却不能糊口，更不能顾家。他觉得自己的前途恰若漆黑的煤壁阻挡四周，使他看不到光明。

当他发现生命的赌博不能取得改变命运的成功时，他选择了与相好的工友一同爬上地面，操起了破旧独轮车，开始运送煤炭的营生。

1941年，博山大贱年景：春天大旱，夏季歉收，秋季作物播种的时候，正是赤日炎炎、赤地如火的暑天，山地仍旱得裂缝，刚播种的秋玉米，待到秋来还是蔫蔫的枯黄颜色。屋漏偏遭连阴雨，那一年的秋寒又来得太早,离"秋分"尚有好多时日,北风便呜呜刮起。寒潮侵袭着晚秋作物,枯黄的玉米秸秆,叶片在瑟瑟的抖索中卷曲欲泣。"胎中"逢旱,"产期"逢寒,这是老天要绝人粮。那一年的秋季几近绝产,苦熬了春夏百日,一切指望皆在大秋的焦家,面对着寒秋,设想着漫长的冰天雪地的冬日悲惨,痛苦之状超过了病弱老骡死去之时。

被穷怕、苦怕、累怕了的性格忧郁的焦方田,不再长叹了,他的目光开始呆滞而奇怪:时而柔情脉脉,时而凄苦万端,时而惊惊惶惶地看破屋,看老树,看妻子儿子。家人顾不得疑惑,顾不得纳闷,该运煤的运煤,该拔草的拔草。年迈的爷爷焦念礼已至眼花耳聋的苦境,对于儿子的异状,当然也是看不见,听不到。

焦方田怎么也忘不掉那位亦是焦家子孙的富豪焦兆忠向他催债时的那张脸;忘不了当初向焦兆忠借的两三块钱。他原指望买一点豆料、蓖麻之类周转之后立即还债,哪想到拉磨的骡子病死了,石磨不转了,油坊榨不出油了,但债务像滚雪球一般,越滚越大,本利已至十块大洋,他知道这个数还会越滚越大。

前几次,焦兆忠见了他还只是说:"方田呢,那十块大洋是不是该还了?"

焦方田也只是点一点头,应一声就过去了。但在焦兆忠的那张"慈祥"的笑脸上他感到一股刺骨的寒意。

焦方田深知焦兆忠的为人,在他的"宽厚""慈祥""斯文"的背后,却是不怒自生威,肚里长牙的角色,向来说一不二。

这天,焦兆忠背着手又来到了焦方田家,他依旧微笑着说:"方田呢,那十块大洋该还了吧!"

焦方田嚅嚅地乞求着说:"再宽限几天吧,骡子死了,油坊也开不下去了……"焦兆忠依旧笑着说:"我也有难处哩,你还是上上心吧,再还不上,就得想别的办法了!"

说完背着手走出了院子。

望着焦兆忠远去的背影,焦方田想"别的办法",能有什么"别的办法"啊!不用想他是看中了山上的那二亩地,想到这里焦方田的心像被马蜂蜇了一下,立刻疼得揪紧了。

一个寒霜如雪的早晨。天刚蒙蒙亮,焦裕禄的母亲李星英端了瓦盆,到破烂的碾坊中去喂猪。那碾坊中杂乱得很,有柴草,有农具,有穷家农户的一应什物。对于男人的四更起床,李星英并无格外注意。穷门穷户,若想不饿死冻死,就要拼命,起五更睡半夜已是寻常事,李星英早早喂猪的打算,也是要趁了清晨时光作罢这一事项,再烧一口热汤,让年少的儿子喝罢再去拉煤。但是,她突然看见老实巴交、相依为命的丈夫吊在碾砣之上的屋梁上了,的的确确地死了。

李星英既愤恨又如雷击,她五味杂陈,她恨这个不负责任的懦弱男人,恨他丢下70多岁的老父、愁苦的妻儿、破旧的老屋、薄瘠的两亩山地,还有尚未还清的十块大洋的阎王债……看到眼前这个和自己共同生活了二十几年的苦命人,她突然有了一种悲伤和疼惜,她太清楚眼前这个上吊死去的人,若不是被逼迫到走投无路,是很难下定自杀的决心的!他是被那个人面兽心的焦兆忠逼死的,那十块大洋始终就是压在他心中的一块大石头,而当他无法再承载时,他便选择了结束自己的生命……她想象到了在无人的山坡或无人的焦家院内恫吓、威吓或者羞辱过丈夫的债务人,而且将那种行为上升至残忍的程度。她可以猜测他会威胁要典押他的房屋、他的土地、他祖传的油坊中的石碾……

她突然觉得恨一个可怜之人，恨一个不能主宰自己命运的懦弱之人，是自私的，她不再恨他，而是要先把他的丧事办好，让他入土为安，然后自己再撑起这个家，这个家不能倒……

焦裕禄上山砍柴回来，刚进村子，就听到了自家院子里传出的哭声。他愣住了，一种不祥的感觉立刻笼罩了他。

他扔下柴担，跑进家，见父亲焦方田躺在一张门板上。

乡亲们挤了一院子，爷爷蹲在墙脚哭，娘和嫂子趴在父亲身上哭得死去活来。三岁的小侄子守忠摇着爷爷的胳膊哭着。焦裕禄拉住爷爷："爷爷，我爹怎么了？"爷爷哭得说不出话来。焦裕禄又拉住嫂子："嫂子，咱爹怎么了？"

嫂子哭得上气不接下气。

他拉住哭得没了声儿的娘："娘，我爹他怎么了？"娘抱住焦裕禄说："禄子，你没爹了！你爹受不了人家要债，寻短见了！"

焦裕禄撕心裂肺地哭喊着："爹呀！"

焦家的小院里顿时哭成一团乱麻，同病相怜的左邻右舍齐集院中，边哭边诉，诉出焦方田老实的一生、委屈的一生、苦命的一生。哭出焦方田身后的苦痛：70多岁的老父、愁苦的妻儿、破旧的老屋、薄瘠的两亩山地，还有尚未还清的十块大洋的阎王债……

焦裕禄伏在哭昏的娘亲面前，一遍遍唤着亲爹亲娘。说他会挑起穷家的重担，还清钱债，讨回血债；说他要查清爹爹的死因，不做冤死鬼的儿子。他搀扶着哭不出声的爷爷，说要为他养老送终，作为焦家的后人，他要混出个人样来！

当地葬俗，故去的人，不论贫富，一般要砌寿坟，做寿衣、寿棺。寿坟用青砖或雕琢的青石砌筑，大碹棚顶；寿衣要五根领，也就是五件上衣，用绢和棉来做，取"眷恋""缅怀"之意；寿棺上讲究的人家都用柏木。焦家穷成这个样子，寿坟自然是没钱砌的，五领寿衣也无力置办，只好把穿着一身补丁衣裳的焦方田抬到用门板搭的灵床上。至于寿棺，柏木是用不起的，乡亲们从山上砍了几根鲜柞树，会木匠手艺的后生们锛刨斧锯，忙碌一番，拼出了一口棺材，草草装殓了劳碌一生的焦方田。

夜里，起风了。焦家门外，用草席搭起了一个简单的灵棚。

灵棚里停着那口鲜柞木的薄皮棺材，前边是灵桌，桌上点着一盏孤灯，灯火在风里明明灭灭，灵桌下是一个烧纸用的火盆。穿着孝衣的焦裕禄独自为爹守灵。一阵风吹来，灯火摇晃起来，焦裕禄忙用双手捧住。

在摇曳的灯火中，焦裕禄仿佛看到了父亲焦方田憔悴的面容。在他的记忆里，父亲这张脸上很少浮现过笑容，偶尔因什么事牵动一下嘴角，那笑也是如电光石火一般，稍纵即逝。焦裕禄上学时，每天放学，娘手里都攥着一把小笤帚，给他通身上下扫一遍，爹则站在一边，无言地瞅着儿子，嘴角往上动一动，也就没有别的表情了。

通常，晚上焦裕禄在油灯下念书，娘坐在旁边纳鞋底，爹蹲在一边搓草绳，那是一家人最惬意的时刻。娘"吱啦吱啦"扯动麻绳的声音在焦裕禄听来如闻仙乐，而爹搓草绳则哑然无声。一把谷草在他那双生满老茧的手里搓一把就成了绳，金黄色的草绳在无声地延伸着，在爹的身后跃动，好似蜿蜒的长蛇。

现在再也看不到爹爹的那张憔悴的面庞了,他不禁为爹爹凄惨的一生感到不平、感到无助,难道富人就天生是富人,穷人就天生是穷人吗?他不甘,他要改变这种现状,但路在哪里呢?

他正想着,这时,村上突然人声吵嚷、犬声鼎沸。

没等焦裕禄闹明白是怎么回事,灵棚里突然闯进几个日本兵和皇协军,不由分说,扭住焦裕禄就用绳子绑了起来。

娘和爷爷、嫂子从屋里出来,焦裕禄已经被日本人抓走了。娘哭喊着:"禄子!禄子!"爷爷大叫着:"禄子!禄子!"

灵前灯被风刮灭了,棺材前的引魂幡在风里狂舞。娘和爷爷、嫂子追到大街上。大群的鬼子和皇协军正在鸡飞狗跳地抓人。他们已经抓了几十个年轻人,都用绳子捆绑着。被捆绑的焦裕禄还穿着孝衣,戴着孝帽。

鬼子和皇协军把在村上抓到的人押解上汽车。娘哭喊着:"禄子!禄子!"焦裕禄听见了娘的声音,也大声叫着:"娘!娘!"

爷爷抓住一个日本伍长的腿哀告:"太君,您行行好吧,放了俺这孙子吧!"日本伍长抽出东洋刀,用刀背狠狠敲了爷爷一下,把爷爷打倒在地上。焦裕禄怒不可遏,要去拼命,日本伍长用洋刀抵住他的喉头。爷爷又抱住日本伍长的腿,被日本伍长一脚踢到沟里。

焦裕禄被押解到汽车上,小守忠哭喊着:"老叔!老叔!"焦裕禄眼里噙着泪对娘喊:"娘,快去救爷爷!"

三

焦裕禄和众位乡亲男子被押往博山去了,焦念礼老人瘫倒在床上。悲惨又一次打击了多灾多难的李星英。她必须安葬好死去的丈夫,服侍好年迈的公爹,还得去搭救被拖入狼窝的可怜的孩子。

摆在李星英面前的第一道难题就是丈夫明天出殡,谁来为丈夫"顶包打瓦"?按照当地风俗,不管穷死和富死的人,只要家里有男丁出殡时,就要由孝子领棺出门,头上顶一个由草纸包裹清灰而成的灰包,包上放一片盖屋用的小瓦,领棺至村口之时,孝子举起头上屋瓦,掷地摔碎,再从头上取下灰包,安放于棺材头上,然后领棺木入祖宗陵地。一般由长子"顶包打瓦",长子不在时依次往下推。大儿子离家出走两年,杳无音信,生死难料。按理说这"顶包打瓦"的义务当然落在二儿子焦裕禄头上,可偏偏裕禄又身陷狼窝,九死一生,想到这里,李星英不禁为死去的丈夫感到悲哀,她伤心地落下了眼泪。

这一夜,焦氏家族的人都聚在焦裕禄家的院子里,商议焦方田的丧事。族长对李星英说:"禄子他娘,按咱们这里规矩,明天方田出殡'顶包打瓦'的应该是老大裕生,可这裕生杳无音信,老二裕禄又被鬼子抓走,你说该咋办?"

李星英说:"按祖上规矩该咋办?"

族长说:"按祖上规矩,像这种情况,就必须花二斗粮食,从当门近支中雇一个人来当孝子,你家的产业将来也由这个人来继承。"

李星英说:"家里已经到了这步田地,哪还拿得出二斗粮食呀。"

族长不满意了:"禄子他娘,你们家不是还有二亩地,几间房吗?"

听到这里李星英强压着愤怒说:"禄子他爷爷还在,他哥虽几年没回来可他嫂子还在,再说还要救禄子,这地和房子卖了还指望啥?"

族长不耐烦了:"我说禄子他娘,我们好心好意给你办事你可不能不识抬举,这么做是祖上传下来的规矩!"

李星英听从族家安排,也是节妇应遵之理,可李星英却不是俗人眼中的俗人,她站在屋中央大声说:"议事族长听着,若说讲丧殡的规矩,这东西早叫老天破了,旱灾寒灾下来,逃荒的逃荒,要饭的要饭,死在路上的死在路上,死在野地的死在野地,一没了棺木香箔,二没了'顶包打瓦',这样的规矩怎样去守?再说那日本人的祸害,好端端的人被拉去埋了、砍了,活不见人死不见尸,还有什么样的规矩去守?今日是天灾人祸我全占了,天灾加了人祸害了方田,日本人抓了我儿,我要一撒手死了,这个家就干净了;我若是赖活着不死,又没了活着的根本,那天灾、阎王、日本人杀剩下的,再叫这族规拾掇着杀了,还不是天下的冤屈全叫我一家占了?"

族人听了都开始抹眼泪。族长也为难了,他说:"禄子他娘,那你说该咋办?"

李星英说:"我想好了,明天我要代替自己的两个儿子,为自己的亡夫'顶包打瓦'。"

就这样,李星英说服了焦氏族人,"顶包打瓦"的事就落到了李星英的头上。出殡之日,李星英一身烂麻破孝,手执哭丧大棒,头顶灰包屋瓦,哭一声屈死的亡夫,号一声身陷狼窝的娇儿,真是感天动地。妇人强充孝子,实属百里奇闻,百年奇事。那一日观丧、助丧者也就奇多,乡亲邻里于陪哭中议论这一家的凄惨,对李星英的志气、血气,无不赞以啧啧声,以致焦方田一个穷人的殡事,比富人的还要惊动四方。

四

安葬完亡夫焦方田,李星英便开始想方设法搭救还在博山城日本宪兵队里关押的儿子焦裕禄。

北崮山被抓去的人中陆续有人被放出来了,她心里清楚这些人是往博山的汉奸特务手中塞了银钱、送了厚礼赎出来的。

她发誓砸锅卖铁也要救出儿子,可她一没钱,二没门路,咋救?她打听到了本村的富户邻居郑汝奎在博山城内开中药铺子,在博山待的年头长,门路多。虽然平时也没什么来往,但为了儿子也顾不上那么多了,她要去试一试。

李星英用包袱包了一包袱花生,颠着一双小脚,奔县城去了。几经周折找到了郑汝奎,她双腿跪倒在郑汝奎面前,哭着说:"他大叔,你就行行好,救救我们家禄子吧!"

郑汝奎赶忙扶起李星英,说道:"方田嫂子,你别急慢慢说,裕禄怎么了?"

李星英说:"他被关在鬼子宪兵队里了,说他有八路嫌疑,他大叔您也知道,像俺这种家庭,祖祖辈辈安分守己,怎么会是八路呢!"

郑汝奎听了她的话,像是安慰又像是无奈地说道:"方田嫂子,我听明白了,咱们都是乡里乡亲的,我一定尽力,不过话说回来,这日本宪兵队可不是一般地方，不但蛮横无理，而且心狠手辣，杀人不眨眼。我先通过关系打听一下，看看情况，你先回家等消息。"

李星英自是千恩万谢，回去等消息了。

也许是郑汝奎没有那么大的能耐，也许是李氏无钱给他，无物送礼，李星英等来的是焦裕禄转成"重犯"的噩耗。

但是李星英这个救子心切而又执拗的裹着小脚的母亲，在焦裕禄因"八路嫌疑"被关押的三个月中，隔一天去一次博山县城，35里的崎岖山路，35里路的热泪飘洒。来回70里的山路，中间还需有求人的时光。五更的浓雾，傍晚的寒露，披星戴月，凄风苦雨。她在儿子推煤翻车的陡坡下摔过跤，在儿子驻车小憩的树荫下歇过脚，饿了吃一口粗散的高粱煎饼。儿子的消息是时好时坏的：看守的二鬼子接了东西，便称有了释放的希望；隔几日再问，那希望则又化作泡影，言说要押往东北荒山。90个日日夜夜熬过了，北崮山村被捕的十几个人先后被中人保释，只剩下再也无钱"打点"的焦裕禄和焦念重。为了铺垫解救二人的路，两个穷家的老老少少已向苦河中倾下了几车的礼物，当他们两户倾家荡产、好言说尽、泪水流干的时候，救人的希望却愈加渺茫了。

怀着最后一丝解救儿子的希望，执着的痴心的李星英仍在隔天一趟地跑向博山。盈满泪水的双眼，看山不再像山，看云不再像云。却看见无论从何而来，去何而往的每一个身影，都像自己朝思暮想的儿子。由于一连百日转悠于博山城旁，连坐在汽车上经常巡逻的日本兵、二鬼子都已认识了她；从她破烂的夹袄上，从她灰黄的脸面上和忧急的眼神中，从她趔趔趄趄、跌跌撞撞的小脚的行姿上，他们甚至知道了她是前来谋救"八路"儿子的人。有一次她在汽车驶过时听见一名二鬼子恶狼般的骂声："他奶奶的，又是那个娘们儿，拿枪来，干脆崩了她！"

果然有支三八手枪指向了她，哗啦啦拉枪栓的声音随即响起，如果他们真的想过枪瘾，李星英便会血洒山道；如果汽车的颠动使他们的食指扣动了扳机，这位可怜的母亲也许再也见不到她的儿子。好在她是一个机警的人，她慌忙拐向一片玉米地中，一直待到汽车走远。而后，每每听见汽车的轰鸣，她都要可怜兮兮地躲藏起来，她希望自己活着，以能救出自己的儿子。

五

可怜的母亲哪里知道，日本宪兵队审讯室里焦裕禄已经第四次过堂了，他被吊在屋梁上，背上绑着石块，给他灌辣椒水，坐老虎凳，用尽了各种非人的酷刑，他昏死过去好几次，等他醒来已经被拖回了牢房。一间小小的牢房的地上，屎尿横流，十几个人坐卧其间，每天吃两个硬得像钢盔一样的窝窝头。

一天晚上，焦裕禄他们刚刚睡着，忽然听到汉奸的叫喊声，紧接着一声枪响，伴随着狼狗的狂吠。这时候焦裕禄和焦念重才发现，狱友二柱不见了，一种不祥的预感笼罩在他们的心头。

所有人都被赶至宪兵队大门口一个水塘边。二柱被反绑双手，在十几把刺刀的威逼下，日本兵放出了两条饿了几天的狼狗，狼狗在主子的喝令下扑向二柱，獠牙血口，一撕一块肉，一扯一块骨。为了欣赏人与兽斗的乐趣，日本兵以刺刀挑断了捆绑二柱的麻绳，使其能够挣扎，在一声声变了腔的惨叫中，二柱退入塘中。两条狼狗追咬入水，扯净了他的耳朵鼻头，抽扯出他的肠子肝肺，漂荡于水中。塘水被鲜血染红。

日本鬼子狂叫着："看你们谁还敢逃跑，这就是下场！"

许多难友被惊吓，肝肠寸断，当场昏死。日本兵和汉奸却在开怀狂笑。焦裕禄的牙齿咬破了嘴唇，也就是在那样的一刻里，他萌生了有朝一日刀枪在手，他要砍杀仇敌的念头。他料定自己必然要惨死在博山的监狱中了，眼望着东南方向的群山，他流下了带血的眼泪。

大山坑的斗争

一

在一天深夜,如狼似虎的日本兵端着刺刀冲进监牢,把成群的难友赶出狱外,人们认定将要死了,一个个挣扎倒地,不愿赴死。日本兵和汉奸像拖拽羔羊般将他们拖至火车站,强行将他们塞进一节节闷罐车皮。车厢内黑漆漆的,不知是昼是夜,也不知开往何处去。焦念重问焦裕禄:"禄子,咱这是走了多少天了?"焦裕禄说:"这里面黑咕隆咚的我也不知道走了几天了。"一位狱友说道:"我算计着呢,咱们一天两顿饭,一共吃了十四顿,走了七天了。"

焦念重又问道:"这是把咱们往哪里拉呀,怎么越走越冷?"

焦裕禄回道:"小爷,上车时我看到了车厢上贴着一张字条,好像是'抚顺劳工招募所'。"

焦念重骂道:"狗日的日本鬼子,这是把咱们拉到人烟稀少的东北大荒山去了。"

火车轰轰地又开了两个昼夜，下车时果真到了东北的抚顺火车站。下车后，他们被分批装上汽车，一队汽车开出车站，行进在风雪迷茫的山野中。

一轮冷月挂在西天，月亮似乎也成了一块圆圆的大冰坨子，闪着青色的雪光，焦裕禄同被抓来的人一起被驱赶下汽车。他们当时还不知道，这里就是有名的大山坑煤矿。

焦裕禄和他的本族爷爷焦念重被带进一个大工号。工号里住着几十名矿工。他们有的刚从井下出来，有的背起矿灯准备下井，一个个蓬头垢面，形同囚犯。押送的警察对一个大个子说："王大个儿，这两个人交到你们'丙字号'了，明一早随着下井，你给调教调教。"说完就走了。大个子问焦裕禄："刚来的？从哪儿来？"焦裕禄回答："山东。"大个子问："山东？山东什么地儿？"听他的口音，也足足的山东味儿。焦裕禄回答："博山。"大个子笑了："听你口音这么耳熟，原来咱是老乡啊！"焦裕禄问："大哥也是博山人？"大个子说："不是博山，是聊城。1000多里到这里，都是老乡。俺姓王，人家都叫俺王大个儿。"

他招呼屋里的人："来来，都认认，这也是咱老乡，山东曹州的，李大哥；这是河南漯河的，许大哥；这是刘大哥……"

王大个儿热情地一一作了介绍，焦裕禄也礼貌地和各位工友打了招呼。王大个儿说："看你们俩这做派像是喝过墨水的！"

焦念重回答说："俺这孙子，念过高小呢！不光会识文断字，还会吹拉弹唱！"

王大个儿眯缝着眼说："咱这里都是睁眼瞎，连写封信都得求人，总算来了个识文断字的秀才，大家伙有眼目了！"

王大个儿接着说："不过在咱这里，光靠墨水不行，还得靠力气！"

焦裕禄回答说："还得靠老乡多多关照！"

王大个儿见焦裕禄说话得体，甚是高兴，乐呵呵地说："好说，好说！"接着就吩咐说："刘大哥，小奉天，把棉衣、工具和矿灯拿来发给他们。"

领到棉衣，焦念重说道："哎呀，这棉裤腿上咋还有血？"

焦裕禄也说道："我这棉袄袖子怎么全是破的？"

刘大哥说："两位兄弟，别嫌弃，这棉衣都是从死人身上扒下来的。咱挖煤的死了，就扒光了衣服送'死人仓'。"

许大哥补充说："也有病重的，看你干不了活，硬拖到死人仓去的，衣服也要扒掉。新来的就发这衣服，新衣服的工装费早让把头扣进自家腰包里了。"

说话间，哨子响了，送饭的来了，是橡子面窝头和大碴子粥。

许大哥骂道："又是橡子面窝头和大碴子粥，上一回吃了橡子面窝头和辣椒拉不出屎，得用筷子往外剜。"

没等吃上两个窝头，进来了一个监工，手里拎一个木榔头，大声催促着："下井了！下井了！"他一离开，王大个儿对焦裕禄说："这个监工姓杨，外号杨大榔头，是鬼子的一条狼狗，比鬼子还坏。"

二

下井了。焦裕禄和工友们坐在罐笼坠下几百米深的窑底，他不禁想起了在家乡的黑山煤窑的那段痛苦的经历，如果在那里像被

"活埋了一半"的话,而今在位于抚顺最荒凉地区的大山坑煤矿窑底,则是被整个埋葬了。漆黑的掌子面上,到处发出奇怪的声响,不时有大的煤块、石头掉落下来,在井底发出轰然的鸣响。

一天,在窑底,杨把头看到焦念重没动镐采煤,用手中榔头打焦念重,口中说道:"叫你偷懒!叫你偷懒!"

见本家爷爷挨打,焦裕禄冲上去护住焦念重,一把推开杨把头,说道:"凭什么打人?"

杨把头蔑视地一笑,从鼻子里哼道:"嚯,这是从哪里跳出个二百五,我'杨榔头'打了这么多年人,还从来没有人敢这么跟我说话,就凭我是监工,就凭手中这根榔头!"

说完一榔头向焦裕禄打来,焦裕禄待要反抗。

王大个儿立刻上前劝说:"他们刚到矿上对这里还不熟悉呢,请杨监工消消气儿,大人不记小人过!"

杨把头气稍稍消了一点,但从此记住了新来的焦裕禄。

第一天下井就敢对抗杨监工,工友们为这个新来的山东汉子捏了一把汗,同时也为这位山东汉子的侠肝义胆所佩服。

一天早上,太阳高高挂在天轮顶上。王大个儿忽然醒了,他见焦裕禄也醒了,就和焦裕禄聊起了家常。

王大个儿一脸凄楚地说:"我昨夜做了一个不好的梦,感觉不是好兆头。"

焦裕禄问道:"王大哥,做了啥梦,人家都说做梦都是反着说的,再说了梦都是迷信。"

王大个儿认真地说:"我这人啥都不信,就是信命。命这个东西太奇怪了,你捉摸不透它。咱在这两块石头夹一块肉的井下,吃的是阳间饭，干的是阴间活，命可提在阎王手里呢。这些年，死了咱中国的多少劳工啊。这一带，东大卷、西大卷、老虎台、万达屋、丘楼子，还有咱们大山坑，每个矿都有几个埋尸坑，里面白骨成千上万！咱这地儿天天都死人，死了往死人仓里一拉，攒够一车，拉到山沟里一扔，把山沟都快填满了。山沟里的脑壳像地里的西瓜，遍地都是。"

两个人正说着话，听见外边一片嚷乱。

有人喊："五号巷着火了！五号巷着火了！"

焦裕禄和各工号里的矿工们都往井场上跑去。井场上乱成一团，五号巷口，火光映红了半面天空。

一个名叫安藤的日本大票头，正带领一群日本矿警驱赶着矿工们："快快用黄泥封闭井口。"王大个儿急忙拦住："井口封不得，封了井口，怎么下去救人？"焦裕禄也喊："不能封井口，我们要下井救人！"

大家一起喊："不能封井口！"安藤眼露凶光："中国人多多的，死几个没关系。火的起来，瓦斯爆炸，坑口的坏了，日本衙门大大地赔啦！快快把井口封闭，钉住风门！"

王大个儿急得直跳脚："不能封井口呀，那是多少条人命呀！"

焦裕禄冲到最前头，大声喊着："不准封！"安藤大骂："八嘎！谁挡封井，死啦死啦的。"矿工们不顾一切地冲向五号巷井口。日本矿警推搡着王大个儿、焦裕禄和矿工们。安藤指挥日本矿警拿着警棍对矿工大打出手。

焦裕禄振臂高呼："我们要下井救人！"日本矿警抡起警棍向他打去。焦裕禄倒下了，血从他头上流了下来。

等焦裕禄醒来时，发现头上缠着布条，躺在焦念重的怀里。

焦念重见他醒来长舒了一口气说："禄子，你可醒过来了，你整整昏睡了一天一宿，可把我吓坏了。"

见焦裕禄醒了，众工友都围拢过来，焦裕禄问："王大哥，五号巷的人都救出来了吗？"

王大个儿哽咽着说："没有，狗日的日本人用黄泥封了上风口，里边的兄弟一个也没出来，上百条人命就这么完了，咱们'丙字号'的也有八个兄弟呀！"

听着听着，焦裕禄眼里噙满了泪水，又一笔血泪深仇记在了心头。

晌午过了，安藤和鬼子、汉奸票头押着送饭的人进了工号。

王大个儿问："为什么一天不让吃饭？"安藤黑着脸："矿井检修的干活，你们不下井，饭不能吃的。"杨把头阴阳怪气地说："这是给你们点颜色瞧瞧，看以后谁还敢闹事。"盛窝头的笸箩和盛粥的桶放在地上，鬼子和汉奸却挡着不让人们靠近。杨把头说："你们听好了，饭是送来了，太君有令，今天的饭，不是那么好吃的。吃了这顿饭，你们要明白自个儿是个啥。说明白了，谁学一声狗叫，就给他一个窝头。不学狗叫，连口汤也不给他喝！谁先学呀？"

大家捏着拳头，谁也不说话。工人愤怒的眼神与鬼子汉奸调笑的眼神长时间沉默地对峙。杨把头从笸箩里拿了一个窝头："怎么没人来吃呢？这窝头多香啊，每天都是橡子面的，今天太君慰劳你们，改苞谷面了，真香啊！"没有人说话，很多人的喉结在动。

杨把头叹口气："这饿的滋味可不好受啊。咱也尝过那滋味，一百只小老鼠在肠子里挠啊，太难受了，眼前有块砖头都想嚼了咽下去，对不对？尤其是香喷喷的窝头放在眼前，看得见，吃不上，就更难受啊。"大家把眼睛闭上了。

杨把头拉着长声说："闭上眼顶什么事？到这份儿上，肚皮不听眼皮的啦！人是铁，饭是钢，一顿不吃饿得慌。这一天没吃了，你是个铁人也扛不住啊。"依然是燃烧着地火的沉默。

安藤挥挥手："干粮的撤走！统统地饿死！中国人多多的，死了的没关系！"杨把头忙拦住："慢，慢……我说你们咋这么犟？不就是学狗叫嘛，换了我，只要有饭吃，叫爹也成。"

大家把身子扭过去了。安藤抬起右手往下一劈："撤走！中国人统统地饿死！"正指挥人抬走笸箩，一个矿工站出来："别，别抬走。我学。"

他趴在地上，"汪，汪"学了两声狗叫。安藤哈哈大笑，杨把头把两个窝头扔在地上，他抓起来塞进嘴里。小关东也学了两声狗叫，他把窝头塞在嘴里，噎得直打嗝。

又有两个矿工趴在地上学了狗叫。焦念重看了看焦裕禄，走出人群。他趴在地上，"汪，汪"叫了两声。杨把头笑了："这条老狗，叫得还挺有模有样的。"鬼子汉奸发出一片笑声。

焦念重拿了窝头，放在焦裕禄嘴边："禄子，你吃吧，小爷怕饿坏了你呀。"焦裕禄看也不看，把脸扭过去了。

再也没人学狗叫了。杨把头问："谁还来，你们都看见了，谁学狗叫就有窝头吃！"焦裕禄艰难地站起来："你们走吧，中国人是人，不是狗！"安藤气急地下令："统统地抬走！"日本人走了，焦念重打自己的嘴巴："我丢人了，我在鬼子面前学狗叫了，我不是人！"

那几个学过狗叫的矿工也都打自己的脸。焦裕禄抱住焦念重："小爷,我知道你是为了我。可是你得知道,人活个啥?活的就是一口气!"

三

焦裕禄看着杨把头在主子面前的表现,恨不能一把掐死他。但是他深知在目前现有的条件下,这样做无异于孤羊入狼群,必须用智慧和鬼子汉奸干。

慢慢地,焦裕禄摸透了工友们对付鬼子的办法,那就是"磨洋工"。"磨洋工"是半殖民地半封建的中国人的独特发明,也是中文中的一个崭新的词句。所谓的"磨洋工"是指给洋人干活消磨工时,不出工效。漆黑的井底,多有掩护,潮湿的洞壁上倚坐,死气一团。倘有鬼子汉奸下井监工,便有站哨人的一声咳嗽,齐甩镐响,在这样的时刻里,矿工们胡乱劳作,专拣了铁硬的矸石镐刨锹劈,锤击斧砍,使监督者看见矿工在卖命。更大胆的办法便是破坏挖煤工具和机器,往传动机里塞石块,往轴瓦里放沙子,使其烧毁磨损。

这些经过周密谋划、巧妙行动的破坏十分隐蔽,也十分有效,气得日本鬼子哇哇怪叫,却无计可施。然而,这样的情况出现多了,便引起汉奸领班的怀疑。

最近,杨把头格外卖力气,他每天倚着掌子面唯一的木柱子监工。他双眼贼溜溜地盯着每一个人,谁抡镐的动作慢了些,谁的风枪停了,他走过去,不由分说,掂起手里的榔头就打。

焦裕禄和小奉天往"轱辘马"上装煤。车斗装满了,焦裕禄就瞅无人，在小铁道转弯的地方放了一大块煤矸石。

不想这个情形却被潜在巷道背影处的杨把头看了个满眼。启动"轱辘马"的工人刚刚推上电闸刀，杨把头上来把闸刀又拉了下来。他揪住焦裕禄的衣襟："看你这回还怎么赖账！你干的好事，被老子逮了个正着。"

焦裕禄推开他："你干啥？"杨把头阴笑着："干啥？老子盯你好几天了。你不觉得掌子面天天在闹鬼吗？不是传动机里放了石块，就是轴瓦里放了沙子，轴瓦天天烧，'轱辘马'天天翻车，我早就怀疑了。今天看明白了，原来是你们捣鬼呀！"焦裕禄说："你别血口喷人！"杨把头嘴一歪："你他妈的嘴硬有啥用，你说，你往铁轨上放石头干吗？说呀！"焦裕禄说："那石头不是我放的，是从前边过的车上掉下来的，我怕矿车轧上会脱轨，想搬开它。"杨把头冷笑道："真会说，我明明看见你放石头了。"

干活儿的工人们也都过来给焦裕禄帮腔，掌子面上一片吵嚷声。安藤带着两个日本矿警过来了。安藤问："吵什么？"杨把头立刻换了一副嘴脸，媚笑着说："报告安藤队长，我抓到了往小铁道上放石头的人，他不认账。"安藤问："是谁？"杨把头一指焦裕禄："就是他！"安藤挥挥手："带走！"

两个矿警把焦裕禄带走了。王大个儿他们想拦着，安藤拔出洋刀，顶住了王大个儿的咽喉，把他们逼到了掌子面上去。

焦裕禄被带到了矿警队，进了门，就给捆在一条大长凳上。

安藤亲自审问焦裕禄："你的说，为什么故意搞破坏，把石头放在轨道上？"焦裕禄说："我没放石头，那块石头是从前边车上掉下来的，我是想搬开那块石头，以免让后边的车脱轨。"安藤不信:"你的说谎,杨的亲眼看见你放石头。"焦裕禄说:"那个杨监工是想邀功请赏,这几天矿上有些事故,他怕上面说他无能,才陷害我们。"安藤眼一瞪:"你的说谎!打!"矿警们抡起皮鞭,一下一下抽打焦裕禄。一鞭下去,身上就是一道血杠子。安藤又问:"说,你这么干受了谁的指使,有没有共产党让你这么做?"焦裕禄斩钉截铁地说:"我没有放石头,我是把石头搬开。打死我也是这事!"安藤手一劈:"实话的不说,打!"皮鞭再次抽下来。焦裕禄一次次被打的昏死过去,日本矿警用冷水一次次把他泼醒。安藤扳着焦裕禄的下巴:"你的实话的说,这是最后问话,实话的不说,拉出去喂狼狗的干活!"

额头上的血流下来,模糊了眼睛。焦裕禄眼里的安藤,成了一个红毛的恶魔。焦裕禄吐了一口嘴里的血块:"我说的——全是——实话。要杀要剐,随你——随你便!"

安藤见问不出什么,挥挥手,让矿警们把焦裕禄拖了出去。

两个矿警把打得遍体鳞伤的焦裕禄拖回"丙字号"。工友们围上来,给他揩拭头上脸上的血。

焦念重拖着病躯扑过来,叫着:"禄子!禄子!"许大哥擦着他脸上的血:"鬼子下手太狠了,看把禄子打成了啥样!"王大个儿骂道:"杨大榔头这个犊子,全是他害的,总有一天老子活剥了这个王八蛋!"小奉天也过来给焦裕禄擦洗:"禄子哥,我给你报仇,你等着,我让杨大榔头这杂种死了也不知咋死的。"

四

杨把头又转到"丙字号"的溜子上来了,他走到焦裕禄身旁,问:"小子,问你个事。"焦裕禄不理他,抡镐刨煤。杨把头扳着焦裕禄的肩:"问你话呢!耳朵塞兔子毛啦!"焦裕禄停下:"有话你就说,俺干活儿呢。你不是让'大出炭'吗?"杨把头歪着头:"问你,马王爷几只眼你知道不知道?"

焦裕禄眼皮也不抬:"不知道!"杨把头冷笑道:"好小子,有种。告诉你,马王爷他三只眼。"说完,抬起手里的榔头在焦裕禄肩上敲了两下,背着手走了。杨把头回到大掌子面上,倚着柱子,哼起了小调。正唱着,听见有人叫:"榔头,安藤大票头让你到三号去一下。"他答应着走了。

看看他走到了巷道的另一头,小奉天快步跑到大掌子面上,把杨把头经常倚着的那根木头柱子的楔子用斧子凿下来了。小奉天晃了晃柱子,又把楔子虚插上,用煤埋住。干完这事,小奉天回到溜子上,对焦裕禄说:"一会儿杨大榔头这王八犊子就知道马王爷几只眼了。"

他又凑到王大个儿耳边说:"王叔,等杨大榔头来了再点炮啊。"

王大个儿会意:"好嘞!"不一会儿,杨把头转回来,仍旧倚在那根柱子上。他冲这边喊:"哎!我说王大个儿,你们怎么还没点捻子?"

王大个儿答应着:"就点,就点。"

他喊一声:"大伙儿往棚空子避避,点炮了!"

"轰隆"一声,浓烟充满巷道。杨把头倚着的那根柱子被群炮震倒了,大片煤层轰隆隆砸下来。杨把头被埋在厚厚的煤堆里。

大伙儿开心极了。小奉天又叫又跳:"禄子哥,俺说了要给你报仇的。这下杨大榔头知道马王爷儿只眼了!"李大哥说:"这狗日的砸死了,除了一大害!小奉天,看不出你小子人小鬼大。"小奉天得意地说:"俺早留心了,这小子天天倚着大掌子那根立柱,俺把那柱子的铆楔给弄下来了,咱这边炮一响,柱子就会给震倒,柱子一倒大顶准会塌,大顶一塌杨大榔头就是再生两条腿也跑不出去!"

王大个儿说:"俺也看出来了,这回多点了四个捻子,来个群炮送他上西天大路。"小奉天见焦裕禄不说话,问:"禄子哥,仇报了,你不高兴?"

焦裕禄却说:"快,咱们动手把杨大榔头扒出来!"王大个儿一头雾水:"禄子你说啥?把杨大榔头扒出来?"焦裕禄说:"对。"焦念重说:"禄子,咱们让姓杨的遭害苦了,好不容易把他收拾了……"

焦裕禄说:"要快点扒,晚了杨大榔头就真闷死了!"

李大哥说:"让他活过来又会遭害咱们弟兄们呀。"哑巴刘大哥又跺脚又攥拳。小奉天问:"禄子哥,你怕了?"王大个儿更是吼叫着:"杨大榔头这个犊子,早该死上一百回了!饶了他?俺宁愿饶了蝎子!把这王八犊子刨出来?那先把俺埋进去!"焦裕禄说:"各位大叔大哥,要说恨我比谁都恨这个王八犊子,大家细细想一想:一、杨领班毕竟是一个中国人,他作恶多端居心狠毒,但还没害死过同胞,不该死罪。二、假若惩杨以死刑,定会引起鬼子的怀疑,不是杀十个八个弟兄能够了结的事。三、假若烧火之后再行救火,饶杨汉奸性命一条，感化其良心发现，会对众多矿工的生命安全有许多好处。"

工友们都觉得有道理，心中暗暗佩服这个有学问的山东大汉，工友们在王大个儿的带领下，七手八脚一起扒出了杨把头。

当头被砸破、满脸是血的杨把头睁开眼时，他简直不敢相信自己的眼睛，他惊讶地问焦裕禄："真是你们把我救出来的？"

焦裕禄答道："这还能有假？"

杨把头说："我知道你们恨我，为什么还救我？"

焦裕禄说："因为你也挨过饿，现在还是中国人。中国人不能相互残杀！"

年轻的焦裕禄运筹井下，使井下结成了统一战线，杨把头的行为也果然改变了许多，他再也不害东坏西地监视矿工，而且还向鬼子报告井下的采掘艰难，为"磨洋工"打了不少掩护。在矿工们疲累焦渴难忍之时，他竟也允许他们上井取水了。

五

一天，用绷带吊着胳膊的杨把头又来巡视"丙字号"作业区了。

他见了大家满脸堆笑，手里常拎着的榔头不见了，脸上也没了那副凶神恶煞的样子。他向大家拱拱手："各位兄弟爷儿们，大家歇会儿，歇会儿。今后大家有什么事，杨某一定会尽心尽力。"

他看了看地上的水桶，桶里已没水了。他把空桶拎起来晃了晃："井下这么重的活儿，没水咋行，让人去上面打点水吧。"王大个儿说："矿里不让到上面打水。"杨把头说："你们到井口门房去打，就说我让去的。"焦裕禄说:"我去吧。"

此时的焦裕禄已经在心中燃起了逃出这个狼窝的欲望,他需要利用一切可利用的条件,上井提水的机会他是不会放过的,这是他为将来得以逃脱魔掌而筹划的一部分,只是没有人能看得出他的宏伟计划。

他拎起水桶去了。井口门房里,老洪正拉着板胡唱京戏,椅子上坐着安藤,他眯着眼听着,手里还打着拍子。焦裕禄拎着水桶刚要推门,隔窗见安藤摇头晃脑接着唱京戏,他没有进去,脑子里飞速地设计怎么与洪看守接触。突然一阵开门声和送客的客套声从门房传来,焦裕禄立刻闪躲到墙后面。

待安藤走远后,他提着桶喊了声:"洪叔!"老洪见他提着桶问:"干啥呢?"焦裕禄回答说:"洪叔,我到井上打点水。"老洪笑着说:"杨大榔头让你们救了一命,不再难为你们了?"

焦裕禄点了点头,随即说道:"洪叔,您的胡琴拉得真好!"老洪问道:"你对这个感兴趣?"焦裕禄答道:"我在上学时就是雅乐队的,学过二胡、小号。"老洪眼睛一亮,说:"这么说,你也会拉胡琴?"焦裕禄谦虚地说:"不敢跟您比。"

老洪突然问道:"听你口音是山东人吧!"焦裕禄回答:"俺是山东博山的。"老洪一下子拉住焦裕禄的手说:"咱们还是老乡呢!"焦裕禄立刻表现出了孔孟之乡特有的气质,拱手说道:"在这里遇到老乡,胜似亲人,以后还得仰仗洪叔!"

老洪对这个老乡似乎有种天然的亲近和喜爱。他对焦裕禄说:"咱爷俩来一段,你拉我唱。"焦裕禄端起二胡调好调,对老洪说:"洪叔,唱哪一段?"老洪说:"那就来一段《四郎探母》。"哀怨苍凉的曲子加上悠扬婉转的唱腔响彻在门房,这两个山东人在抚顺的大山坑里,言出了"人在北国心在宋"的惆怅。从此,门房是焦裕禄的必来之地,老洪和焦裕禄也成了无话不谈的戏友了。

六

汉奸杨领班被"特殊劳工"们感化和软化之后没几个月,日方便以杨"监督不力"的因由调他到井上,代之而来的是一位纯种的"大和"兵士——歪嘴领班安藤。这是一个穷凶极恶的日本武士,崇尚"尚武精神",因不能在战场上杀中国士兵而委屈暴躁,这种变态心理使他变成了一个残暴的虐待狂。他看着不顺眼的事情便要翻个底朝天。他看着不顺眼的人,随手就是一鞭,或者一刀背。他喜怒无常,碰到高兴的时候,会叫那个焦裕禄熟识的看守老洪拉起京胡,唱几句京戏给他听。还会逼迫那些在井下受累、在井上挨饿的矿工同他摔跤取乐。他是个受过严格训练的摔跤能手,会用"甩背""别腿""黑狗钻裆"等招式把矿工摔个半死。谁要是拒绝陪他玩耍,便是扫了他的兴头,照样连拖带拽上场,下死招摔人。

一位山东北部武术之乡的"特殊劳工"就被逼着陪他摔跤,在较量中他略施小技,摔了歪嘴安藤一个嘴啃煤泥。歪嘴安藤哈哈大笑,伸出拇指称山东汉子是中国的"大大的"。又一次较量,山东汉子逞一时之勇,忘记了这是羊与狼戏耍。当他接连三次摔了歪嘴安藤鬼子嘴啃煤泥之后,歪嘴安藤的脸青了,命令他向后转、立正。山东汉子只得照做,鬼子拔出东洋刀,从背后捅过去,山东汉子大叫一声倒在地上。歪嘴安藤又踢翻了受伤的山东汉子,给他开了膛。

这件惨案发生之时，焦裕禄正在窑下，尚在井上干活的焦念重目睹了一切。令人不可思议的是，这位一向懦弱的人竟被淋漓的鲜血洗亮了眼睛，壮大了胆子。他哭叫一声扑了过去，企图夺过那把浸满同乡难友热血的凶器，那鬼子只是一反手，便削去了他一片头皮。他跌坐在地上，当胸又挨了重重的几脚，口吐了鲜血。三日之后，焦念重死在了本家孙子焦裕禄的怀中，连一句嘱托的话也未能讲出。

　　在这样的时刻里，复仇的火种在焦裕禄的胸中燃成了熊熊大火。一个逐渐完善的报复计划，在难友们的酝酿中形成。

　　连杀两人的歪嘴安藤已经感觉到了矿井之下敌意的存在，他把东洋刀换成一支三八大盖子枪，并在枪端装上了亮闪闪的刺刀。他警惕着每一个从他面前走过的人，警惕着他们手中的铁锹、洋镐。他知道塌落的煤层曾经埋压过杨领班，因此他不再走入掌子面。但是，老虎也有打盹的时候，他的"好日子"是在他醉酒之时。

　　又一个井下的黑暗日子，"特殊劳工"们又一次开庭合议对于凶手的死刑执行细节。歪嘴安藤突然来到井下，手端着三八枪趔趔趄趄，东瞄西戳。一股烧酒臭气自他的口中喷出，他"八格、八格"地骂着人，哗哗地拉响枪栓，推子弹上膛。焦裕禄悄悄地给大家送水，借机告诉每一个人要小心，因为他在这样的时候想要寻开心，想要耍兽性便会开枪杀人，而杀几个"不服管教"的"特殊劳工"是会从上司那里得到奖赏的。焦裕禄告诉大家对鬼子死刑执行的配合：由他先夺下三八枪，大家一齐上前，乱镐乱锹一口气砸死他！

　　值得庆幸的是，这个东洋凶手也在他的死刑判决书上自动签了字——不知是神差还是鬼使，他在这样的时刻不但不退至掌子面外端枪监视，反而对着焦裕禄叫唤着要水喝。

焦裕禄将水桶提了过去，舀上一碗递上。安藤将枪拄在腋下，伸来了右手。焦裕禄飞快地照他眼上打出一拳、一手抓过了三八长枪高喝一声："弟兄们，打死他！"歪嘴安藤后退了一步，竟未倒地，而那条枪的背带又缠在他的手上，也未夺过。到底是经过正规训练的东洋鬼子，只听他狂叫一声，双手握枪摆开了马步，"嘿"的一声使劲一夺，焦裕禄竟被拖拽得踉踉跄跄，险些倒地。如果焦裕禄此时稍一惶恐，后果则不堪设想：狭窄的采掘面上挤不上众多拿镐持锹的人，而一旦鬼子有了拉枪栓、子弹上膛的机会，连续的枪声便会给望风的鬼子报警。即使他来不及拉栓开枪，那一身拼刺的硬功，那一支长枪锐刺，也不知会使多少难友丧命，而首当其冲的，便是焦裕禄了。

当时的焦裕禄一跃而上，死死地连枪带人一起抱住，并且猛力拱倒了他。鬼子却就地滚了一下，将焦裕禄压在了身下。

王大个儿大喊一声："弟兄们，上！打死这个王八犊子！"

工友们一拥而上，铁锹、洋镐一齐落到了这个恶贯满盈的东洋鬼子的头上背上，腥热的脑浆溅了焦裕禄满头满脸。

难友们飞快地在掌子面的地上刨出一个深坑。将鬼子尸体连同长枪一齐埋下。

杀死了歪嘴鬼子，大家长出了一口恶气。小奉天说："除掉安藤这个王八犊子，再也不用受他的气了！"

王大个儿见焦裕禄不说话，知道他又在想事，问道："禄子，你说咱们下一步怎么办？"

焦裕禄说道："咱们把鬼子埋在掌子面，只是暂且之计，如果鬼子带着狼狗来巡，必露馅！"

小奉天说:"那我们埋深一点不就行了。"焦裕禄说:"那也不行,你想安藤莫名其妙地就失踪了,鬼子一定不会善罢甘休,一旦被发现了也一定会遭到鬼子报复和屠杀。即便暂时找不到,鬼子兵是在井下失踪的,咱们也无法推托,唯一的办法就是由一人逃走,罪责推给逃走之人。"

许大哥说:"怎么逃?矿井的院门有人守卫,出矿之外,又有双层的铁丝网三层铁蒺藜阻隔。鬼子的巡逻队昼夜巡查警戒,鬼精鬼灵的恶犬张着血盆大口。每月都有逃不掉被电网电死、被狼狗撕裂的工友。"

王大个儿说:"禄子,你还小留下来,照顾好大家,我走!"

焦裕禄说:"我走,我的条件比你们优越,门卫老洪或许能帮我。"王大个儿还想说什么,焦裕禄打断了他说:"别争了,到了下班就来不及了,再说,王大哥,兄弟们也离不开你,弟兄们多保重!"

焦裕禄提着水桶就往上走,众难友洒泪道别。

焦裕禄提着水桶来到井上,井口门房里老洪正在值班,看到这个老乡加戏友高兴地招呼道:"裕禄,又上来打水啦?"焦裕禄走近老洪叫了一声:"洪叔!"老洪从墙上取下胡琴,对焦裕禄说:"取水不忙,咱爷俩先来一段。"焦裕禄吞吞吐吐面露难色说道:"洪叔……"

老洪看出焦裕禄似乎有心事,问道:"今儿这是咋了?有心事?"

焦裕禄凑近老洪的耳朵小声说道:"今儿我得走,你一定得帮我!"

老洪问:"到底咋回事?"

焦裕禄把除掉安藤的事讲给了老洪，老洪听了先是一惊，继而一把拉住焦裕禄的手说："我真没看错人，你真是个少年英雄！了不起，洪叔真是开眼了，罢罢罢，洪叔豁出这腔血了，跟我走！"

老洪拿了把钢丝钳，领着焦裕禄绕过矿井警戒区的岗哨，又绕过两片棚号，七拐八拐，来到一片铁丝网前。

刚要动手，日本矿井巡逻队的车驶过来，老洪立刻拉焦裕禄躲到木垛子后面。突然，木垛子后面闪出了两条狼狗，睁着血红的眼睛向他俩逼近。老洪轻声说："这里是三区的死人仓，野狗吃死人吃红了眼，别理它。"

老洪举起枪，拉了两下枪栓，野狗就跑远了。老洪拿出钢丝钳"嚓嚓"地边剪铁丝网边对焦裕禄说："这里是监控盲区，也没有电网，你出去后往北跑，我也只能帮你到这了，跑得了跑不了就看你的造化了！"说完把他推过了铁丝网。

焦裕禄转身向老洪鞠了一躬，转头向北跑去，说来也巧，跑着跑着，忽然他看到了一个熟悉的身影，那不是邻村郭庄村有一点拐弯亲戚的郑表叔吗？他似乎在悬着的崖壁上看到了一根绳子，他轻声而又急切地叫了一声："郑表叔！"

见有人喊他，郑姓乡亲回过头看了一眼，确认是叫自己，满脸迷惑地问："是喊我吗？你是……"

见郑表叔没认出自己，焦裕禄赶忙说："我是北崮山焦方田家的二小子焦裕禄啊！"

郑姓乡亲惊讶地说："是禄子，看你又黑又脏皮包骨头，活像个三四十岁的小老头，哪里像一个十八九岁的少年郎呢？你不叫我，我真认不出你来。你怎么在这里？"

焦裕禄把自己的身份和现实处境一一向他讲了,并央求说:"表叔你可一定要救救我呀。"

郑姓乡亲听后,用手揉了揉自己的眼睛,自言自语地说:"这不是在做梦吧!天下哪有这么巧的事情?焦裕禄的母亲托他这个在大山坑煤矿干消防的表亲,搭救他儿子出牢坑,现在,他们竟然在此时此地相遇了!也许是这孩子命大。"

郑姓乡亲拉着焦裕禄的手嘱咐说:"禄子,别人问你,你就说是我外甥,从山东老家来看望这个舅舅的。"

就这样,郑姓乡亲当即以自己消防队员的合法身份,把焦裕禄带到了消防队,焦裕禄在消防队躲藏了三天三宿。

在这三天三宿,焦裕禄始终在担心,他担心矿井里的王大个儿、小奉天、许大哥等,也不知他们怎么样了,会不会因为安藤的死受到牵连?杀剐、狗撕的噩运会不会就要降临到他们的头上。大恩人洪大叔,他的好心会得好报吗?万一鬼子知晓了他的所为,会不会在水塘边重设刑场,放出狼狗撕他成碎片?还有这热心肠的郑姓乡亲,会不会因为自己而遭株连?他把头深深地埋在被窝里,流下了不知是痛心、庆幸还是感激的泪水。

几天过后,郑姓乡亲不知通过什么手段,终于为焦裕禄弄到了一张"良民证",并把他介绍到抚顺市三条通卫生队干苦力,以打扫马路为生,他必须通过自己的努力挣够回家的路费。

一天,焦裕禄在扫马路时,几个日本兵兽性发作,光天化日之下将两名中国妇女的衣服扒光,当众进行侮辱。焦裕禄想用扫帚铁锨把强盗砸死拍扁,但是他不能这样做,否则,只能如羊送虎口,他带着深仇大恨,用力故意扫起尘土,发泄自己心中悲愤。

一转眼，他已在三条通卫生队干了两个月了，他决定要回家了，他一时一刻也不愿在外边继续混下去了，他实在想念他的老娘和亲人，想得揪心揪肺，想得茶饭难咽。于是，他去向郑表叔告别："郑表叔，您的大恩大德我焦裕禄终生不忘，今天我是来和您告别的。"

郑姓乡亲关心地问道："禄子，表叔知道你回家心切，可你回家的路费肯定不够吧？"说完从口袋里掏出几块钱，塞到焦裕禄的手里："这点钱带上，回家向你娘问好！"

焦裕禄眼含热泪地说："表叔，这钱算俺借您的，回头一定还您！"

郑姓乡亲说道："别提了，路上一定要注意安全！"

告别了郑表叔，他踏上了返乡的艰难历程。经过了千辛万苦，经过了千盘万缠，焦裕禄终于回到了他梦中常回的故乡。

当他看见自家破烂得如死鸡翻卧的草屋时，心如刀绞。一眼看见头生白发、面容枯槁的娘亲，他唤了一声"娘"，便扑了过去，娘儿俩抱头痛哭。邻人闻声齐集焦家，皆言几乎不认识焦裕禄了：残酷的、非人的大山坑矿井的煤泥黑灰、严寒病累折磨得他黄皮包骨，衣衫褴褛，须发凌乱。

焦裕禄问："娘，我爷爷、我嫂子呢？"

李星英没回答，只是问："禄子，你饿了吧？"她从屋梁上摘下一只筐子，筐子里有几个菜饼子。焦裕禄真的饿坏了，抓起一个就大口大口吃起来。吃了两个菜饼子，又从水缸里舀了一瓢水，一仰脖子灌下去。

焦裕禄又问："娘，我爷爷、我嫂子呢？"

"你让鬼子抓走后，你爷爷生了场大病，二十天不到就没了。临死还喊着你的名字。三个月前，你大嫂着了一场惊吓，也死了，他们都是让鬼子害死的呀。"听老娘讲了嫂子被日本鬼子惊吓而疯,又最终死于非命的经过,焦裕禄哭得都站不稳了。

李星英又说:"埋了你嫂子,家里一粒粮食也没有了,我就带上守忠去要饭。各村的人都知道咱一家遭的灾祸,都知道守忠是个没娘的孩子,到谁家门上也没空过……我对守忠说:'忠儿,腰杆挺直些,别看咱是要饭的,这腰杆可不能塌。你再小也是个男孩子,男孩子无论啥时候都要挺直腰杆见人。'守忠这娃儿懂事,每次出去讨吃的,腰杆总是挺得直直的。"

焦裕禄说:"娘,您老头上怎添了这么多白头发?"娘说:"禄子,看看咱这个家吧,就这么几年,你爹死了,你爷爷死了,你嫂子也死了。你哥走了几年,不知流落在哪儿,你又让日本人抓了,好端端一个家,如今家破人亡啊!娘要不是心里盼着你,要不是因为守忠这个没娘的孩子,娘也随他们去了。"

焦裕禄扑在李星英怀里:"娘,娘!我回来了,我哪儿也不去,天天守着娘!"

或许是焦裕禄的体能、精力支出已到了极限,也或许因扑入生身的故土和母亲的怀抱要撒一撒"娇",他得了一场大病,高烧三日不退,神志不清,却接连不断地念叨大山坑日寇的凶残,声声不绝地呼唤难友的名字,呼唤洪叔的名字,呼唤已经去逝的焦念重。

母亲李星英一直守在床边,三天三夜没合眼,她守护着他,护理着他,生怕眨眼间儿子再被鬼子捉走。

千难万苦、心悸胆寒的日日夜夜啊!她已经是风声鹤唳、草木皆兵地惊惶终日了,大儿子又离家多年生死未卜,兵荒马乱,饿殍遍地,虽然有捎带的信息传来,却又难辨真伪,难料虚实。丈夫悬梁自尽了，公爹也在病饿惊恐中离世。唯一能够看得见、摸得着的死里逃生的儿子，又被重病折磨！作为一个母亲，一个一贫如洗的母亲，能做的也就是在夜深人静的时刻，燃起一炷香，祈求上苍和神灵保佑了！

面对干瘦的二儿子，她要像哺婴一样抚爱着他，拍哄着他。她要为他娶媳妇，教他过日月、养娃娃，把焦家延续下去，他还要学乖些、机灵些，不要再让恶狼样的日本强盗生擒活捉了去。她相信聪明、善良、勇敢、孝顺的二儿子会做到这一切，如同被恶狼赶往千里之外，而依旧能够回到她身边一样。

有好心的乡亲在郑汝奎的药店中抓来了中药，为捡一条命回来的焦裕禄治病。第三日的夜半，喝过汤药之后的焦裕禄醒过来了，默看着瘦成干柴的母亲，心中生出难言的歉意。这个刚强的小伙子为了安慰母亲，在这样的时刻里也会讲两句不无幽默的安心话："娘，我回来了。病也好了，儿欠您老人家的越多，自明日开始，偿还得也就越多呢！"

还有什么样的话语比这更能宽慰、逗乐母亲的呢？她酸楚而又甜蜜地笑了，儿子清醒了，他说自明天开始，就要孝顺自己了，明天的太阳一定是鲜亮的，打岳阳山的山尖升起，飘冉至崮山的当顶，照得焦家的小屋光光亮亮、暖暖和和。快到过年的时节了，穷人也有个"年"要过，如同太阳也要照耀焦家。而且，今年的"年"要和亲爱的儿子一同过，那是虽苦犹甜、虽悲犹乐的节日啊！

南下宿迁

一

就在焦裕禄清醒了的那个早晨,他死里逃生的第四天,焦家的小院里闯入了几个汉奸,其中一个喊道:"家里有喘气的吗?"

焦裕禄的母亲赶忙来到院中,应付说:"哟,是几位兄弟,快到屋里喝杯茶吧!"

一个汉奸头子阴阳怪气地说:"听说焦裕禄回来了,回来也不到镇公所报到,这分明是不把老子看在眼里!"

焦裕禄的母亲连忙赔着笑说:"大兄弟,俺家禄子刚到家就病得不省人事,到现在才醒过来,总算捡回来一条命,还没来得及去报到,请大兄弟原谅!"

汉奸头目说道:"少跟老子啰唆,把'良民证'给老子拿来看看!"

此时,汉奸和母亲的对话被躺在病床上的焦裕禄听得真真切切,他脑子在飞速地运转：我手里的这张"良民证"是郑表叔用心血得来的，如果拿出来郑表叔就会有危险，尽管现在也不知道郑表叔生死与否，但绝不能再给好心的郑表叔添半点麻烦。他决定不管自己遇到什么麻烦，也不能拿出这张"良民证"。

可怜的母亲恐怕再有不测，便对汉奸头目说道："应该有，应该有，我这就去拿。"

还没等母亲转身，焦裕禄已经拖着病躯来到了院中，汉奸们见焦裕禄出来，以为是来交"良民证"的，汉奸头目说道："焦裕禄，快把'良民证'拿过来，让老子看看。"

焦裕禄说道："各位大爷、大叔、兄弟们，我确实是有一张'良民证'，可是在下火车时，丢失了。"

汉奸头目一听焦裕禄没有"良民证"，脸上露出一丝难以察觉的笑意，在他看来发财的机会又来了。

汉奸头目突然大笑一声："焦裕禄，你就装吧，老子就知道你是偷跑回来的，根本就没有'良民证'。来人，把这个嫌疑分子给我拿下，押回镇公所！"

几个汉奸一拥而上，把焦裕禄捆了个结结实实。

焦裕禄母亲看到朝思夜盼，哭干了泪水才盼回来的儿子又要被汉奸押走，她心如刀割，苦苦哀求着汉奸："请你们行行好吧！看在本乡本土的面子上，不要再难为我们这家苦命人了，孩子刚回来正在生病，你们就放过他吧！都是低头不见抬头见的乡邻，怎能认证不认人呢？"

焦母的呼喊对这些无人性有兽心的汉奸来说，显得是那么苍白无力，汉奸们押着焦裕禄直奔镇公所而去。只留下焦母那一声声无奈的喊声："禄子，禄子，我这苦命的孩子……"

二

焦裕禄被汉奸押走了，岳阳山、崮山皆在李星英的眼中倒置了。一声狗吠一声牛吼皆吓得她心惊胆战。掉入大海的裕禄只在漩涡上冒了一下头脸，就又被无情的浊浪吞噬了。她记起了一年前博山的鬼子监狱、鬼子汽车、铁罐火车，而后便是儿子所述的大山坑窑底、刺刀、洋狗、铁蒺藜和歪把子机枪。也记起那几个月的盼望、谋划、哀求和打点。一切都没有希望，一切都白白挣扎，究其原因却只有两个字：没钱！

现在，为了救出儿子这条命，她不能没有钱了，如果能弄到钱，卖掉自己的血肉她也要卖。她求娘家，求邻居，求亲戚，求一切认识的人："救救我儿子的命吧！借给俺几个钱吧！求求您……"

她用针线把借来的那沓百家钱缝在内裤里，她知道这钱就是儿子的命，说什么也不能丢了。

又像当年去博山城救儿子一样，一双小脚又步履蹒跚地行走在山路上，她恨不能一下子就走到位于35里外八陡镇的镇公所。

来到镇公所已经接近晌午，镇公所门口有汉奸把守着，见一个农村老太太来到门口，把守汉奸立刻呵斥道："干什么的？镇公所也是你进的？"

李星英回答说："大兄弟，俺是北崮山村的，是李镇长的亲戚，俺来找李镇长救儿子。"

她来之前就打听过了，知道镇长叫李镇东，是个吃喝嫖赌无恶不作的东西，凭借伪镇长的头衔，横行霸道，疯狂盘剥，还是个不折不扣的"瘾君子"。所以把守汉奸问她时，她马上说和李镇长是亲戚。

把守汉奸上下打量了一番，见李星英是一个典型的农村老太太，即使进去也不会造成太大危险，再说了也无法判断她和李镇长究竟是否有亲戚关系，万一真是亲戚不让进去不是自找麻烦吗！

就这样，李星英进到了镇公所，一个汉奸见是一个农村老太太就大声问道："你找谁？"

李星英说道："俺找李镇长。"

此时李镇东正要去吃饭，听到有人找他，便走出办公室，问道："谁找我？"

见一个农村老太婆，背着个破包袱，一双乞求的眼睛死死地盯着他，伪镇长李镇东似乎从这双眼睛里面窥见了什么，知道这个女人会有求于他，便问道："你找我干什么？"

这时，李星英像是突然看到了儿子被救出的希望，一下子跪在了李镇东面前："求你救救我的儿子，他什么也没做，刚从鬼子的矿上逃回来，还生着病就被你们给抓了。"

李镇东假惺惺地说："快起来！这是何必呢？都是乡里乡亲的，有事到办公室来说！"

李星英跟着他，来到办公室，他坐在办公椅上，略显为难地说："你儿子焦裕禄从外地回来，没有'良民证'这是要送到皇军宪兵队的，要真送到宪兵队我也没办法了！"

这个饱经沧桑的农村老太太，还是听得出话外之音的，她赶忙把提前准备好的百家钱递给李镇长："俺知道，李镇长需要打点，这一点钱不成敬意,请您收下!"

李镇东刚把钱收到办公桌的抽匣里,李星英又递上了一个方方正正的盒子,李镇东打开一看,是最喜欢的大烟膏,脸上乐开了花,立刻换了一副嘴脸连声说道:"都是乡里乡亲的一定尽心尽力,你回家等候消息吧!"

李星英知道,这个答复和当年她为救焦裕禄出鬼子监狱、去博山城求郑汝奎时的答复是何等的相似,但是作为一个不能左右自己命运的穷苦百姓也只能回家去等。

三

就在焦裕禄被关押的第三天,一个背枪的乡丁进来了,轻声叫着:"禄子!"焦裕禄疑惑地看着他。他悄声说:"我是南崮山的,你们村焦家的亲戚。这些天你娘为救你,到处借钱,给镇长买了大烟膏,镇长才答应放你走。"

焦裕禄看着那个乡丁问道:"出去就可以回家了?"

那个乡丁说:"镇长说了,如果你答应参加'和平救国军',就放你回家。如你不答应,就把你送到博山日本人的宪兵队。"

焦裕禄问:"啥叫'和平救国军'?"那个乡丁说:"就是日本鬼子组织的地方保安军。"焦裕禄说:"那不就是当汉奸了?"乡丁神秘地说:"看在亲戚的分上,我告诉你,你就先应下来,最后去不去不在你自个儿啊?长个心眼,别跟他们硬较劲。"

焦裕禄问:"上哪儿当这'和平救国军'去?"乡丁说:"先要到天井湾区公所去报到。"

外边有人喊:"镇长让把北崮山那个焦裕禄带过去。"

镇公所里,李镇东躺在太师椅上刚烧完一个大烟泡,焦裕禄被带了进来。他说:"焦裕禄,你逃亡回家,拿不出'良民证',按规矩就得把你送县里交日本宪兵队发落。念你孤儿寡母,就不追究了。你愿意当'和平救国军',今儿个就放你。你不愿意,只能把你送博山宪兵队了。你愿不愿当'和平救国军'呀?"

焦裕禄记住了那个乡丁的话,点点头。镇长挥挥手:"那你拿上文书,自个儿去天井湾区公所报到。"他把一张纸交给了焦裕禄。

焦裕禄看了看那张"文书",上边写着:兹有北崮山村焦裕禄一名前去"和平救国军"军部报到。他心里暗暗骂道:"呸!去你娘的'和平救国军'!让俺当汉奸,瞎了你狗眼!"

他把"文书"揣在口袋里,沿山路往家的方向走去,他知道这次娘为了救他不知又操了多少心,遭了多少难,此刻一定正在家里着急呢,他要尽快回到家里好让娘放心。他沿着山路走啊走啊,也不知走了多长时间,突然,一队扫荡的鬼子、汉奸枪刺上挑着抓来的鸡、鸭,背着抢来的东西,从山路的另一边走过来,他吃了一惊,赶快躲,已经躲不开了。

他又一次被抓走了。

一个鬼子和一个翻译官审问他,鬼子咕噜了几句,翻译官问:"少佐问你,你是不是八路?"焦裕禄摇摇头。翻译官问:"那你为什么没良民证?没良民证不就是八路吗?"焦裕禄说:"我是当'和平救国军'去啊!"翻译官问:"上哪儿当'和平救国军'去?"焦裕禄说:"去天井湾区公所。"翻译官喝道:"净他娘的胡说!你蒙谁?去天井湾是从那条路上走吗?那是去崮山的路!"

焦裕禄说:"俺先回家拿了东西再去。俺这里有'文书'。"他从口袋里掏出那张纸给了翻译官。翻译官看了看。焦裕禄说:"你可看仔细了,俺要是八路,能去当'和平救国军'吗?咱们不是一家人吗?俺这还没去天井湾吃粮,先被弄到你们这来啦,误会,都是误会!"

翻译官给鬼子少佐咕哝了一阵日本话。日本少佐接过那张纸看了看,挥挥手。翻译官说:"小子,的确是场误会。你可以走了。到了'和平救国军'好好干,跟着皇军,吃香的喝辣的。你走吧。"

焦裕禄几乎是飞奔着往家里赶,天渐渐黑了下来,回到村口,村里已是黑灯瞎火了,只能从家家的窗户里看到星星点点的灯光。

焦裕禄跑进屋里:"娘,我回来了!"

李星英一把把焦裕禄搂在怀里:"禄子,可把娘吓死了。他们没把你怎么样吧?"焦裕禄哭着说:"娘,我没事,只是一次次地把咱家折腾光了,把您老人家折腾得头发也白了,腰也弯了,儿子不孝啊!"

母亲抚摸着焦裕禄的脸颊,滚烫的泪水滴在她的手上:"禄子,只要你没事,好好的,娘受再大的罪也不怕,这两天你受苦了,快去炕上睡一觉,娘给你守更!"

望着渐渐熟睡的儿子,母亲思绪万千,她几乎肯定地推断,如果没有可靠的办法保住儿子,像这样的事还会发生。她必须想个办法,不让儿子再离开家,这个办法就是婚姻关系:一来,可以稳住儿子,拴住儿子,使其拖着家室,不再生一丝离家的野心,不再离自己半步;二来,也可让那些汉奸走狗不再怀疑裕禄有不安分的心思与行为,三天两头地来找碴儿逮人。

第二天,天刚蒙蒙亮,焦裕禄一骨碌从炕上爬起来,看见母亲准备出门,他感到纳闷,就问道:"娘,要出门啊?"母亲说:"咋醒了,多睡一会儿吧!"焦裕禄说:"娘,你去哪里,我和您一起去吧!"李星英转回身坐到木板凳上,招呼焦裕禄坐在她的对面,严肃地说道:"禄子,娘寻思着你也老大不小了,也该成个家了,男人没有媳妇心就不定。"焦裕禄笑着说:"娘,您老想给我找个什么样的媳妇?"李星英一本正经地说:"像你嫂子一样贤惠、美丽、勤俭、孝顺的媳妇。"她顿了一下接着说:"这些年,如果没有你嫂子和我做伴,和我出主意一起商量,我真不知道自己怎么活,只可惜她……"说到这里,母亲抹开了眼泪。焦裕禄问:"娘,我嫂子,究竟是怎么死的?"

李星英哭诉了三个月前发生的那次不幸。

一天,日本鬼子又来扫荡了。大队的鬼子、汉奸闯进了村子,整个村子哭声一片。你大嫂正在生病,来不及跑,盖着棉被躺在床上。五六个鬼子端着明晃晃的刺刀闯进屋里。他们翻箱倒柜,乱砸一气,我怕鬼子会对你嫂子下手,就守在炕前,鬼子一枪托把我打倒,用刺刀挑开盖在你嫂子身上的棉被。见床上躺着的是一个年轻女人,鬼子哈哈狂笑,他们叫着:"花姑娘!花姑娘的干活!"

鬼子用刺刀一刀刀挑开你嫂子的衣服,又用刺刀在她胸前、眼前比画着刺杀的动作,"呀呀"怪叫。

小守忠哭着叫娘,一个鬼子把他拎起来摔到地上。我几次扑上去,几次被枪托打倒。你嫂子一声声尖叫着,往墙角躲闪。鬼子狂笑着扑向她,这时响起一阵急促的集合哨声,鬼子收拾起抢的东西走了。

你嫂子缩在墙角,裹着被子抖成一团。我从地上爬起来,去安抚她:"孩子,别怕,鬼子走了。"

你嫂子瞪着惊恐的眼睛尖叫着跳下炕，跑到院里大叫："鬼子来啦！撕活人啦！"她疯了！我请了医生来给她医治。开了药方，熬了药，我把她抱在怀里，一口口喂给她。

外边一阵狗咬，你嫂子推开药碗，裹着被子躲到墙角，叫着："鬼子来啦！撕活人啦！"

就这么折腾了三个月。就在你逃出大山坑的三天前半夜里，你嫂子突然从我怀里抬起头来，问："娘，啥时候了？"

我说："三更天了，孩子，你快睡吧。"

你嫂子抓住我的手："娘，苦了你啊。"

我一阵惊喜："孩子，你醒过来啦！"

你嫂子问："娘，禄子有音信吗？"

我说："还没有。你放心，禄子这孩子机灵，他不会有事的。"

你嫂子又问："娘，守忠他爹，也没信吧？"

我说："前两天有人捎了信来，说在汉口那边呢。这兵荒马乱的，也没法子给他写个信。"

你嫂子说："我等不来守忠他爹了。"我把她搂在怀里，劝慰说："好孩子，快别说这话，年轻轻的。你醒了，娘心里就踏实了。"你嫂子流泪了："娘，我要去了。您告诉守忠他爹，我是被鬼子害死的，我没有给他丢人……只是守忠这孩子年纪还小就没娘了……"

我刚想劝慰几句，她就咽气了，就这么死在我的怀里了。

母亲哭的说不下去了，焦裕禄也哭着说："娘，你给我找吧，结了婚我们俩一起来孝敬您！"

李星英开始给焦裕禄张罗娶媳妇了，没过多久，媒人就给焦家回了信，说在北崮山村东南十里的郭庄，有一家郑氏人家，他家有一女儿比裕禄大两岁,小脚,没文化,一般人才,但十分符合焦家母子商定的条件。焦裕禄在娘的陪同下,见过了这个郑氏闺女。

母亲问:"禄子,你觉得行吗?"

此时的焦裕禄,在看待婚姻方面,只有一个条件,那就是只要娘高兴,自己找个啥样的都行。他甚至认为,找媳妇就是把两头耕牛拴到一个草料槽上了,他们必须一同吃草、饮水,之后一同拉犁、拉车。

就这样,在一个良辰吉日,郑氏女被一顶破旧花轿抬到了焦家小院里那一间新盖的低矮的、草顶泥墙的"新房"里,无吹无打,无热闹场面,无丰盛宴席,无彩车礼盒,只是在这个小院中又多了一个受苦之人。

在婚姻的选择上十分求实的焦裕禄,却在结婚之后的很长时期内难以接受现实。早在幼小的童年时期,他跟随母亲攀爬在青翠的崮山、岳阳山等山上,挖野菜,拾柴草,捡豆禾,他清楚地记得母亲讲述的"刘海砍樵"的美丽爱情故事。在与博山近邻的淄川境内,那位清代小说家、"柳泉居士"蒲松龄所作的《聊斋》中的故事,极多的狐仙妖女择良人为夫,极尽曲折却又极其令人羡慕。幼小的他,随着年龄的增长和身体的发育,曾经做过无数的爱情美梦。他不能明白现在的结合便是他爱之无爱的结果了,他不能正视却又身陷其中,比大山坑的监牢更难脱逃。

但是,心地善良、脾性极佳、人缘极好的焦裕禄又能像处朋友一样与妻子郑氏相处。他疼惜她,从来不鄙视她。他知道一旦有这么个妇女嫁给了他,他便要担起丈夫的责任,为她苦干,为她操劳,为她不得温饱的日月而感到愧疚。所幸郑氏与焦裕禄相比,似乎更成熟一些：嫁鸡随鸡、嫁狗随狗的约定俗成的观念，使她能十分自然、发自内心地夫唱妇随，婆唱媳随。一年以后，他们生了个漂亮的男孩，高鼻，大眼，皮肤白净，一如相书中的有福之人。一家人愁苦堆叠的脸上，绽开了难得的喜笑花朵。全家人琢磨良久，给孩子取名叫"连喜"，意在希望刚出生的孩子是有福之人，连接喜缘福气。这个男孩的降生给焦家带来了一段相对平静的日子。

四

1943年，日本鬼子加大了"扫荡"的力度，村村受害，户户遭殃，又加上老天不睁眼，博山大旱，老百姓不是被鬼子杀死就是饿死，大批百姓被迫离开家园南下逃荒。

9月的一天，焦裕禄家的小院里传来了哭声，这哭声如同祖父、父亲、家嫂死时一样悲切。焦母抱住嗷嗷哭叫的小连喜，生怕被人抢走似的抖抖颤颤、躲躲闪闪。焦裕禄和郑氏跪倒在母亲的面前，焦裕禄说："娘，儿子不孝，不能再在您老人家面前尽孝，可是不这样就真的没有活路了。"焦母说："娘知道，娘就是舍不得小连喜，出门在外你们要多加注意，早一点回来，娘还要等着抱孙子呢！"

离别了至亲至爱的母亲，焦裕禄带着自己仅两三个月大的小连喜、妻子和岳母来到了博山火车站。火车站人山人海，挤满了南下逃荒的人群，这些人将生命和希望都押向了火车，认为只要挤上火车，就看到了生的希望，所以，都拼命往火车上挤。许多人在日本铁警的枪托击打下掉落在了站台下，焦裕禄一手搀着年迈的岳母，一手拉着抱着孩子的妻子拼命挤上了火车。车厢里人满为患，几乎连立腿的地方都没有，郑氏抱着孩子，起初还能听到哭声，后来一点声音也没有了，她以为孩子睡着了，也没在意。事实上也没法在意，因为人挨着人使她无法低头去看一眼孩子。

也不知走了多长时间，火车到了徐州火车站，一家人费了九牛二虎之力才下了火车，可眼前的一幕立刻把一家人惊呆了，小连喜的脑袋被人群挤扁了，已经气绝身亡。

犹如五雷轰顶，这突如其来的打击使郑氏母女崩溃了，她们痛不欲生，爬向铁轨要了此一生。焦裕禄又何尝不悲痛，他望着苍天发出了悲愤的哀叹："老天爷，要惩罚你就惩罚我焦裕禄，为什么跟小儿过不去？他还是一条幼小的生命，就这么悲惨地死去了，老天爷真是不开眼呀！"人间的百痛莫过于丧子，焦裕禄也处在极度的悲痛之中。但是面对郑氏母女的行为，他这个女婿、丈夫很快冷静了下来，孩子已经走了，但绝不能再让自己的妻子和岳母出任何意外。他跑过去拉住了妻子和岳母，深情地说："孩子已经没了，这不是任何人的错，错就错在我们生活在这样一个动乱的社会，我们都要想开，只要我们活下来，孩子可以再要，粮食、衣物、房子都会有的。"

郑氏母女在焦裕禄的劝说下打消了轻生的念头，收拾好行装离开徐州城，一路号啕、一路乞讨地向东南方向的宿迁走去。渴了就到河沟里灌点水喝，饿了就到当地老乡已经收完了的地里去捡拾剩余的大豆、玉米、地瓜等，如果只靠捡拾作为谋生的手段，这是不长久的，焦裕禄和他的同行者们开始琢磨另一种生存方式，那就是"打短儿卖力"：收一亩地的玉米、砍两亩地的秸秆换来几斤粮食；挑几亩地的粪肥，赚几张煎饼；垛一座柴垛、挖一个粪塘挣些许汤饭……满身的汗水、满脸的泥土！虽然经常会受到无端的挑剔、粗野的呵斥，吃的是无滋无味、无油无盐的饭食，但在焦裕禄看来这是靠自己的力气挣来的，特别心安理得。

一天晚上，他们一家正在雇主的牛棚里睡觉，突然听到牛棚外的草垛旁传来了一阵脚步声，随即是"扑通"一声响，第二天一早，焦裕禄发现草垛旁多了一具被雇主扔出的病死了的打短工逃难人的尸体。他不禁想起了自己的处境，他也不能保证自己一家三口人能免于此类灾难，不能保证三口人能逃脱灾境，到达"东南的福地"。

焦裕禄和家人就这样，边打短工边乞讨地来到了宿迁县城东十五里双茶棚村，被饭铺姓张的老板介绍到城东二里园上村胡春荣家当了雇工，住在地主胡春荣家一头是猪圈一头是牛草的小棚里，焦裕禄给他家种地，妻子给他家纺棉花，虽然没日没夜地干活，但毕竟不用再漂泊了，两年下来也挣了一些钱和粮食。

1945年，焦裕禄的女儿降生了，女儿的降生，给这个失去爱子的家庭带来了少有的欢乐。同年秋天，胡春荣家的粮食也获得了大丰收，陈粮又该出仓了，预备储入新的粮食，看着这光景，胡春荣满脸喜气，对人也露出难得的和善。

在园上村打扫得光亮如镜的麦场上，正在上演着这个地区十分有名的"拉魂腔"戏剧，那个以演出传统剧目为基础的名剧团破天荒地编排了一段新的戏词：

八一五小日本投降把枪缴，喜坏了咱中国的老老少少。
喝喜酒唱大戏再放鞭炮，百姓们巴望那日月过好。
日本鬼子投降了！日本鬼子投降了！

天下都在传颂着这一喜讯，诗也传，歌也传。焦裕禄听到这个消息，兴奋得一夜没有睡好觉，他痛恨的日本鬼子终于投降了，滚出了中国。伴随着日本鬼子投降的消息，焦裕禄在每天的劳作、生活中，开始心神不宁，恍惚若梦：梦见自己的老母苦泪涟涟地迎候于村西的小桥上，一声声呼唤着他的名字。而在睡梦中，他看见自己返乡的道路上一片泥泞，一片荆棘；看见徐州火车站挤死的小连喜变形的小脑袋血流如注。一只北飞的鸟、一片北飘的云朵都捎带了他无限的情思。

在他脑海里，返乡的念头越来越强烈，但在他灰暗的记忆里，他家乡的土地上遍伏蛇蝎，遍布虎狼，他不知道他的家乡是否和这里一样，天晴了。

一天，他正在地里干活，看到了几个扛着长扁担的大汉们在树荫下歇脚。他和挑夫们闲聊了起来，没想到这几个挑夫正是从山东来的，他们告诉焦裕禄：日本人投降了，家乡进驻了八路军，成立了民兵组织，与国民党的军队、与地主武装展开斗争，保卫家乡，保护穷苦人的利益……

乡亲的话如一块火炭，掉落进他满积干柴的胸中，引燃了烧心的大火。无论如何，他要回家了，这是胜利的季节、归巢的季节！许多的悲伤、悲痛与悲惨，都在胜利的消息中变得模糊，恍若隔世。一个潇洒、豪放、乐观、向上、勇于奋斗、勇于战斗的焦裕禄将在博山人的眼前复活：野火烧不尽，春风吹又生。焦裕禄夫妇，连同他的岳母，还有他刚出生的女儿焦守凤，肩担身背一路风尘地奔向了回家的长途。

回乡参加革命

一

1945年8月,焦裕禄一家回到了山东博山北崮山村,刚进村口,就看到村中心打谷场上,人声鼎沸,歌声嘹亮,首先听到的是《解放区的天》这首欢快的歌曲:

解放区的天是明朗的天,解放区的人民好喜欢。民主政府爱人民,共产党的恩情说不完……

看到的是,热闹起来的打谷场,靠大路架起的彩门,傍场屋搭起的戏台。北崮山、南崮山的乡亲们都集中在这里,学生们排着整齐的队伍,敲着小鼓,吹着洋号。青年男女们扭着秧歌,踩着高跷,他们在举行一个盛大的庆典。日本投降了!这个消息对于饱受鬼子蹂躏的山东乡亲，无疑是久旱后的第一场甘霖！

焦裕禄被眼前热火朝天的场面深深地吸引了，他动情地说："看来，家乡的天晴了！"

这时人群中的一个人似乎看到了焦裕禄，朝焦裕禄一家走来，边走边问道："这不是禄子哥吗？"焦裕禄也认出了来人是本家兄弟焦裕征，"裕征兄弟！"两个人抱在了一起，焦裕征说："你去南方逃荒这两年，咱们这里变化可大呢！日本人投降了，咱们崮山这一带成了解放区，咱村成立了民兵队，咱们的苦日子熬到头了！"焦裕禄激动地说："南下这两年，天天盼着家乡解放，穷人能够过上好日子，我也可以早日返回家乡！"

说着，焦裕征冲着人群大喊道："禄子哥回来了！禄子哥回来了！"

听说焦裕禄回来了，乡亲们纷纷围拢过来，问长问短，一个背着枪的中年汉子迎过来，拍着焦裕禄的肩膀说道："禄子回来了，两年不见长个了，成了棒小伙子啦！"

焦裕禄喊了声："方开叔！你背着枪干什么？"焦裕征告诉焦裕禄："禄子哥，你刚回来不知道，咱方开叔现在是民兵队长啦！"焦裕禄兴奋起来："方开叔，当年咱们被抓进博山鬼子宪兵队时你就是好样的。"

焦方开拉过一对青年男女："禄子，这是你方亭叔，你肯定记得。"焦裕禄说道："方亭叔好！"焦方开指着旁边的女子介绍："这位你肯定就不认识了吧？她叫刘美元，是你方亭婶子，过年时刚娶过来的。"

焦裕征说："方亭叔是民兵班长，婶子是妇女主任，都是大人物啦！"

方开叔说道："禄子，你还没回家吧？快回家看看你娘去，她这两年老了不少。"

二

方开叔的提醒使焦裕禄如梦初醒，光顾看热闹了，还没见到朝思暮想的娘呢。焦裕禄一家往自己的家里走去，一进家门焦裕禄就喊道："娘，我回来了！"李星英揉着眼睛从屋里迎出来，颤声问道："是禄子一家回来了，我不是在做梦吧！"

焦裕禄扑向母亲的怀里，说道："您不是在做梦，您儿子真的回来了。"

母亲摸着禄子的脸说道："你长高了，也黑了瘦了！"接着问道："小连喜呢？"

焦裕禄愧疚地说："娘，儿子没保护好，小连喜被挤死在火车上了！"李星英一下子昏了过去，焦裕禄焦急地喊着："娘！娘！"妻子郑氏也哭喊着："娘！娘！"

过了一会儿，李星英慢慢苏醒过来，嘴里喃喃地喊着："连喜——连喜——"

见母亲醒了过来，焦裕禄对妻子说："快把守凤抱过来！"郑氏把女儿焦守凤抱过来对婆婆说："娘，这是您孙女。"

李星英看到孙女，一下子抱在了自己怀里，说道："孙女，回家了，再也不要走了。"

这时小守忠背着书包回家了，看到叔叔一家从南方回来，赶忙放下书包叫道:"叔、婶子!"焦裕禄摸着守忠的脑袋说:"守忠都长这么高了!"母亲说这是放学了,焦裕禄问道:"在哪里上学?"母亲说:"在南崮山,你上的那个小学。"焦裕禄问守忠:"你们在学校都学些啥?"守忠回答说:"学文化知识,还学唱歌。"

这时,裕征忙完了,到焦裕禄家来了,他进门就喊:"婶子,俺来看禄子哥来了。"

焦母说道:"大侄子来了,快坐下!"这时,焦守忠端上了一杯茶递给了焦裕征说:"叔叔!喝茶!"焦裕征摸了一下小守忠的头算是表达谢意。

焦裕征随后对焦裕禄说:"婶子这几年真是不容易,要着饭也要供小守忠上学,十里八乡的都挑大拇指。"

焦裕禄一听马上跪在了李星英的面前:"娘,儿子不孝,让您受苦了,今后我要和您永远在一起,再也不分开了。"

焦母扶起焦裕禄:"傻孩子,快起来,不分开了,再也不分开了!"

第二天早上,焦裕禄起床后,见厨房里冒出了炊烟,他来到了厨房,看到母亲正在鏊子上摊煎饼,焦裕禄说:"娘,多少年没吃上您摊的煎饼了,闻着都香。"母亲在鏊子上叠了一张煎饼递给焦裕禄:"快拿去卷上大葱吃去吧!"焦裕禄卷上大葱美美地吃了起来。

三

北崮山村的民兵组织非常活跃,同村的乡亲与家族中许多人当上了民兵,扛起了枪。一天,民兵队长焦方开、郑汝信正在组织民兵焦方亭、焦方珠、焦念中、焦念钦、焦念江、焦其焕、李景伦、王西月……还有1945年参加民兵并当选为妇联主任的刘美元等开会。焦念书领着焦裕禄来了，直截了当地说："裕禄想加入咱们民兵组织，大家看行吗？"

焦方开听说焦裕禄要参加民兵的要求，马上答应说："好啊！他有文化，人又机灵，写报告、管文件他都会干，叫他加入吧！"

焦方亭说："禄子的加入，咱们民兵队又多了一员虎将。"

焦方开："禄子，咱北崮山虽然是解放区，但离我们不远的八陡就是国民党还乡团的老巢，他们经常来进攻，咱们北崮山就是解放区的前沿阵地，对敌斗争形势还是很严峻的，当了民兵，要有坚强的革命意志，不能怕流血牺牲。"

焦裕禄庄重地点点头。

焦方开说："那从今天起，禄子就正式加入咱民兵队啦！"大家鼓起掌来，焦方开发给他一支枪，还有一支军号，并说："禄子，你上学时就喜欢摆弄这个乐器，区上给咱民兵队一个军号，可咱没人会吹，就交给你了。"焦裕禄郑重地接过来，向焦方开行了一个礼。

焦裕禄身穿一件大袄，以皮带扎腰，背一支枪，腰间别一支军号，高大英武的身材，宽肩长腿，白面黑发，双眉上挑，双目如炬，高高的颧骨与鼻梁，一副英豪男儿风度。

四

北崮山村西有一座拱圆石桥，桥下流水潺潺，桥面宽阔，有灰石栏墙，桥上有几株树，非洋槐即是苦楝，石桥的对过八陡方向就是国民党的政权、军队、地主武装的集结地，黑暗势力的前哨，他们龟缩在那片黑云之中作作索索，磨刀霍霍。焦裕禄身背一支长枪，与民兵战友一起在小桥上站岗，遥遥监视着随时可能进犯的敌人。

一个风高月黑之夜，16岁刚刚参加民兵不久的焦念中，在桥上放哨站岗，一阵凉风吹过，焦念中顿觉头皮发凉，手脚发冷，就在他刚要喊人的时候，焦裕禄拿着手电筒，走了过来："小爷，我来看看你，你没事吧？"焦念中嘴都不利索了，颤抖着说："都快吓——吓——吓死我了。"焦裕禄说："小爷，你到屋里歇会，我来替你站岗。"打那以后，不管刮风下雨，还是风雪交加，每当焦念中站岗，焦裕禄总能出现在他的面前，焦念中已经记不清焦裕禄替他站过多少次岗了。不是因为焦念中胆小焦裕禄才替他站岗，也不是这位年轻的小爷爷长焦裕禄两辈，而是焦裕禄害怕敌人乘夜偷袭解放区，杀人放火。

一天，换岗后的焦裕禄，在民兵队部组织民兵们学唱歌，他先是和大家一起唱《解放区的天》，接着，他又教唱民兵学会了"八路歌"：

> 同志们呀我要问问你，
> 吃的饭穿的衣都是哪来的？
> 鱼儿离了水活呀活不成，
> 咱离开老百姓就不能打胜仗……

一人教，众人随，唱出了激情，唱出了气势。北、东、南崮山村，无论男女老幼，都学会了这支歌。

北崮山村的男女老少一连几天都能听到从崮山和岳阳山上传来

的滴滴答答的军号声,时缓时紧,时快时慢,时而悠扬,时而高亢,人们总是习惯地说一声,禄子又在吹号。吹号已经成为焦裕禄生活的一部分,听焦裕禄吹号也成了北崮山乡亲们生活的一部分。

一个春日的清晨,焦裕禄吹响了集合号:成队的民兵、学生、妇联队伍集合起来,长枪与红旗的闪耀和光彩,烘烤得整个崮山村沸腾了。人们高唱着歌曲,高呼着"打倒恶霸地主"的口号,顺着崮山山脚的缓坡铺成的石板路,沿着阚家泉形成的河流,奔向曾逼死过焦裕禄的父亲焦方田、逼死过无数穷人人命的恶霸地主焦兆忠家。

见过世面的焦兆忠,看到来势汹汹的斗争人群,提早在他那个由一对凶猛石狮守门,雕梁画栋、极尽豪华的两进四合院里等着,依旧保持沉稳的态度、祥和的笑容。有些人似乎被焦兆忠的表面所迷惑,有的被他家的淫威所威慑,仍旧"老爷!老爷!"地喊着,很多的人嘻嘻哈哈像是来串门一样。

焦裕禄暴怒了,这哪是来斗地主的,这分明是来串门寒暄的,不能被地主的假象所迷惑。他振臂呼起了口号:"打倒笑面虎,打倒恶霸地主焦兆忠!"

他开始上前发言,以他雄辩的口才,历数焦兆忠杀人不见血的罪行。他说:"焦兆忠虽然也姓焦,他逼死的却都是姓焦的人。给他种地的佃户、长工、短工也是焦姓居多,他什么时候有过一分的仁慈,他逼死人命,阴险奸诈,左勾日本人,右挂国民党。成群的乡亲被日寇抓捕杀剐,焦姓人占了多半,焦兆忠救下了哪一个?他与地主郑开田是一棵藤上的两颗毒瓜,不能听信他'一林一祖'的蛊惑之言,压迫人民的地主老财和被压迫的穷人,从来都是势不两立的仇敌……"

一番话有理有据，讲得众人有感有触，细想焦兆忠人面兽心的种种劣迹，一种发自内心的阶级仇恨油然而生，于是群众纷纷上前揭发鲜血淋漓的事实，秘无人知的丑行，一件件暴露于光天化日之下。有人哭诉，声泪俱下；有人痛骂，怒火万丈；也有人挥刀端枪，想结果了这个披着人皮的豺狼。

这次对地主焦兆忠的批斗，达到了预期。

焦方开对焦裕禄说："裕禄，你说我们应该怎么处理这个恶霸地主？"焦裕禄回答："虽然我与焦兆忠势不两立，怀有深仇大恨，但我服从上级指示，不要考虑我的个人家仇。"焦方开满意地点点头。根据上级指示，焦兆忠、郑开田被交给博山县第五区区政府处理。

广大穷苦群众，个个喜上眉梢，他们分到了地主焦兆忠和郑开田的田产、房屋和浮财，整个村庄像过节一样热闹。

五

一天，王西月和焦裕禄正在桥头站岗，焦裕禄突然手指前方对王西月说："老王，有情况，你看……"顺着焦裕禄手指的方向王西月看见敌方岱庄的方向出现了一个人影，手里牵着一头黄牛。仔细一看，人与牲口不是从那边来，而是从这边去，已行至崮山与岱庄的中间地带。

王西月说："走，去看看！"说完，二人立即追了上去。

焦裕禄冲那人喊道："喂老乡，干什么去？"

那个人发现有人过来，慌了手脚，使劲牵着牛，停在原地不动了。

快靠近时，焦裕禄看清了是本村陈二柱，便大声喊道："陈大哥别做糊涂事，快回来，前面危险！"

陈二柱仍牵着牛站在原地，黄牛发出"哞哞"的叫声，就在此时玉米地里喊声阵阵，岱庄的地主武装听见了牛的叫声，也"嗷嗷"地狂呼着扑上来。

陈二柱惊慌失措，双手攥紧了系牛的缰绳，一屁股坐在了地上，无计无策。王、焦二人快速冲上前去，正要抓起缰绳，"啪啪"敌人首先开枪了，子弹"啾啾"地怪叫着，掠过头顶。

王西月大声说道："焦裕禄，你快躲到坟包后，还击敌人，我来保护陈二柱和黄牛，绝不能让黄牛落入敌人手中！"

焦裕禄迅速埋伏到坟包后，咔咔拉响了枪栓，一声枪响，便撂倒了一个敌人，此时，王西月也卧倒在地，边还击边命令："赶快通知民兵队参加战斗。"

眼尖如鹰的焦裕禄也猛然发现，成群的敌人像黄狗一样爬满了庄稼地，呈合围之势缓慢地包抄上来，寡不敌众的情势已十分明显，眨眼之间，就有牺牲或被俘的危险。

焦裕禄翻滚在庄稼地里，快速地撤向村中，留下王西月班长一人顶着打。在小桥的树下，他迎上了集合而来的民兵。一时间，密集的枪声和喊杀声响彻上空，敌人支撑不住，连滚带爬地逃了回去。

这次"夺牛"战斗，不仅保住了黄牛，还打死了三个敌人，缴获了七八支长枪以及弹药等战利品。五区政府和党支部，通报表扬了王、焦两位民兵战士，对他们机智勇敢的"夺牛"战斗给予了高度评价。同时通报全区：要求翻身农民珍惜胜利果实，不得将土改分得的粮食、牲口流往敌占区。

在崮山几个村的传说中，年轻、能说会道、能写善画、温文尔雅的焦裕禄又被描绘为神枪手，百发百中，说打鼻子不打耳朵。

六

"夺牛"一战敌人吃了大亏，恼羞成怒，便从博山的方向发动大兵，翻过了岳阳山，气势汹汹地从北崮山的侧背向北崮山根据地袭来。

村西的小桥哨位和王西月家前哨位的民兵同时发现了敌情，国民党大约一个连的兵力加上地主武装和还乡团上百人，形势十分险恶。

民兵队长焦方开，正在开战前分析会，他说："这次既有国民党正规军又有地主武装和还乡团，来者不善，我们这几十支枪恐怕难以抵挡！"

王西月说："如果我们硬干，一旦失守，人民生命财产的损失将无法估量。"

大家你一言，我一语，各抒己见，最后决定，由焦方亭和刘美元组织群众转移到郭庄周围的大山里，其他民兵队员阻击敌人，待乡亲们安全转移后再见机撤退。

焦方亭和刘美元组织群众开始向郭庄方向转移，焦方开组织民兵队埋伏在小桥两侧和村口主要道路两旁，敌人越来越近了，零星的枪声传过来了，空气似乎凝固了，一触即发的战斗即将打响。

敌人凭借人多的优势，如恶狼般向村里扑了过来，焦方开大喊一声："给我打！"几十杆枪"哒哒哒"地射向敌人，敌人就地卧倒，但很快就听一个敌人军官喊道："弟兄们，给我上，他们只有几十杆枪！"听到喊声敌人又从地下爬起来叫喊着向前发起冲击，"哒哒哒"密集的枪声再次响起,敌人前呼后拥地向前涌来,眼看民兵就顶不住了。

"滴嗒嗒,滴嗒嗒!"嘹亮的调兵号声响起,越过崮山的山头,撞上了岳阳山,响彻北崮山的上空,回声激荡,气势恢宏,如千军万马奔腾一般惊天动地。

正要撤走的民兵们以为八路军的大部队增援他们来了,转身抢占了有利地形,组织抵抗。正在进犯的国民党、地主武装、还乡团的大部队,一听到这样高亢、嘹亮、底气十足、音韵规范的"调兵号"声,以为中了埋伏,掉头就逃。

见敌人逃跑,焦裕禄一转调吹起了冲锋号,号音激越、亢奋、紧急,势如利刃,民兵们也乘势跃起喊杀阵阵,敌人丢盔弃甲,逃之夭夭。

敌人一口气逃回博山县城,向长官报告说:"报告长官,我军在崮山发现了大批共军,兵力强大,装备精良。若不是及时破解了调兵号的秘意,将会脱身不及,全军覆没。"

于是,在大片的解放区内,又传遍了焦裕禄是诸葛亮转世,巧设"空城计",吓走敌兵大部队的故事。在敌方喧叫声里,也传遍了八路军神号手的故事,说是立于岗山之上,如雕如塑,枪击不倒,炮轰不倒,刀枪不入,号声如雷,震耳惊心。

造雷手和侦察兵

一

1945年冬,一位青年男子来到了位于崮山西南方向的朱家庄八路军军械厂办事处。一名办事处的负责人——制雷专家安海林接待了他,看完介绍信,安海林紧紧握住他的手说:"你就是唱'空城计'的'神号手'焦裕禄呀,哪阵风把你给吹来了?"焦裕禄笑着说:"我是无事不登三宝殿,特向您这位石雷专家讨教来了,还请多多赐教呀!"安海林打趣说:"原来你是想用石雷演'空城计'啊!"两人会心地大笑起来。

焦裕禄虚心向安海林学习,从火药炒制、发火装置制造到石雷制造,他都一个环节一个环节地实际操作,遇到疑问虚心请教,直到完全掌握为止。

他从安师傅那里学到了制造石雷的技艺,比如:制造石雷时,选材很重要，较硬的沙石太硬炸不开，过软的灰岩太软一下就炸成了粉没有杀伤力，必须选结构密实的青石做雷；药孔也有讲究，自石块一端凿出眼孔，孔洞深两三寸；石雷的类型有踏雷、绊雷、滚雷……

焦裕禄学会了制造石雷的技术，返回了民兵队，向焦方开作了汇报，焦方开拍着焦裕禄的肩膀高兴地说："禄子，真有你的，这下咱民兵队又有神器了！"

焦裕禄说："咱们要尽快制造出'崮山牌'的石雷来！"

焦方开说道："人你随便挑！"焦裕禄说："就让裕征带几个年轻后生足矣。"第二天，焦裕禄让焦裕征叫上了村里的石匠大叔和几个年轻后生奔崮山去了，他把学来的技术，讲了一遍，告诉大家，先从选材开始，并指导他们采集青石，他要带领当地民兵造出"崮山牌"石雷来。

经过一段时间的反复试验，踏雷、绊雷、滚雷先后在崮山脚下炸响了。焦裕禄又得了"制雷手"的称号。

多才多艺的焦裕禄还经常在石雷上写上标语或是骂还乡团头目的字句，亦有时画上他们的头像。

二

北崮山民兵队造出石雷的消息，很快在周围村庄的民兵队里传开了，他们把焦裕禄这个造雷手说得神乎其神，纷纷派人来向他学习。焦裕禄来者不拒，毫无保留地教给他们，在北崮山的带动下，其他村也先后造出了石雷，这对敌人来说无疑是个噩耗。八陡的还乡团几次来北崮山袭扰都被石雷炸得死的死伤的伤，狼狈逃窜，他们怕透了，也恨透了。

一天，过年的鞭炮声还未完全停止，在八陡的还乡团部里，谢老晌和几个小头目正围着几个石雷翻来覆去地端详。一个小头目说："大哥，你说北固山民兵摆弄的这些石头蛋子，咋这么厉害，几天工夫，可把咱害苦了。现在只要一往崮山那道上走，腿肚子就抽筋。"另一个小头目说："是哩，一到那地方头皮就发麻，眼也花了，看哪块石头都像是土八路的石雷！"

谢老晌故作神秘地说道："那是过去，从明天起，我们就再也不用怕了。"

一个小头目说："大哥，你有对付石雷的招儿了？"

谢老晌诡异地说："我告诉你们，我已经知道土八路的雷是从哪儿造出来的了，明儿个咱给他来一锅端！"

原来狡猾的谢老晌，多次派探子打听到了制造石雷的北崮山"兵工厂"地点，他们正在密谋破坏制造石雷的"兵工厂"。

第二天一大早，谢老晌就组织还乡团向北崮山进发。

此时，山洞"兵工厂"里，民兵们正在打造石雷。他们这回造出的石雷，从外观上看全是未经打磨的石头蛋子。焦裕征不解地问焦裕禄："禄子哥，这雷咋不弄平整啊，一个个全是三角八棱的？"焦裕禄说："到时候你就知道了。"

焦裕禄找了块大块的石头，用木炭画了一个人的画像，在下面写上"炸死谢老晌"，几个民兵称赞着："这不是谢老晌吗？画得真像！"焦裕征更困惑了，问："禄子哥，还乡团把咱埋下的雷挖出来了呢，你把谢老晌画上，不是明告诉他这是地雷吗？"焦裕禄说:"这谢老响啊,他可是个明人。咱不能让人家稀里糊涂把命丢了,对不对?"

焦裕征摇摇头:"不明白。"

谢老响带领还乡团准备偷袭兵工厂,又怕踩上地雷,便选了一条荆棘丛生、四面是深谷的险道。他们拨开荆棘,路上小心地行进着。

得到情报的民兵队早有行动,焦方开带领民兵埋伏在山头上,他们不知道谢老响已选了一条险路。

焦裕征问:"不是说谢老响要来偷袭咱的兵工厂吗?咋不见人影了?"

险峻的山路上,行进的还乡团队伍停了下来。他们看见路上摆着一些石块。

一个小头目喊:"大哥,你看,这些石头,是八路的石雷吧?"谢老响瞅了瞅:"胆小鬼,看见几块石头就石雷啦?你吓破胆了吧?"他冷笑一声,命令那小头目:"今儿个你练练胆儿,在前头走!"

那个小头目脸上汗都下来了:"大……大……大哥,我……我……"

谢老响骂道:"知道你他娘的就是个怂包。"他又命令另一个小头目:"你在前头走!"那小子当即给谢老响跪下了:"大哥,俺上有七十岁老母下有三岁小儿……"谢老响一脚把那个差点尿了裤子的家伙踹倒了,他掏出大肚匣子,往那些石头上打了一梭子。

那些石头没有任何动静。谢老响自己走过去,在那些石块上踢着,又搬起石块往山根上摔。谢老响开心地笑着:"咋样?我说不是雷,你们谁也不信。"还乡团的队伍从石阵上过去了。

民兵阵地上,大家听到了传来的枪声。焦裕征说:"听,哪儿打枪？是谢老响来了吧。"焦裕禄分辨着枪响的方向："谢老响暴露目标了，他走的是从后山迂回的路。"

焦方开命令："快，到山后截住他。"谢老响的队伍刚过了那片石阵，头顶上枪声响了。谢老响的队伍立刻大乱，团丁们纷纷往路边荆棘里钻。

枪声响了几声就停了。一个小头目说："大哥，别是土八路给咱设了埋伏吧？"谢老响说："土八路不会想到咱往这里走，刚才不该打枪，把自个儿暴露了。快往老路上绕，别让土八路把咱后路断了。"

他们开始往山一侧迂回。匆忙中，又看见挡路的几块石头，一个团丁嚷起来："看那石头上还画着画呢！"

旁边的人说："这不是画的咱队长吗？看那大板牙！"

一个小头目凑过来看了看："那上面还有字呢！"谢老响问："写的啥？"那个小头目小声说："写着'炸死谢老响！炸死还乡团'！"谢老响气红了眼，骂道："去他娘的，又是老把戏，老子不是三岁的孩子，给我搬开。"团丁们谁也不敢动。谢老响骂着，亲自去搬石头，没想到这回碰上的，却是真正的石雷。"轰"的一声，石雷爆炸了。

石头开花了，石头开出了愤怒的花朵。一块飞起的石头正中谢老响的眉心，谢老响倒地，吐了口鲜血，不动了。还乡团队伍乱成了没头的苍蝇，团丁们往路边树林子里钻，又碰上挂雷、绊雷。

爆炸声此伏彼起。这时，犹如神兵天降，民兵队伍从头顶上冲了下来。

三

1946年1月，焦裕禄接到通知到农民焦念祯家开会，他匆匆赶了过去，来到焦念祯家，就见民兵队长焦方开及区委组织委员焦念文，还有民兵王西月、焦念来、焦念书、孙迎志都在。焦裕禄顺手拿了一个马扎坐下，焦方开对他说："裕禄，今天叫你来是告诉你，党支部已经讨论同意你加入中国共产党，你已经是一名中国共产党党员了。"

支部书记李景伦说道："焦裕禄同志，下面由我来介绍一下支部的党员同志。"说完，对在座的党员同志一一作了介绍，接着开始宣读中国共产党章程，宣读完后又念了一些党员教材。最后，李景伦郑重地对焦裕禄说："焦裕禄同志，入党就意味着要冒生命的危险，时刻准备着为党、为革命、为人民流血直至献出最宝贵的生命，希望你能做到上不告父母，下不告妻儿，绝对保守党的秘密！"

此时，焦裕禄腾地一下站起来，激动地说道："请党组织放心，我焦裕禄生是党的人，死是党的鬼，随时准备为党和人民牺牲一切，永不叛党！"

从此，焦裕禄的思想境界开始升华，好像登上崮山、岳阳山巅峰，俯瞰着山下的点点人烟。他是共产党人了！有责任解救如他一样被剥削、被压迫的劳苦百姓，再不是三年之前那个领着自家老小逃荒在外，而又不能独善其身的焦裕禄了。

1946年3月，上级选调焦裕禄担任博山县八陡区武装部干事，肩负了领导、组织该区多村民兵武装的重任。

四

焦裕禄自担任了博山县八陡区武装部干事之后,整天忙得不可开交。一天,他到盆泉村指导那里的民兵制造石雷,他又是讲,又是带领大家试验,等他冒着风雨回到区部时,天也黑了下来。他进屋刚要摘下身上的挎包,区武装部长带着几个穿军装的同志来找他,部长问:"裕禄,这是去哪里了回来这么晚?"焦裕禄说:"部长,我去了趟盆泉,他们村也在搞石雷。"

焦裕禄问:"部长,这几位是?"部长指着身边的几位同志说:"我来给你介绍一下,这是咱们九纵的王参谋,这是侦察连张连长,他们找你来,是有个任务需要你配合一下。"

焦裕禄问道:"啥任务?"部长说:"还是让王参谋说吧。"

王参谋说道:"焦干事,事情是这样的,国民党第74师准备向我解放区发动大规模进攻。我军将正面迎击敌人,第9师根据上级指示,开到崮山一带,进行保卫解放区的战斗准备,要求地方民兵武装配合作战,偷袭敌人,骚扰敌人,刺探敌情,捕捉'舌头'。"

张连长说:"为了摸清敌人的兵力部署和进攻日期,需要一位熟悉周边情况又有战斗经验的地方同志配合野战军侦察部队,完成侦察任务。你们区党委说你在北崮山村民兵队的时候,曾经几次出色地完成过侦查任务,就推荐了你,不知你是否愿意配合我们完成此次任务?"

焦裕禄说:"没问题,请首长下命令吧!"

王参谋说道:"好,那我们连夜出发!"

焦裕禄在前面带路,王参谋、张连长和侦查员们紧随其后,侦查小分队消失在茫茫雨夜中。昏天黑地、山路泥泞,一位侦查员脚下一滑摔倒在地。

焦裕禄说道:"大家一定要小心脚下,不要掉队,跟上我!"雨越下越大,风吹得山上的丛林发出"唰唰"的响声,从远处时不时传出野狼的吼声,焦裕禄突然停下了脚步说:"首长,我们翻过前面那个山头就到达国民党74师师部驻地所在的镇子,走大路好走,但是路程远,说不定还能遇上敌人的巡逻队;走山间小路危险不好走,但是路程近,一般人不知道这条道,我小时候,挑担砍柴时常走这条道。"

王参谋说道:"走小道!"

焦裕禄说道:"大家一定要注意脚下,千万不要踩空!"

在焦裕禄的带领下,侦查小分队,顺利下了山岗。

突然,山岗下的大路上,传来了脚步声,路面也变得亮堂起来。张连长说:"不好,敌人巡逻队来了,快隐蔽!"

侦查小分队迅速躲进了路两旁的灌木杂草中,一道亮光射过来,随后敌人的巡逻队沿着山路往前去了。

躲过了敌人的巡逻队,焦裕禄和侦查小分队继续往前行进,突然,有两个人从路旁蹿出来,喊道:"站住,干什么去?"

张连长一看,是敌人的隐蔽哨。

张连长答道:"去看大舅!"那人接着问:"你大舅多大年纪?"

张连长答道:"74岁。"

"原来是自己人,走吧,快去快回。"

原来,张连长回答的是当晚才有效的口令。

镇里,时时传出公鸡的鸣叫声,王参谋说:"时间不早了,我们必须尽快行动！"

焦裕禄带领小分队，东躲西拐迅速来到了镇公所。这个地方焦裕禄不陌生，他被关押在这里三天三夜，要不是假装当"和平救国军"骗过去，他还真不知道后来会发生什么。

绕过正门口的岗哨，焦裕禄踏上了一个侦察员的肩膀，翻过一道高墙进入院内，并且迅速将一团麻绳扔出墙外，王参谋、张连长和其他小分队战士借助绳索翻墙而过。

焦裕禄带领小分队来到了伪镇长李镇东住房门前，焦裕禄操着一口博山话说道："李镇长，不好了，有急事向您禀报！"

屋里灯亮了，"谁啊？大半夜的，有事就不能明早儿再说？"

焦裕禄说道："事情紧急！"

当睡眼迷蒙的伪镇长李镇东打开房门的一瞬间，几支闪亮的手枪抵住了他的胸口和脑门。

李镇东吓得浑身发颤："你……你……你们是什么人？想干什么？"

张连长说："别怕，只要你配合我们，保你没事！否则，就送你去西天！"

李镇东惊魂未定，弱弱地说道："你们让我做什么都行，别杀我！我还有一家老小，还有八十老母。"

王参谋说道："你依靠日本主子欺压百姓，搜刮民财，屠杀抗日群众，现在又投靠国民党为非作歹，罪大恶极，理应当斩，但今天给你一个改过自新的机会，就看你怎么做了。"

张连长让一名侦查员把早已准备好的纸和笔拿过来，放在李镇东的眼前说道："请你把74师的驻防情况，包括指挥机关、警卫部队、粮仓弹药库、兵力分布、装备优劣、地堡暗堡、通信联络和你所知道的其他情况全部写在纸上,若有半点虚假,你的脑袋立刻搬家!"

李镇东的手抖得握不住笔,张连长让李镇东叙说,让一名侦查员记录,完毕后,张连长对李镇东说:"带我们到74师驻地实际走一趟,不许耍花招,否则你全家都得完蛋!"

侦查小分队在伪镇长的带领下,到74师驻地进行了实地验证。

天已经渐渐放亮,侦察员按照伪镇长李镇东的交代和实地验证勾绘出草图。这时,焦裕禄对王参谋说:"让我亲手除掉这个欺压百姓、罪大恶极的狗东西!"王参谋对焦裕禄说:"不可胡来,留着他对我们将来有用!"

侦查小分队把李镇东绑在树上,换上国民党军服,扬长而去。

五

焦裕禄配合第9师顺利完成了侦察任务,受到了部队领导和区武装部的表扬,焦裕禄也名声远扬。

一次,崮山区武装部又交给他一项任务,就是让他率队去博山保安队捉"舌头",他接到任务后,便和一名民兵队员李虎化妆成卖油的小贩,推着独轮车上路了。

重新推起吱吱扭扭的油车,焦裕禄的心中漾起了酸甜苦辣。为了谋生推起油车之时,他没有保住任何一条生命,而今并非谋生的假戏真做,他却为解放、解救千万人民而铺起一座桥梁。

来到博山县城时正值博山城庙会,推车的,挑担的,成队结伙凑趣的涌向了整个不大的县城。街道上更是热闹,卖鱼的,卖肉的,山东煎饼卷大葱的；卖姜的，卖蒜的，油炸果子满街窜的；卖油的，卖醋的，街头摆摊唱戏的；卖粮的，卖面的，拖着拐棍要饭的；求福的，算命的，土地庙里上香的；买馍的，买饼的，周村火烧吃顶的，可谓是人声鼎沸，好不热闹。

焦裕禄和李虎推着油车转到保安大队所在的那条街，在离保安大队不远的地方，焦裕禄十分在行地吆喝着："好豆油咧，又清又亮的好豆油咧——"焦裕禄嘴上喊着，眼睛始终没有离开保安大队，他在寻找目标。

"好——豆——油咧！好——豆——油咧！石磨压榨的好豆油咧——"喊着喊着，焦裕禄停止了喊声，指着保安大队小声对李虎说："上钩了。"

李虎说："你怎么知道他要买油？"

焦裕禄嘿嘿一笑："经验。"

话音未落，一个穿军装、戴眼镜的人走出来。他30多岁，白白净净，一副文绉绉的样子。站岗的和他打着招呼："周文书，干啥去？"

那个被称作周文书的说："刚才听见有人吆喝卖豆油。"站岗的一指："就在那里。"周文书说："家里正好没油了，买点油去。"说着他走过来问："你们这油多少钱一斤？"

焦裕禄说："老总你要买俺的油，算是抬举俺，哪敢多要钱？四块一斤吧。"周文书问："你这一篓多少斤？"焦裕禄回答："一篓四十斤。"

周文书说："我多买点，送我家行不？"焦裕禄说："行。老总你让我们送哪儿我们送哪儿。"周文书说："那你们跟我走。"

焦裕禄带着李虎刚要走,那个周文书突然问李虎:"你跟着干什么?"

焦裕禄赶忙说:"老总,我们俩是一起的,他第一次来城里,离不开人,再说了我还得让他帮我给您往家里抬油。"

周文书听着有理,说道:"那你们两个跟我走!"

周文书背着手,带着焦裕禄和李虎穿过两条小胡同,进了一座有葡萄架的小院。周文书开了锁。焦裕禄四下看看说:"府上好清静呀。"周文书说:"太太带上孩子回娘家了,晚半晌就回来了。"

说着话,焦裕禄和李虎把两篓油都从车上卸下来了。周文书拦着:"要不了那么多,我就买二十斤,半篓就行。"

焦裕禄进一步试探说:"老总你看看这油,清得透底,黄亮黄亮,像把金条给化了一样。你难得碰上,就这两篓,要不你全要了吧。"

周文书说:"说实话,我一个穷文书,哪里买得下一篓油?二十斤就咬牙了。"听了周文书的话焦裕禄心里有底了,看来这个周文书和别的保安不一样,完全可以争取。

焦裕禄笑着说:"老总,就冲你这句话,看得出你是个实在人。这两篓油俺们送你了。"

周文书说:"别开玩笑,哪有卖油不要钱的,你们图啥?"

焦裕禄说:"不跟你开玩笑,我说到做到,俺把油送你,但也不是白送!"周文书立即警觉起来,问:"我就说天下没有免费的午餐,你们想干啥?"

说着手往口袋里放,李虎一个箭步冲上去,死死摁住了他,下了他的枪。

焦裕禄不慌不忙地说:"老总,你不要怕,我们不杀你,看你也是个老实人,现如今国民党气数已尽,你不如早做打算,免得以后遭殃!"

周文书问道:"你……你们,到……到底是谁,让我做什么?"

李虎掏出枪抵在他胸前:"俺们是九纵的!"周文书吓了一跳,汗都下来了:"啊,九……"

焦裕禄说:"你要做的很简单,麻烦你把保安队的情况详细告诉俺们就成!"

周文书还想打马虎眼,说:"我一个小小的文书,哪知道保安队的情况。"

李虎用枪指着他的脑袋说:"别猪鼻子插大葱——装象,说,保安队有多少人?最近有什么行动?不说,我手里的枪可没长眼!"

周文书吓得两腿发抖:"我说,我说!保安队原有300多人,自打74师来后又组织了淄川、莱芜和章丘三地的保安队近400人,保安队现共有700多人。"

焦裕禄厉声说道:"你说的是实话吗?集中这么多人干什么?"

周文书结结巴巴地说:"我说的句句属实,至于下一步干什么我……我……"

李虎不耐烦地说:"我什么?快说!"

周文书很不情愿地说:"我说了你们能保证我的安全吗?"

焦裕禄说道:"我现在就给你写个字条,如果你提供的保安团情况及下一步行动属实,待解放县城之后,你可据此证明,获得人民政府的宽大处理……"

文书是文墨人,不是杀手,当然是以平安为望。看了这一纸证明,感激涕零,言是正愁日后身遭清算,今日有幸立功,真是祖上有德。周文书把县保安队纠集淄川、莱芜、章丘三县的还乡团武装，配合74师一部，准备在近几日血洗崮山根据地的详细情况一一作了交代。

焦裕禄将两篓豆油全送予文书，他更是高兴，假装要付钱款，被焦裕禄回绝。

焦裕禄对周文书说："只好委屈你了。"然后与李虎一起将周文书捆绑起来丢进房间，丢弃独轮车，混进人群撤离。

六

返回武装部，焦裕禄和李虎立即将侦察到的情况向武装部作了汇报，区武装部感觉事情重大，又连夜向区委和县委作了汇报。由于我主力部队已经远离了崮山解放区，单靠地方民兵武装难以阻击数倍于我们的来犯之敌，上级决定崮山区人民做好撤离与坚壁清野的工作。

崮山解放区人民听到要撤离的消息，悲痛万分，人心惶惶，担心周村解放区的悲剧会重演。

在这种情势下，焦裕禄在想，怎么才能防止悲剧重演呢？

经过一番思考，他做出了一个大胆决定，他要再演一次"空城计"。他选派了会写字的人和他一起在崮山地区及区外的几十个村庄的房上，全用石灰水号上了"×团×营驻，×营×连驻，×连×排驻"，还有"×村民兵驻"的大字。

这天，焦裕禄正在号房子，就听见有人喊："戗剪子嘞，磨菜刀。"喊声离焦裕禄越来越近，焦裕禄看了一眼这个人感觉是个国民党探子,就故意拿起刷子在墙上刷号,那人来到面前放下身上的家伙问焦裕禄:"大兄弟,你号那么多房子这是要干什么用?"焦裕禄故意大声说:"给部队号的,部队将要在咱们崮山解放区打大仗了!"那人接着问:"我看十里八村都号了这么多房子用得了吗?"焦裕禄大声说:"这次九纵、四纵全来,这些恐怕还不够呢。"

焦裕禄假装警惕地说:"哎,你不去干你的活,问这些干什么?"

那人立刻点头哈腰地说:"我随便问问,随便问问!"说着扛起磨刀工具就要走。

焦裕禄大喊一声:"你该不会是国民党探子吧?"那人拔腿就跑,焦裕禄故意边追边大声喊道:"抓特务,抓特务!"那人拐过一条胡同,从另一条胡同溜出了村庄。

放走了探子,焦裕禄来到区武装部,就见焦裕征和小守忠,押着一个要饭花子过来了,焦裕禄问:"裕征,押的什么人?"小守忠抢着说:"叔,我们逮住了一个奸细,他数了好几遍咱们号的房子,还偷听咱们开会。"

焦裕禄故意说道:"你们咋把什么人都当成奸细?一个要饭花子我看未必是奸细。"

裕征说:"禄子,是不是奸细审一审就知道了。"

焦裕禄说道:"大部队这几天就到,各项准备工作千头万绪,哪有空审?让他继续要饭吧!我们干正事去。"要饭花子千恩万谢,头也不回地跑了。

此时,关在临时看守所里的敌特分子和还乡团员,正在议论纷纷,有的说:"好像要出大事了,你看这里的人好像都在忙着迎接什么人?"有的议论:"听说好像要打大仗,还要把咱们转移走。"

这时，看守所外传来了两个人的对话声："焦干事，您怎么来了？"

"我来一是想看看迎接大部队的准备情况，二是通知你们一声，天一黑就把这里关押的人转移出去，看紧一点别出差错。"

"您放心，天黑前我会再查一遍每个人的身份，绝不会出现任何差错！"

天渐渐黑了下来，看守的公安人员开始对在押人员一个一个地查验身份。

当查到最后一个看守室时，一个刀疤脸突然倒在地下直喊肚子疼，同室的瘦高个哀求说："求求长官救救他，要不他就没命了！"看守人员蹲下来刚要看看情况，刀疤脸一下子用手铐勒住了他的脖子，瘦高个冲上去撞倒看守人员，两人打晕了他，掏出钥匙打开了手铐，匆匆溜出看守所，刚翻过西墙，就听后面有人喊："有人跑了！有人跑了！快追！""啪啪啪"几声枪响，划过夜空，刀疤脸和瘦高个消失在黑夜中。

区长说："裕禄，你这出戏唱得好，明天保安队就都知道大部队要来了，要打大仗了。"焦裕禄说："为了邀功，他们还会添油加醋，一时半会是不会有动静了。"说完，区长和焦裕禄哈哈大笑。

七

果然像焦裕禄说的那样，直到7月底，敌人仍旧未来进犯。据侦察员报告，博山县城的富豪巨商正在人心惶惶，保安队正修筑防御工事，疯传八路军就要来攻城、正布置重炮阵地、猛轰城墙与保安队部的消息。

我方的撤离工作已基本完善，坚壁清野也全部完成，民兵队派通信员去与解放军九纵联系请求支援，同时布置民兵全部占领了山头险地，形成了一夫当关、万夫莫开的阵势，做好迎敌准备。

一天，保安队把刀疤脸和瘦高个叫到队部，劈头盖脸地骂道："废物！饭桶！解放军的大部队在哪里？"

刀疤脸刚要说话，"啪啪"脸上挨了两巴掌，他捂着脸后退了几步。保安队长怒吼道："我们上了'土八路'的当了，那个号称赛诸葛的焦裕禄，早晚我要把他碎尸万段！"

保安队组织了几百人，携带重机枪、迫击炮等重型武器，气势汹汹地向崮山解放区杀来，焦裕禄守在最前沿阵地——南崮山村的砖瓦窑中。这是一个形同大地的土窑，两米厚的泥壁，被一次次烧砖的烈火烧烤得铁硬。它的中腹有一间屋子，存放了成堆的弹药、干粮和生水。

还在摆"空城计"的时候，民兵们就在它的厚壁上打了枪眼，储备了战斗物资。如今敌人真的来了，村民也转移到后方去了，焦裕禄和部分民兵要守在这个窑中，和村中的火力相互支援，交织出交叉火网，酣畅淋漓地打击敌人了。

敌人的先头部队向砖窑开枪，"哒哒哒"机枪子弹在窑壁上爆起一朵朵土花，像马蜂窝一样，却无奈它软中带硬的坚固。敌人疯狂了，改用迫击炮轰击，土窑的顶部被越削越薄，成块的硬土开始坍塌下来，民兵们咬紧牙关，向逼近的敌人射出一排排子弹，一片敌人倒了下去。

敌人再用炮轰，窑顶平塌下来，焦裕禄和民兵们却已经躲进了壁洞内。敌人趁机冲了进来，当他们看见塌顶的土窑已经无人的时候,便一齐哈哈哈狂笑着,簇拥在一起走向前来,像赶庙会那样肆无忌惮,像捡便宜那样兴高采烈。

"哒哒哒"壁洞内排子枪骤然爆响于砖窑,近距离射击,弹无虚发,手榴弹也一颗颗落入敌群,在轰然的爆炸声中,敌人互相冲撞、践踏,在节节败退中又倒下了一片。

敌人恼羞成怒了,再一次炮击,疯狂无比,猛烈空前。硝烟还未散尽,敌人就发起了集团冲锋。崮山、岳阳山脚的民兵居高临下,与村中、窑下的火力构成疾雨般的火网,逼迫得敌人卧伏在地,向前爬行。

焦裕禄喊了一声"撤",众民兵扔出一排手榴弹,趁着硝烟的掩护在砖窑的遮挡下快速撤向南崮山村,与村中民兵一道,边打边退,退向崮山、岳阳山。

敌人穷追至村中,挨家挨户地搜查,妄图搜索出藏匿的民兵或村民,可是连个人影都没找到。敌人气急败坏,几个敌人用枪挑草垛,"轰"一声,埋藏在草垛里的地雷爆炸了,敌人被炸飞了,惊慌失措的敌人四散而逃,"轰轰轰",院墙下、门框上、石磨旁的石雷,全都被敌人踏响、踢响、碰响、绊响了。在逃出村庄的时候,他们又踏响了连环雷,死伤不计其数。

保安队在村里没搜出一兵一卒,还伤亡惨重,于是组织兵力沿小路像蚂蚁一样,漫山遍野地攻向大山。此时,国民党74师的部队也源源不断地跟随上来。保安队长见援军到来大声喊着:"弟兄们,给我冲,我们的援军到了,'土八路'就要完蛋了!"

"滴嗒嗒!滴嗒嗒!"突然间,崮山、岳阳山的密林中响起了激动人心的冲锋号声,正当大家以为又是焦裕禄在唱"空城计"的时候，成团成营的八路军的野战军冲出了密林，他们从民兵通信员那里得知了崮山解放区的险境，及时赶了过来，向反动军队发起了反攻。

这是一种排山倒海之势，雷霆万钧之力，它像黄河之水来自天上，一泻千里，势不可当。国民党军队和三县保安武装慌忙败逃，丢盔弃甲，一直退进博山县城。而我野战部队也穷追不舍，一直打进了博山县城，打它个鸡飞狗跳，将死兵亡。敌顽武装纷纷缴械投降。74 师一部也慌忙败回大本营，不再管地主武装的死活。之后，74 师被歼。国民党新五军五个帅的增援部队也被消灭。74 帅帅长张灵甫在孟良崮被击毙。

博山县城解放了，被日本鬼子占领、又被国民党占领奴役下的人民获得了自由和解放。焦裕禄又一次进了这座县城。不是进日寇监狱，不是为富户运油，也不是化装侦察卖油，而是以胜利者的身份，怀着悲喜交加、自豪欣慰的心情重入了这座县城。

他驻足于博山监狱的铁门之前，眼看着被关押的共产党员、八路军、民兵和穷苦百姓走出铁门，带着胜利的喜悦，沐浴着阳光，眼看着一队队罪大恶极的还乡团头子、反革命分子、逍遥法外的汉奸们被关进去，眼看着这些反动派、人民的死敌如丧家之犬悲号着。

在保安队的门前，他解救了已被捆绑结实的周文书，接过了那张"证明"，夸奖周文书为革命立功赎了罪，可以宽大释放。然后，他英姿飒爽地走进了载歌载舞的队伍，在明朗的天空下，他觉得自己成了一只翱翔的雄鹰，向着更广阔的天外飞升。

淮河大队的宣传员

一

1947年7月的一天,焦裕禄正在武装部整理文件,武装部长领着区长来找他,焦裕禄见两位领导来找他,就预感到会有大事发生。

部长对焦裕禄说:"裕禄,你先停一下手头的工作,区长要和你谈更重要的工作。"焦裕禄站起身和区长握了握手,区长立刻示意焦裕禄坐下,自己坐在焦裕禄的对面说:"焦裕禄同志,今天找你是想和你谈一件事。"焦裕禄问:"区长,你就直说吧,什么事我都有心理准备。"区长说:"是这样,我党欲从解放区各地抽调大批有土改经验的优秀干部随军南下,为解放区的行政管理和土地改革注入鲜活血液。你们区武装部长根据你的平时表现,认为你可以担此重任,就推荐了你,相信你一定能完成党和人民的重托。"

焦裕禄先是吃了一惊,继而平静地说:"谢谢组织对我的信任,我服从组织安排，一定不辜负党和人民的重托！"

区长说："我知道你还有老母亲、妻子和孩子，如果你实在有困难我们也可以重新推荐其他同志。"

焦裕禄急切地说："没困难，啥时候走？"区长说："明天一早，随大队一起出发，先去惠民培训。"

武装部长说道："你已经有个把月没回家了吧？你现在就回家陪陪老娘，陪陪老婆孩子。"

听完部长的话，焦裕禄这个七尺男儿眼圈红了：明天就要走了，这一去不知何时才能回来，我从抚顺大山坑回来就在娘面前许诺再也不离开她，天天陪着她，可是没有做到，又在江苏漂泊了两三年；从江苏宿迁回来我又答应娘再也不离开她，可是满打满算两年时间，又要离开她老人家，我怎么和老娘开得了口。

可是，这两年是党把一个一次次被捉、入监、下窑、逃荒逃难九死一生的人，培养成了一个坚强的民兵、优秀的共产党员、合格的武装部干事、具有坚定共产主义理想的战士，是党给了我第二次生命，现在党需要我到最需要的地方，我有什么理由顾及儿女私情呢？

想到这里，焦裕禄对将要作为优秀干部为民做主，分田分地，排忧解难，尽一个杰出男儿的责任，充满了期待，他觉得这是自己命运的又一次转折。

焦裕禄回到家里，看到坐在炕上为自己缝补衣裳的老娘，扑通跪下了："娘，孩儿不孝，组织信任我，派我随工作队南下，这次一去不知多长时间才能再相见。"

焦母拉起焦裕禄的手："娘问你，你这次去主要干什么？"

焦裕禄说:"娘,我去的地方叫作'新解放区',也就是刚刚赶走豺狼的地方,我要在那里为了穷人拆东补西,捉狐撵狸,为穷人打天下,去接收像刚刚解放的博山这样的县城,像北崮山一样的乡村。那里还有保安队没被消灭,还有焦兆忠一样的恶霸没有清算。我要听党的话,去建设一个新政权。"

焦母说:"禄子,你已经长大了,就不仅仅只属于我;你已经入了党,就属于党的人;你成了干部,就是国家的人了。自古忠孝难两全,你是去为穷人做事,为党做事,为娘的又怎会不支持呢!我为你感到高兴还来不及呢!"

听了母亲的一番话,焦裕禄感动得热泪盈眶,他说:"娘,你就等着我的好消息吧!"

二

第二天,焦裕禄告别了老娘和妻女,随大队男男女女一起离开了北崮山。这就是为支援和发展新解放区而成立的淮河工作大队,是部队编制,着军装,配武器。大队分为三个中队、九个分队,共千余人,政委是后来曾任西藏军区司令员的王新友同志,司令员是李国厚同志,焦裕禄被分到一中队一分队担任班长,大队的队员来自五湖四海,但山东热血儿女居多。

按照上级指示,淮河工作大队在南下之前先奔渤海地区惠民县张家油坊,进行为期三个月的集训。

1947年10月,三个月的集训结束后淮河工作大队下发了新军装,配备了武器装备,开始了艰苦的南下行军。每一个队员的肩上都背有背包、米袋、枪支等几十斤重的东西。

由于国民党飞机的不断尾随轰炸和扫射，不得不将白日行军改为夜间行军，敌机的照明弹仍然不时悬照于夜空，几次投弹都在队伍附近爆炸。

一天夜里，本来黑夜就看不清路，偏偏北风裹挟着雪花，时时打在人的脸上，睁不开眼睛，不少同志都陷进了雪坑，由于工作队中的女同志较多，精力体力透支较大，不少同志难以坚持。身为班长的焦裕禄不但替女同志们背背包，还得时刻注意着班里同志的动向。本班女同志王威英走着走着，脚一滑掉入雪坑中，焦裕禄一把把她拽了上来。可是没走多远，另一个女同志蒋敏突然喊了一声"俺娘哎！"就不见了，焦裕禄听到喊声立刻四下寻找，发现她陷在一个深雪坑中，只露出一颗头，焦裕禄喊了声："蒋敏别怕，抓住我的手！"焦裕禄往上一拽，"扑通"一声自己也掉了进去，此时蒋敏已经沉了下去。焦裕禄也在渐渐往下沉，积雪很快没过了头顶，他感到呼吸困难，他知道这是掉进枯井里了，但他仍在扒着雪找蒋敏，扒着扒着，他抓住了蒋敏的衣服，他用尽力气想往上举，可是每举一次他就会往下陷一寸。正当他陷入绝望时，他一下子摸到了蒋敏身上的枪，他用枪往上捅，终于捅出了一个窟窿，外面的空气进来了，他贪婪地呼吸着，顿时精神十足。此时，他听到坑外的同志们也正在寻找，他喊道："我在这里，蒋敏也在，快救人！"上面的同志，扔下行军背带将焦裕禄和蒋敏拽了上来，蒋敏连吓带闷已经昏迷，焦裕禄说了句："卫生员，快救蒋敏！"自己也昏了过去。

等他醒来时，已是第二天中午，大队在村里休整，他感到嗓子火辣辣的疼，浑身酸痛，四肢发冷，但他说的第一句话是："蒋敏醒过来了吗？"

当看到蒋敏拉着他的手在流泪，他还不忘开玩笑说："蒋敏你真够意思，你跳水晶宫还不忘拉上我。"大家一下子笑了起来。

焦裕禄为救蒋敏得了重感冒，中队长把一匹枣红马让给他骑。他坚辞不骑，说："长官骑马，是工作的需要，马背就是他的办公桌。"这件事为全队做出了榜样，之后又有不少同志有了小病，不但不骑马，不叫苦，而且不吭声，守秘密。

三

每夜百公里的行军，许多人都支撑不住了，1000多号人的队伍，许多人脚上都起了水泡，小腿都浮肿了，行军速度明显慢了下来。有些人干脆停下来不走了，中队长看到许多队员倒下就睡，他大声说："请大家不要睡觉，这大雪天的睡着了非得大病不可。"焦裕禄平时就机智、风趣、幽默，经常给大家讲笑话，令大家捧腹大笑。这时，队伍中不知谁喊了一句："咱们请焦裕禄唱支歌好不好？""好！"人群中一片叫好声。焦裕禄说："好，那我就给大家唱一段山东吕剧《李二嫂改嫁》选段吧，唱好唱不好，大家担待着点！"他清了清嗓子唱了起来：

借灯光我赶忙飞针走线，纳一双新鞋儿好给他穿。实指望找六弟谈谈心事，哪知道他报了名要去支前。到明天担架队动身要走，真叫我一阵阵心中不安。今夜晚若不把真情来讲，又不知再等到哪月哪天？

壮壮胆鼓鼓劲实说了吧，这件事又怎好当面来谈？若不说错过了这个机会，怕的是搁长了又有变迁。倘若他一口答应下，从今俺活下去有了靠山。

他的为人实在好，又进步，又能干。二人互相来帮助，生产支前当模范。日子越过越带劲，欢欢喜喜往前干。

越思越想越高兴，忽有一事上心间。就算俺二人都同意，可不知大伙儿是啥意见？只怕有人来反对，又怕婆婆来阻拦。到那时上不上下不下，落个丢人又现眼。想到这里俺心发冷，从头凉到脚下边。

……

风趣幽默的戏词配上优美动听、高亢明亮的唱腔赢得了大家的掌声和叫好声，大家的情绪被调动了起来。

"女同胞也不能落后，我来给大家唱首歌好不好？"一个女高音传来。

大家把眼光转向另一边，原来是王殿英。她用银铃般的嗓音唱了一曲《打秋千》，同样赢得了热烈的掌声和一片叫好声。

这时，淮河大队政委王新友听了焦裕禄和王殿英的演唱，当即宣布："同志们，我们早就有成立一支文艺宣传队的想法，听了焦裕禄和王殿英的演唱后，我宣布以焦裕禄和王殿英为主角的淮河大队文艺宣传队正式成立！大家说怎么样？"人群中响起了雷鸣般的掌声，又有几个会吹唢呐、拉二胡、吹笛子、打快板的人自告奋勇加入文艺宣传队，就这样，淮河大队文艺宣传队正式成立了。

在行军途中，每当同志们疲惫不堪时，宣传队就打起自编自演的快板给他们加油打气，还经常唱一些革命歌曲，同志们深受鼓舞，行军速度明显加快。

宣传队在延安方面调来的杨指导员的指导下，排练了当时最流行、最有教育意义的现代歌剧《血泪仇》。

《血泪仇》讲述的是河南一位贫苦农民王东才一家，在旧中国官僚地主的压迫之下家破人亡、妻离子散的悲惨遭遇，以此控诉蒋介石反动政权在中国造成的深重灾难，表现了无产阶级在地主阶级的迫害下的血泪深仇。王东才家有地三亩房两间，为还债押给了地主，他全家住进了破庙以讨饭为生，王东才和儿子小栓要饭时碰上了田保长，被抓了壮丁。王东才的女儿桂花哭哭啼啼去找爹爹和弟弟，碰上了小栓回来，得知爹已被捉，全家人痛不欲生，去找田保长求情。田保长允许拿钱赎人。王东才家已无半文钱财，赎不回王东才全家只有饿死，无奈只得卖掉俊俏、聪明、温顺的女儿桂花。桂花哭唤着爹爹、亲娘、爷爷、奶奶、弟弟，桂花不愿被卖，但谁也救不了她，田保长带着猥琐的奸笑拉她离去……

焦裕禄扮演男主角王东才，女儿桂花由王殿英扮演。

有一次，队伍来到了邵陵县的一个千年古村标岗村，村里有一个百年戏台，这里的老百姓也有看戏的习惯，王新友政委决定在这里演出《血泪仇》。听说部队有演出，当地老百姓是扶老携幼，十里八乡都聚集而来，加上部队本身足足有数千人，台下黑压压一片，就等开演，可这时王殿英死活也不愿意穿演出服，因为演戏的服装多是从百姓家借来的，棉袄棉裤不但又脏又臭，还有虱子。演出在即，救场如救火，如果不解决王殿英的思想问题，即便她穿了脏衣上台表演，那情绪也会破坏角色情感。这可急坏了焦裕禄，他语重心长地做王殿英的思想工作:"殿英,你家翻身前,穿没穿过破袄?生没生过虱子?不破不脏,又没有虱子,那就不是穷人的袄了,只有穿上这样的袄,戏才能入情入理……"

一席话说得她泪光闪闪,穿好"戏装"上了台,愁容满面地唱起来:

> 日落西山天色晚,
> 为什么爹爹不回还?
> 一家人肚中望眼欲穿,
> 从那边跑来了弟弟小栓……

在演到被卖、与家人分离的时候,她想起焦裕禄的指导:要仰脸看着亲人,就像看着自己的亲爹娘,就像自己真的被卖。她真的进入了角色,泪如雨下,肝肠寸断。焦裕禄演王东才更是情真意切,剧情正值女儿被卖,他被赎出的路上遇上了女儿,他热泪挥洒、声嘶气短、撕心裂肺地唱道:

> 眼望着女儿被拉出门,
> 好似那钢刀扎入心。
> 哪年父女再团圆,
> 哪日能雪穷人恨?

当焦裕禄扮演的王东才痛不欲生地唱完那一段戏时,台下传来哭声,继而呼起了口号:打倒地主恶霸!打倒国民党反动派!为受压迫的穷人报仇雪恨！

有几个群众一怒之下冲上戏台，要打田保长，被维持秩序的战士拉了回来，部队中有一个叫李富有的战士骂了句："王八蛋，欺人太甚，老子崩了你！"举起枪拉响了枪栓，中队长一把夺下他的枪，大声喊道："李富有，你干什么？这是在演戏。"这一举动可把扮演保长的分队长王继先吓坏了。

这时在台下观看演出的豫皖苏边区党委书记章蕴和吴芝圃等首长也为精彩的演出鼓掌，章蕴问王新友指导员："扮演王东才和桂花的演员叫什么名字？"王指导员说："扮演王东才的叫焦裕禄，扮演桂花的叫王殿英，他俩可是宣传队的主角呀！"听到这里，章蕴一下子跃上了戏台，激动地说：

"淮河大队的指战员一路行军千辛万苦，还给我们演了这么好的戏，给我们上了一堂生动的阶级教育课，是对豫皖苏人民的宝贵支持！我宣布：这支原本要开进大别山的队伍，因为我们这里更需要他们，经上级批准，淮河工作大队的指战员就留在这里，帮助我们剿匪反霸，消灭国民党反动派，搞好无产阶级的政权建设……"

彭店来了位焦队长

一

1948年2月的一天，寒风凛冽，焦裕禄和二十几名队员，带着铺盖卷冒着严寒来到了河南省的尉氏县，担任彭店区委委员、区队指导员，身兼工作队、宣传队、武工队三任。

他们在周庄村召开群众大会，宣布成立彭店区政府，以周庄、砖楼、彭店、梨园村为土改工作试点村，深入开展剿匪反霸和土改分田斗争。

一天，焦裕禄带领几个队员来到彭店村了解情况，在村口看到一个担着粪筐的老汉，焦裕禄迎上前去，说了一句："大叔，您……"老汉打量了一下眼前的几个人，摆了摆手说："俺要下地了，没工夫和你们说话。"说完担着粪筐就走了。焦裕禄他们继续往村里走，村南头老槐树下有一个老大娘在看着小孙子，就走了过去问："大娘，俺想跟您打听个事，你们村里谁家最穷呀？"老大娘看到来了几个"公家人"，连连摆手说："你去问别人吧，俺不知道。"拉起小孙子就往家走。焦裕禄他们跟在后面，老大娘见这几个人跟着她，一到家里便转身关上了大门。他们又一连去了几户人家也都吃了闭门羹。

焦裕禄和队员们现场开了个分析会，他说："看来，村里的百姓还是有顾虑，他们是被国民党反动派和土匪恶霸吓怕啦！他们怕政府对地主恶霸镇压不彻底，怕一旦开始了斗争，政府不给穷人做主，怕剿匪反霸、土改分田不会长久，另一个最最担心的是怕地主土匪恶霸记下变天账，日后疯狂报复。"

一位队员说："是呀，我听一位老乡说过，解放军曾在这一带搞过土改，但没有建立自己的政权，也没有武装队伍，解放军撤走后，国民党反动派和当地地主恶霸相互勾结，进行了疯狂反扑，分到田地、分到房子的乡亲遭到残酷镇压，稍有不从就家破人亡。"

焦裕禄说："看来咱们必须想办法，走到老百姓家里去。"

这时，几个十几岁的孩子从村外回来，焦裕禄立刻走过去拉住一个孩子的手问道："小朋友，叔叔问你咱们这个村里谁家最穷？谁家最富？"几个小孩争先恐后地说道："刘庚申家最穷。他家还要饭呢！"另一个小孩抢着说："聂家最富，他们家有大房子，有许多地，还天天吃好吃的。"

焦裕禄问道："刘庚申家住在哪里？"一个小孩指了指村西头的破草房说："那家就是。"

焦裕禄径直来到了破草房，推开了篱笆门，一个小伙子正在院子里洗红薯叶，见一个穿便衣挎手枪的高个子来到了院里，想溜已经来不及了。焦裕禄问道："兄弟，你是刘庚申吗？"小伙子愣住了，点了点头,随即又摇了摇头。焦裕禄说:"兄弟别怕。我是从山东来的穷人,姓焦,受过地主的压迫,逃过荒,坐过日本人的监牢,也挖过煤,实在没有活路了才起来跟地主斗,和反动派斗,我不会为难你,穷人都知道穷人的苦处和穷人的怕处,我只是想打听一点情况,知道多少,你就讲多少。"

小伙子看着焦裕禄,仍一言不发,焦裕禄便在刘母面前蹲下,帮着择薯叶,笑模笑样地问道:"大娘,您老有几个儿子?"刘母说:"就这一个还没有住处呀,靠讨饭过日子。"焦裕禄说:"您老以后就有俩儿子了,我就算您的二儿子,俺俩养活您,娘呀!您说中不中?"刘母立刻笑出了满脸皱纹,连连说:"中!中!"

焦裕禄让队员把自己的铺盖卷拿来,他把铺盖卷搬进了灰搅柴、土搅灰的草屋里,还让队员为大娘送来了粮和柴,真的就像一家人那样,一口一个娘地叫着,你不端碗他不端,你放下碗他就去洗。

一天,焦裕禄带来了烧饼夹肉,刘母一辈子没吃过,不好意思吃,焦裕禄说:"您是娘,儿就该孝顺您!这只是个头儿,等以后日子过好了,天天有烧饼夹肉吃。"

刘庚申感动得哭了,他对焦裕禄说:"从今以后,你就是我的亲哥,刀山同上,火海同闯,你让我干啥就干啥!"

焦裕禄和刘庚申紧紧地拥抱在了一起。自从和焦裕禄结成了兄弟,刘庚申便联系村里的特困户,没过几天就联系了八家。

村南头孤寡老人郭大娘没有儿子,两个女儿都出嫁多年,生活困难。焦裕禄像亲儿子一样伺候她,时常为老人担水、劈柴、送粮食,老人有病,他就为老人做饭煎药,精心照顾。老人泪水涟涟,逢人便说山东来了个好心人,共产党派来了一批好心人。

俗话说头三脚难踢，但焦裕禄以孔孟之乡特有的个人魅力和儒雅之风在很短的时间内便征服了彭店人。

焦裕禄的"头三脚"已经在彭店区踢开了。

二

一天，焦裕禄让刘庚申把乡亲们都召集到刘庚申家的篱笆院里，老少爷们来了不少，焦裕禄给大家拿碗倒上水诚恳地说："大爷大娘、大叔大婶、大哥大嫂，各位兄弟姐妹，这些日子和大伙儿也都熟悉了，各家的热炕头我也坐过了。大伙儿不拿我当外人，我当然也不拿自个儿当外人。"

人们开始议论纷纷："是呀，他们是和别人不一样……"

焦裕禄大声说："各位乡亲们，咱穷人为啥受穷，是因为咱们识字少、没文化、好糊弄，是因为咱们没有穷人自己的组织好欺负。大家说对不对？"

有人说："对！我们也要学文化！"

有人说："焦队长，给我们发枪吧，跟他们干！"

焦裕禄说："好，从现在开始我们就教大家识字、学文化。我想给乡亲们唱首歌听好不好？"

听说要唱歌，老少爷们兴奋了，焦裕禄站起来清了清嗓子动情地唱起来：

太阳一出照五洲，
天下穷人没自由。

> 思想起好不难受，
> 哎嗨哟，好不难受！
> 财主家住的楼上楼
> 穷人家住的破庵头，
> 思想起好不难受，
> 哎嗨哟，好不难受！
> 财主家吃的鱼和肉，
> 穷人家少盐又缺油，
> 只饿得面黄又肌瘦，
> 思想起好不难受，
> 哎嗨哟，好不难受！

还没听完，就有人喊道："焦队长，我们也要土地，我们也要吃饱饭！"

焦裕禄接着说："各位乡亲，我跟大伙儿一样，也是个穷出身。一个'穷'字掰不开，咱是一家人。今天把大伙儿请到这里开个会，就是商量咱穷人自个儿的事情。我再给大伙儿唱段戏文。啥戏文？有出戏叫《血泪仇》，唱的是咱河南穷人受苦的事。"唱到动情处，他已泣不成声。乡亲们也在抹眼泪。焦裕禄说："乡亲们，我家受的苦，跟这戏文里一样。我爹是让人逼债上吊死的，我嫂子让日本鬼子活活吓死。我坐过鬼子的牢，又给送到抚顺大山坑煤矿挖煤，逃回来没良民证，在家不能存站，又去宿迁逃荒，真是九死一生啊！走上革命道路我才明白，咱穷人要翻身，就要团结起来，拧成一股绳。"

群众情绪调动起来了。一位老汉说："过去总觉得咱就是受穷的命,这些日子听焦队长一讲,咱心里透亮了。"焦裕禄一眼认出了,这不就是刚进村时遇到的那位担粪筐的大叔吗!

焦裕禄走到他的面前,给他烟袋点上火:"大叔,您说得好,我想问问您那天为什么躲着俺?"

没等担粪老人说话,刘庚申说:"长恩大叔祖祖辈辈给人扛活儿,被地主欺负怕了,分了地都一直不敢要。"

焦裕禄问:"大叔,有啥怕的?"

刘长恩嗫嚅地说:"地不是咱的,怕要了东家不依。"

焦裕禄说:"大叔,今天,咱们就成立咱们穷人自己的组织和武装,您老人家还怕吗?"

刘长恩激动地说:"不怕了,再也不用怕了!"

焦裕禄说:"乡亲们,咱穷人要翻身,要当家做主没有自己的组织不行,咱们今天呀,就选一个能为咱穷人做事的人当农会主席。咱们还要有枪杆子,建立咱穷人自己的武装组织——保田队,保卫咱们土改的果实。大家看谁当农会主席和保田队长最合适?"

刘长恩老汉说:"我看庚申就行。他为人厚道,也机灵,还有个热心肠。"

大伙儿都说:"行!就庚申吧。"

三

芒种节气刚过,金黄的麦浪随风摇曳,今年的麦子长势喜人,丰收在望,老百姓都说今年有面吃了。

一天,焦裕禄、刘庚申和保田队队员正在商量怎样保护好丰收的果实,一个联络队员火速奔来,报告队长:"不好了,不好了,来了,来了——"

刘庚申说:"什么来了?"

队员说:"洪启龙带领一个团的兵力收麦子来啦,前哨部队已来到了南门外的老桥头。"

焦裕禄问刘庚申:"洪启龙是谁?"刘庚申说:"是鄢陵县地主武装的头子——保安队中队长。"

听说敌人真刀真枪地杀过来了,保田队员哪见过这阵势,有的保田队员早已躲到了村外,保田队员只集中起了13个人、3支短枪、10支长枪。连刘庚申都有些心怯。

焦裕禄笑着说:"三四百人吹成一个团,没什么了不起。赶快组织群众转移,咱们顶住敌人!"

焦裕禄叫刘庚申领一组人,他领一组人各自占领了有利地形,双方很快交上了火,焦裕禄率领的一拨人打出了一排子弹。刘庚申的一拨人也打出了一排子弹,前头的保安队被撂倒了几个,剩下的人开始往回退。

洪启龙看到后叫喊着:"弟兄们,别怕!他们没几杆枪,给我往上冲!"

听了洪启龙的话,敌人返回身往前冲,此时,响起了"呼啪呼啪"的响声,敌人哗一下又退了回去。

看到敌人后撤,焦裕禄命令队员:"打!""啪啪啪啪"枪声先后响起。

洪启龙的队伍转身跑掉了。

后来才知道,保田队员有的早搂了火,有的晚扣动了扳机,发出了像机枪一样的错落有致的节奏，洪启龙以为有八路军的埋伏，为了保存实力才仓皇逃走了。

敌人是不甘心失败的。过了几日，洪启龙知道上了当，就又伙同许昌市保安团千余人，再一次围攻彭店区。

焦裕禄正在吃饭，联络员急匆匆地跑来："报告，敌人又来了，这次比上一次人还多！"焦裕禄听后，幽默地骂了句："奶奶的连面条也不让吃！"

他扔下饭碗到村外察看敌情，刘庚申和几名保田队员也赶了过来。此时，敌人的大部队离他们大概只有500米远了，满街的百姓哭喊成一片，纷纷外逃。

老长工丁马虎吓软了腿逃不动，焦裕禄架起了他，劝他说："老人家，别怕，有我们呢！"

这时敌人开始射击，群众和保田队员都来到了一片麦田里，乱乱哄哄，焦裕禄大喊了一声："卧倒！"群众一听是焦裕禄的声音，齐齐卧倒。紧接着他喊出一声令："开枪射击！"保田队员一齐开枪，"砰砰砰砰"一阵枪响。

洪启龙看到麦田里黑压压的趴着一大片人，心里嘀咕：这些人要都是八路军武工队，我损失就惨重了，我苦心经营了十几年才发展到今天的地步，不能在这里折腾光了。

想到这里，洪启龙命令保安队："弟兄们，撤！"

一声令下，千余敌人跑了个精光。

四

陈毅的大军打下了许昌城之后，转来了六名伤员，需要由地方的同志负责转移到杞县老区，重任自然落在焦裕禄身上。他亲自带领三名保田队员，乘一辆马车从彭店出发，当来到彭店东北角的老白潭村时，时值中午，焦裕禄正准备搞些饭给伤员吃，突然间一阵人喊马嘶，敌正规军68军的人马潮水般冲进了村中，堵住了院门，继而冲进了屋内。焦裕禄和他的战友来不及开枪便被敌人七手八脚捉住，摔在地上捆了个结实。三名保田队员当时吓得瘫作一团：他们心里明白，垂死的国民党军队叫共产党打散了架，打急了眼，一旦他们活捉了八路军的人，不抽筋扒皮决不解气。

焦裕禄也知道这次到了必死无疑的份上了，附近逃亡的地主恶霸，没一个不知他焦裕禄的厉害、没一个不对他恨之入骨，今日如了愿，遂了心，不五马分尸、刀剁八块才算稀罕！但越是如此，也便越发没了示弱的必要，摆惯了空城计并且多次获利的焦裕禄昂首挺胸，直视着一个军官模样的敌人说："你们跑不脱啦，八路军的大部队在眼前，说不准你们马上也会变成俘虏！"敌军官狰狞一笑，说："反正你此时此刻已成了我的俘虏，捆结实，交给开封省政府！"

焦裕禄笑了笑："开封省政府，还能存几天？"

敌军官不再回话，急挥了手，将他们四人用一条麻绳连串牵着，赶起拉载六名伤员的马车，向朱仙镇逃去。

他们知道共产党的大部队近在眼前，地下党的力量也十分强大，为了隐蔽，就押着他们行走于半干的河沟中。

焦裕禄突然说道："我要解手！"

押解的敌人嘟囔着说:"你他妈这么多事,快点!"

焦裕禄故意磨磨蹭蹭,他还给三名保田队员使眼色,三名队员明白了他的用意,过一会儿就有一个队员提出要解手,故意磨蹭时间。

敌人似乎看出了他们的用意,当他们再提出解手时,就派人盯着,如此这般几多反复,行走的速度十分缓慢。

走了没几里路,刘邓大军的一部得知情况后,以闪电之势包围了敌人,全部敌人一个也没跑掉。

彭店的人们知道这件事后,都说焦裕禄是好人有好报,大难不死必有后福。焦裕禄笑笑说:"我和彭店的缘分未尽,阎王爷不收我!"

转眼寒冷的冬天到了,彭店区的贫困户和孤寡老人都到区里领从地主那里收缴的棉衣,一个队员看到焦裕禄身上穿的棉衣补丁摞补丁,就领了一件给焦裕禄,焦裕禄狠狠地批评了这名队员,他说:"胡闹,衣服是给贫困户和孤寡老人的,我们怎么能搞特殊?赶紧拿回去。"

这名队员看到焦裕禄生气了,只好又把棉衣拿了回去。可是那名队员刚走,老贫农马留柱拿着一件棉衣找到焦裕禄,他对焦裕禄说:"焦区长,你为我们彭店的穷苦人操碎了心,可是你身上却穿着补丁摞补丁的旧棉衣,今天说什么你也得把这件棉衣换上,不然我给你跪下了!"焦裕禄听到这里眼圈一红,说道:"马人爷,您的心意我焦某领了,可这件棉衣俺不能收!"听了焦裕禄的话,马大爷一下子跪倒在焦裕禄的面前,焦裕禄赶忙去扶马大爷,马大爷说:"你答应收下我才起来。"焦裕禄含泪收下了马大爷的棉衣,说道："马大爷，这件棉衣算我借您的，以后一定奉还。"

五

焦裕禄在彭店区的工作引起了县委的关注，经过研究决定把他调到土改工作基础薄弱的大营区去工作，以改变那里的土改落后面貌。

一天，焦裕禄正在整理文件，刘庚申急火火地进来了："哥，听说你要去大营区当区长了？"

焦裕禄说："我也是刚得到信，这不还没来得及跟你念叨。"

刘庚申回到家里刘母正在做饭，刘母说："今天咋回来得这么早？饭还没做好，等一下就好了。"刘庚申只顾抽烟一句话没说，刘母问道："你今天是咋啦？愁眉苦脸的。"刘庚申说道："娘，焦队长要调走了！"刘母手中端着的锅"当"一声掉在了地上："你说啥，焦队长要调走？"刘庚申："嗯，这两天就走。"

这时，郭大娘和众乡亲不知从哪里得到的消息，也纷纷来到刘庚申家，郭大娘说："庚申啊，听说焦队长要调走了，是真的吗？"刘庚申说："是真的！"这时刘庚申的娘在一旁抹眼泪，乡亲们你一言我一语："你说这么好的人上哪里找去，怎么说调走就调走了？""是呀，他这一走，再也没有人教咱们唱歌识字、给咱们讲故事了！"有人提议："庚申，咱们能不能向县委反映留住他？"

焦裕禄背上铺盖卷和乡亲们依依惜别，乡亲们送了一程又一程，说不完的感谢话，道不完的翻身情，一直送到北门外。焦裕禄坚决不让乡亲们再往前送一步了，他声音嘶哑地说：

"大爷大娘、兄弟姐妹们，请回吧！我真的不愿离开你们，可为了使更多的穷人翻身，我应当听从党的分配，到更需要我的地方去。父老乡亲们，请回吧！我还会来看望你们的！"

彭店的父老乡亲们看到他的背影渐渐模糊不见了，才转身回村。

初到大营

一

焦裕禄离开了彭店区来到了大营区。

区委书记田长林亲自迎接了焦裕禄,他对焦裕禄说:"焦区长,你可真是及时雨啊!这两天我就要到开封受训,得有一段时间,区里的事就全靠你了!"

焦裕禄说:"田书记,我刚来对这里不熟悉,两眼一抹黑,你先给我点拨点拨。"田长林说:"老焦啊,要说这大营区和彭店区还真不一样,这里的局势比彭店更复杂,也更需要你啊。大营的土改,剿匪是重点。这里是方圆百里有名的土匪窝。老乡们说:'大营九岗十八洼,洼洼里头有响马。'咱们区70多个村子,村村有土匪,大土匪头目就有100多个。老乡们让土匪祸害苦了。大营这村子,因为有个大土匪黄老三,受害也最重。"

焦裕禄问道:"黄老三? 这是个什么人?"

"这家伙挺复杂,他曾经是伪县长的把兄弟,也当过大营镇的伪镇长。霸占了几百亩好地,是有几百号人的一支土匪武装,横行一方,为非作歹,他让谁三更死就过不了四更天,他让谁白天死就到不了天黑,人们都叫他"活阎王"。虽然解放军把他的队伍打垮过,可他一直躲在暗处搞暗杀,反共倒算了,还伺机袭击区部,闹得大营鸡飞狗跳,一年不到,就换了几任区长,谁也不敢在这里久留。黄老三还有个在解放军里当营长的儿子,凭着这一点,他把区政权不放在眼里,认为共产党不敢把他怎么样。老伙计,大营的情况,我一点没瞒你,在这里工作,你怕不怕?"

焦裕禄说:"你是不是对我没信心?"

田长林说:"久闻你焦裕禄是'神枪手''神号手',擅长导演'空城计',多次深入虎穴抓'舌头',在宣传队里演《血泪仇》看哭了多少老百姓,在彭店搞土改、除恶霸更是家喻户晓,我有什么不放心的。"

焦裕禄说:"田书记过奖了,我想,在党和县委领导下,在老兄你的支持下,紧紧依靠大营的广大群众,就没有什么干不成的事。"

田长林紧紧握着焦裕禄的手说:"伙计,话虽这么说,毕竟咱在明处,土匪在暗处,你可得多加小心,大营的工作全靠你了!"

焦裕禄说:"老兄放心。我这人哪,是铁砧子命,硬着呢。"

二

为了尽快熟悉大营的情况，焦裕禄和交通员李小虎天天在各乡各村里转，李小虎寸步不离地跟着他。为了保护焦区长，他把家里的一杆鸟铳背上了，这鸟铳枪管有一寸粗细，能装一斤砂子四两火药，用时比汉阳造还顶用。

一天，正在村里了解情况，李小虎说："区长，田书记让回区委开会，说有重要情况。"焦裕禄匆匆赶回区委，会场被一片悲愤的气氛笼罩着。

田书记说："老焦，黄老三这个恶魔又欠下了一笔血债，看来一天不除掉他，大营就一天别想安生。具体情况请老王给你介绍！"

老王是主管公安的副书记，他对焦裕禄说："焦区长，情况是这样的，昨天晚上黄老三带领他手下的'五狼七猴'把南洼村的农会主任、保田队长、妇女主任和几个农会干部给活埋了，埋时把他们的脑袋露出来，牵上牲口套上耙，把他们头都耙烂了，惨不忍睹啊！"

田书记气愤地说："更主要的是黄老三还放出话来，谁再干保田队，下场就跟他们一样，气焰极其嚣张！"

焦裕禄一拳砸在桌子上，气愤地说："擒贼先擒王，一定要打掉黄老三这个贼头！"

夜深了，可是焦裕禄没有一丝睡意，他在考虑如何对付黄老三这个魔头。

第二天，焦裕禄对李小虎说："走，咱们到大营村去转转。"背上鸟铳，李小虎跟着焦裕禄往大营村走去，焦裕禄问道："李小虎啊，你说，大营最恨黄老三的是谁？"

李小虎说："焦区长，说起来，咱大营的老百姓，没一个不恨黄老三的，他看见谁家的闺女俊，三天送不到，就要全家遭殃。看中谁家田地，说个'不'字，就杀光全家。他手上有80多条人命哩，他要杀人，压根用不着找啥理由，骑马走在街上，看见谁不顺他眼，抬手就是一枪。他不高兴的时候，就要杀人找个乐子。他高兴了，也要杀人凑个乐子。不过要说最恨黄老三的要算李明了，黄老三把他糟害得最苦，家破人亡啊！"

焦裕禄说："那咱这就去找李明。"李小虎说："找李明？上哪里找去？为了躲避黄老三他东躲西藏，谁知道他现在在哪里。"

焦裕禄问："是不是躲到外地去了？"李小虎说："不会，他还惦记着要杀黄老三报仇哩，前两天还有人在大草洼一带看见过他。"

焦裕禄说："那就好办了，咱们一定要找到李明。"

李小虎说："区长，可咱大营九岗十八洼，那么多土匪，找他们都难，李明只有一个人，就更难找了。黄老三找了他两年都没找到他。"

焦裕禄说："这世上无难事，只怕有心人，只要我们坚持，总有一天会找到他。李小虎，你认识李明吗？"李小虎说："咋不认识，当年他当过民兵，还是积极分子呢。"

李明是大营村的本分百姓，家里有20亩地，他爹除了种田还在村口十字路上摆了一个馍篓，日子过得还算不错。可黄老三偏偏就见不得别人过好，天天派人去拿馍，从来不给分文。快过年时，黄老三又差人来要馍，李明他娘就打定主意向黄老三求情，让他还馍钱，于是就跟着拿馍的人来到黄老三的府上。

黄老三见李明娘跟来了就问:"你后面跟的那个人是谁?"喽啰说:"是李明他娘。"

黄老三问:"她来干什么?"

"她来要馍钱。"

这时,李明娘求着黄老三说:"黄三爷,你在俺馍篓上拿了一年的馍,一分钱也没给过,快过年了,也该给个面钱、柴火钱,这小本小利的。"

黄老三哈哈大笑:"要馍钱?咱吃她几个馍,是对她多大的抬举,不孝敬咱,还要什么馍钱?告诉她,吃下的馍早变大粪了。"

喽啰推了一下李明他娘:"听见了没有,三爷让你上他家粪池淘大粪去,顶你馍钱啦!"

李明娘被推倒了,她爬起来对黄老三说:"黄三爷,你不能不讲理呀!"黄老三哈哈大笑着说:"讲理?在大营,你家顶着谁的天哩,踩着谁的地,啥叫理?黄老三就是理!镰把儿,给我狠狠打这个歪老婆子!"

一个名叫"镰把儿"的土匪上去把李明老娘一脚踹倒,拳打脚踢,李明娘昏死过去。黄老三一阵狂笑。

钱没要着,还差点连命都搭上。李明得到消息赶来,见母亲不省人事,扑上去要找黄老三算账:"黄老三老子和你拼了!"镰把儿和喽啰们把李明紧紧按住。李明大骂:"黄老三,你还是人吗?"

黄老三嘿嘿一笑:"镰把儿,他的嘴不干净,给他清清!"镰把儿抡起巴掌"啪啪"地打李明的嘴巴,直打得血肉模糊。

黄老三摆了摆手说:"镰把儿,算了吧,三爷我今天高兴,就这样吧!小子你记牢了,在大营,三爷我就是活阎王!我让你三更死，谁敢留你到四更！"

李明没想到，黄老三当时没动手，是记着账呢。他在筹划着一个更大的阴谋。那个阴谋，到李明妹子出嫁那天开始实施了。

那天，一顶花轿抬进李家，新郎官骑在一匹骡子上，胸前戴一朵大红花，唢呐吹得欢天喜地。李明家门前围拢了很多乡亲。他们互相询问着："新女婿是哪村的？""梁庄的，听说是个烧窑的小把式。""看这小后生长得多精神，又有手艺，以后小两口要过好日子。"

李明的妹妹头上顶着红盖头，让伴娘扶着从屋里走出来。门口两挂大鞭炮噼噼啪啪响着。

正在这时，另一支迎亲的队伍也吹吹打打，奔李明家来了。只见队伍前是一个庞大的鼓乐班子，吹打得十分热闹，鼓乐班子后边是一顶八人抬的大花轿。

乡亲们诧异："咋又来了一拨子迎亲的？""看那花轿，八人抬的！""俺娘哎，那不是黄老三吗？""这太岁来了！"

花轿后，黄老三骑着一匹大红马，戴着大红花，匪众们簇拥在他周围，他们把迎亲的人团团围住。黄老三用马鞭子一指新郎官："你来干啥？"

新郎官吓得脸都黄了："娶……娶亲……"黄老三冷笑；"娶亲？你他娘的好大胆，敢娶我黄老三的女人！给我打！"几个土匪扑上去，从骡子上拉下新郎官就打。镰把儿和几个土匪连拉带拽，把李明的妹妹从小花轿里拖出来，不顾李明妹妹的挣扎，推到另一顶轿上。

李明抢着锄把冲了出来："黄老三，你有没有天良！光天化日欺男霸女，干这伤天害理的事！"土匪们拦住李明，李明抡起锄把，打倒了几个土匪。黄老三喝令："这小子真还不知道马王爷几只眼，给我捆了！"因寡不敌众，李明很快被按倒在地。土匪们闯进李家院内，一通乱砸之后，把李明捆起来吊在房梁上。

黄老三命令："动动家法！"镰把儿上来，用燃着的两束大香烧灼他的腋窝，烫得李明号哭不止。李明的老爹老娘跪在黄老三面前："三爷，求求你放了我闺女和儿子吧，俺李家的宅田全归三爷，没一句怨言。"

黄老三剔着牙："三爷看上你闺女是她的福气，到我家，穿的是绫罗绸缎，吃的是山珍海味，比嫁个小把式强百倍，别他娘的不识抬举！你们家的那点薄地我还真不稀罕，今天我就要李明这条命。小的们，给我往死里打。"

李明被吊打了一个时辰，皮开肉绽，几个小喽啰眼见李明没了气，这才簇拥着黄老三走了。

半夜里，李明从停尸的门板上醒了过来。李明的爹娘见李明没死，又喜又怕，李明爹怕黄老三知道李明没死，还来抓他，就让他娘做了点干粮带上连夜跑了。

李明的妹妹被抢到黄家就撞墙自杀了。

第二天黄老三听说了李明没死，就上门来要人，李明爹交不出人，被黄老三活活打死了。后来，解放军来了，李明回到家当了民兵，一心想除掉黄老三为家人报仇，可是解放军一走，黄老三就冒出来，轰炸区部，镇压民兵，疯狂报复，还扬言要剥了李明的皮。李明不敢再当民兵了，一天到晚东躲西藏。

听了李明的悲惨家史，焦裕禄更加坚定了要找到李明的信心。

他和李小虎在洼里转了七八天，找遍了李明可能藏身的所有地方，可连李明的影子也没见着。

李小虎有些泄气了："这李明难道土遁了？焦区长，我看咱们是瞎子点灯——白费蜡，别找了！"

焦裕禄对李小虎说："咱在明处，他在暗处，他知道咱在找他，也许有一天他会出来和我们见面的。"

三

一天，焦裕禄和李小虎又来到大草洼，从大洼深处冒出了一缕炊烟，焦裕禄凭多年的经验判断李明很可能就在大草洼深处，他对李小虎说："走，往大草洼深处走！"

李小虎跟着焦裕禄往大草洼深处走去。

一个衣衫褴褛的大汉正在靠坡挖的一个土灶前烧火。土灶上吊着一只瓦罐当锅，汉子趴在地上吹火，柴火太湿，吹不着，浓烟呛得他直流眼泪。

突然，汉子听见身后有人叫："是李明大哥吗？"

汉子吓了一跳，猛地站起身子。他看见身后站着两个人，想跑。

李小虎一把抓住他的胳膊："李明大哥，你别走，你看看，我是区上的李小虎呀。这是咱们区新来的焦区长。"李明打量了一下这位新来的区长，见眼前这个人：一米七几的个头，蜂腰乍背，平肩阔胸，鼻梁高挺，两只眼睛炯炯有神，有一种不言自威的气质。李小虎说："李明大哥，焦区长为了找你，在大草洼里转了七八天。"李明问："你们找我干啥？"焦裕禄说："想和你拜个兄弟！"李明摇摇头："您是区长,想跟俺拜兄弟,为啥?"焦裕禄说："为了和你一起抓黄老三,为大营的百姓除害。"李明眼睛一亮："你没诓俺?"焦裕禄庄重地点点头。李明说："中!中!"

焦裕禄探身朝瓦罐里一看,瓦罐里煮的全是野菜。

焦裕禄拉着他的手说："李明兄弟,走吧,跟我回大营!"

李明回到家,焦裕禄把铺盖卷搬进他的炕上,和他住在一块儿。李明这一回来,很多青年人都报名参加了民兵队,大家摩拳擦掌要同黄老三斗。李明当了民兵队长,他有了一支汉阳造步枪。

这天半夜,焦裕禄开会回来,见李明还没睡,焦裕禄问："这么晚了,咋还没睡?"李明说："我在等你。"焦裕禄问："等我有事啊?"

李明说："大哥,我就问你咱们什么时候去抓黄老三?"焦裕禄说："着急了?"李明举起手里的枪说道："都急死了。我恨不得立马把这狗日的生擒活捉,扒他的皮,抽他的筋!不光是我急,那些让黄老三糟害得家破人亡的乡亲,哪一个不急啊?"

焦裕禄按按他的肩膀："兄弟啊,大营的斗争形势很复杂,黄老三已经在我们的掌握之中,可随时抓他,不过要看准火候。"李明搓着手心："俺急得天天手痒啊。"焦裕禄说："这些日子要密切注意土匪的动向。记住,急火烧不烂猪头,急水里下不得船桨。你可是民兵队长啊,我们不但要和土匪斗勇,更要和他们斗智,要讲究斗争策略。"

智斗土匪黄老三

一

再说黄老三,听说从彭店区新调来了一个姓焦的区长,他早就听说此人在彭店可是个人物,他搞土改,除恶霸,成立保田队,专门和富人过不去,是个辣菜根子,这不他刚一来大营就把民兵又拉起来啦。

这天,黄老三把"五狼七猴"都召集到离大营西南十几里路远的山川寺。

这座寺院不大,却十分热闹。僧人们进进出出,有的在大殿上续香,有的在打扫院落。

在旁边的一个殿堂内,一个矮胖子和十几个土匪正在议事,那个矮胖子就是大匪首黄老三,他有50多岁,秃顶。他旁边坐着一个人,有40多岁,大块头,一脸横肉,便装,戴青呢礼帽,腰里一左一右掖着两把大肚匣子,他就是黄老三手下的一个匪首,名李新堂。

黄老三狠狠地把念珠一摔:"新堂,你说这大营是谁的天,谁的地?"李新堂说:"当然是大哥的天,大哥的地!"其他土匪也随声附和道:"当然是大哥的!"黄老三说:"新堂,你说得对。咱爷儿们的天底下、地头上,不能让别人来扑腾。这几天,你得闹出点动静来,给那个姓焦的来点颜色。要是能把这小子除了,当然省去更多麻烦。"李新堂拍拍腰里的大肚匣子:"三哥你放心。今晚我就把李新营、刘三他们几个召上,到山川寺这儿来议事,半夜就动。"

黄老三说:"行,今儿个我有事上趟鄢陵,晚上不回来了,你们一定要小心!"

下午,焦裕禄从大营小学校教孩子们唱歌回来,刚倒上一杯水,李明急匆匆地赶来了,一进门就对焦裕禄说:"大哥,有个紧急情况。"焦裕禄问:"啥情况?"李明说:"跟黄老三一伙的一个土匪头子李新堂,召集了几个土匪在山川寺开了会,说要谋一件大事。"

焦裕禄问:"李新堂是谁?"李明说:"这小子外号花脚太岁,是黄老三的左膀右臂,心狠手辣,杀人不眨眼。"焦裕禄问:"他们谋什么大事?"李明说:"今天半夜,他们要到大营来偷袭。"焦裕禄问:"情报准确吗?"李明说:"李新堂的一个堂弟叫李新营,今天找他的一个把兄弟刘三,让他去串通几个土匪头子。我打听到了,就一直盯着刘三。没错!"

焦裕禄说:"好,你回去悄悄招集民兵,咱们先把他们端了。"

天渐渐黑了,焦裕禄和李明带领民兵悄悄地包围了山川寺。焦裕禄舔了一下手指戳破了窗户纸:大殿里面摆了一张大方桌,八个土匪头目围坐着，手枪都摆在了桌中央。

一个40多岁，大块头，一脸横肉的头子对土匪们说道："大哥临走前说了，大营的天不能变，那个新来的姓焦的区长想变天，我们绝不答应，今天晚上我们就悄悄地摸到李明家，杀死那个姓焦的和李明。"

李明趴在焦裕禄的耳根旁小声说："说话的就是李新堂。"

焦裕禄小声说："大家听我口令，一起上！"

随即喊道："上啊！"

他双脚离地，一下子飞跳到桌子的中央，趁土匪一愣怔的刹那，双手将一圈手枪猛一收拢，哗哗一响，竟全入怀抱，民兵们被他的勇猛感染，紧随其后冲入殿内，三四个人合捉一个土匪，一下子将其活捉了个干净，立时捆绑了个结实。

几天以后，县里派来了工作组，协助大营区在大营村召开了宣判大会，枪毙了在山川寺擒拿的李新营等八个土匪头目。人们拍手称快，欢欣鼓舞。

宣判大会结束后，焦裕禄把大营区分为大营、寨黄、椅圈马、玉陈、门楼任、石槽王六个乡，选举了乡长和民兵队长。民兵队后改称"保田队"。各村还建立了农会，李明任大营乡乡长，兼农会主席。

二

有了第一次镇匪反霸的胜利，翻身的农民及民兵十分活跃，特别积极，天天查访土匪下落，收集各类情报，没收土匪枪支，捉拿土匪归案，大营一带的土匪惶惶不可终日，纷纷外逃。焦裕禄因势利导在大营区部专门腾出一间办公室，用作接纳土匪自首使用，门口挂着"土匪自首处"的牌子，墙上用油漆刷上了"坦白从宽，抗拒从严，首恶必办，胁从不问"的标语，室内设有自首人员登记处和枪支收缴处。

一天，李明正在自首室里协助民兵队员收缴枪支，一个弯腰钩头、鹰鼻羊眼，一副奸习之相的人走了进来，李明一抬头顺嘴喊了句："镰把儿！""镰把儿"也看见了李明，嗫嗫地说："李乡长，我是来自首的。"

李明咬牙切齿地说："你在黄老三家拿香烧我，打我嘴巴，你跟随黄老三逼死了我妹、我爹，你跟随恶贯满盈的黄老三干过多少坏事……给我绑了！"几个保田队员也早就想拿下他，听李队长下了命令便一拥而上将"镰把儿"捆了个结结实实。"镰把儿"大喊大叫着："共产党不讲信用，我是来自新的，你们为什么绑我？"一个队员说："你来自新，骗鬼呢？你跟随黄老三坏事干尽，受害的百姓恨不能抽你的筋，剥你的皮，今天你是自投罗网！"

有人喊道："杀了他！杀了他！"

这时，焦裕禄走了进来，立即制止道："都别胡来，放了他！"见队员们站着不动，他亲自为"镰把儿"松了绑，并说："你就是那个外号叫'镰把儿'的土匪梁长运？""镰把儿"见焦裕禄为他松了绑一下子跪在地下："焦区长，你可得为我做主呀，我是响应区里的号召来自首的呀！"焦裕禄对他说："只要是真心自首，我们双手欢迎，但如果耍花招后果自己掂量！"

放了"镰把儿"梁长运，李明乡长很有意见，便与郎头、王秀成等一群民兵责问他,并要求立即枪毙梁长运。

焦裕禄笑了,招呼他们坐下,说:"我知道你们会来找我,但是我要小声地告诉你们,这叫分化瓦解敌人,不拔净黄老三的翎毛,就难以孤立他!另外我还需要他现身说法。"

几天以后,在区政府召开的潜逃地主、反革命、土匪家属会上,"镰把儿"上台现身说法:"我当土匪,跟黄老三干过许多坏事,现在缴了枪,认了罪,得到焦区长的宽大处理。你们当家的和我吃一锅饭,谁干过的坏事,有几杆枪我全知道。你们快把他们叫回来缴枪,要不,可别怪我镰把儿不够朋友!"

这种"分化瓦解"也真灵验,不多久,果然有许多土匪自动投案,匪属也缴出私藏的枪支。有不愿明缴的,将枪扔上了大街。区政府还根据梁长运提供的情报,捉了不少潜逃的土匪归案,焦裕禄称赞"镰把儿"有功,应该受奖,将其提升为大营乡副乡长,与李明平起平坐。

李明知道"镰把儿"当了副乡长,肺都气炸了,他带领几个队员把身上的枪扔到焦裕禄面前,气哼哼地说:"焦区长,我不干了!"几个队员也随声附和:"没法干了!"焦裕禄笑笑说:"说说为啥没法干了?"李明说:"好人坏蛋一个价了,狗屎都当大酱卖了,还怎么干?"

焦裕禄把枪一个个还回去,哈哈大笑说:"几位兄弟,听说过放长线钓大鱼吗?咱们的戏才刚刚开始,你们就想撂挑子?"

李明和几位队员不知焦区长葫芦里卖的什么药,只得重新背好枪,出去了。

三

没过几天，黄老三回到大营的消息就传开了，有人亲眼看到黄老三坐着他的骡马大车，带着大小姨太，大摇大摆地回到了大营西边的黄家庄。焦裕禄对黄老三的回来并不感到意外，因为他知道黄老三绝不会无声无息，也不会善罢甘休。他仔细进行了分析，黄老三这次回来有三个目的：一是他认为有一个儿子在共产党这边当正规军的军官，土八路工作队不敢把他怎么样；二是他从暗处走到了明处，是给他尚存的爪牙助威壮胆——他怕翎毛被拔净了；三是要试试自己的水到底有多深。焦裕禄认为，真正的对决才刚刚开始。

李明乡长带了几个民兵去找焦裕禄："焦区长，据可靠消息黄老三回到了黄家庄，弟兄们要求立即逮捕黄老三。"这时，"镰把儿"也慌里慌张地来找焦裕禄："焦区长，快去抓黄老三把他毙了吧，要不然他知道我背叛了他，非整死我不可。"

焦裕禄不紧不慢地说道："抓，但不是现在，时机不成熟。"

李明都快急出眼泪了："我的区长哥，快下命令吧，要不，我带弟兄们去，你在家里静候佳音。"

焦裕禄严肃地说道："这几天，没有我的命令谁都不许胡来，谁误了大事拿谁是问。"李明、"镰把儿"和队员们怏怏地离开了。

李明离开后，一个大胆的想法在焦裕禄脑海里形成了，他要亲自去会会黄老三。第二天，焦裕禄带着通信员李小虎来到了黄家庄黄老三家，家丁拦住了他们，李小虎说："焦区长要见你们家三爷，请通报一声！"一个家丁转身进院，不一会儿就回来了说："我们家三爷说了，只请焦区长一个人进去。"李小虎正要理论，焦裕禄制止了他:"你在这里等着,如果我两个时辰还不出来,你就回去报信。"说完,跟着家丁进了黄老三家的院子。

进的屋来,就见一个粗腿壮臂、虎背熊腰、牛眼阔嘴的人坐在太师椅上向他打量过来,焦裕禄拱手道:"你就是黄三爷?"那人见来人文质彬彬,身体消瘦,就哈哈大笑道:"你就是传说中的焦区长?请坐!"

焦裕禄说:"听说你大宴宾客,拜会各方朋友,焦某特来拜访,顺便借匹马(土匪黑话指"枪")使使!"黄老三朗声一笑:"好说!好说!"言罢,自腰中掏出一支崭新的德国造手枪,哗哗压上子弹对焦裕禄叫道:"会不会用?不会我教你!"语音未落,早已举起枪来,照屋墙"砰砰砰"连开三枪。尘土飞扬中,黄老三回头看焦裕禄面不变色,神不失常,便大声叫唤:"好样的,这枪归你了!"说完把枪扔了过来,焦裕禄眼疾手快一把抓住枪柄,在手上就势转了三圈,然后握在手上连连说道:"好枪!好枪!"

黄老三看到焦裕禄的表演拍手叫好,焦裕禄话锋一转说道:"老三,我这次来除了借枪还想跟你商量商量'合营'的事。"

黄老三听闻此言一声冷笑:"焦区长真会开玩笑,共产党怎会和我这拉杆子的土匪合营?"焦裕禄真诚地说:"我说的是真心话,不想和你打来打去。如果咱俩能交个朋友,大营区的百姓就会少灾少难。这样,就需要你命令你手下的兄弟放下武器,向人民认罪。我可以推荐你担任大营区的区长!"

黄老三哈哈哈一阵狂笑,以看破一切的口吻答道:"真是大白天说梦话,你会让我当区长?你做梦都想毙了我!"

口中这样说罢,右手探入怀中,掏出了一支手枪。焦裕禄微微一笑，并不惊慌，轻松地说："老三想让我看看你的'马'？"黄老三并不回答，低头闭眼沉思了一下，"哗啦"一声压了火，枪口抬了一抬却猛然扔给了焦裕禄，焦裕禄一把接过，在手中掂了几掂。黄老三说："这匹'马'在你手上了，若想崩了我，现在就搂火吧！省得家人再到野外头收尸。"

焦裕禄不笑不言语，只在手中把玩了一阵，说声"好马"之后，真诚而严肃地说："我知道你黄老三够朋友，若不然，怎会只身登你的三宝殿呢？"一言未落，早已轻轻甩手，将黄老三的"马"丢回去，紧接着转回了身子，不紧不慢地走出了黄家的深宅大院。等在外面的李小虎见焦区长出来了，一颗悬着的心终于放下了，两个人很快返回了区部。

这一次深入虎穴的攻心战术，想争取这个阴险狡诈、深藏杀心的黄老三戴罪立功，显然不可能成功。

四

清明前一天，李明又来找焦裕禄："焦区长，我问你到底还抓不抓黄老三？"

焦裕禄回答道："抓！"李明反问道："怕是你不想抓吧！外面都传说你又借黄老三的枪又和他交朋友，让我们怎么信你？"焦裕禄说道："你来得正好，你不来我还正要去找你，你快去组织民兵准备准备，明天去捉黄老三。"然后跟李明耳语了一番。

李明立刻像换了个人似的喊道："是！"头也不回地走了。

第二天,正应了那句古诗"清明时节雨纷纷,路上行人欲断魂",

淅淅沥沥的小雨如期而至，祭奠逝去先人的人们冒着小雨，匆匆走在路上。

李明和民兵队员早早地就埋伏在了黄氏老林的四周，有的躲在石碑后，有的藏在柏树后面，严阵以待，只等猎物到来。

临近中午，黄老三一个人鬼鬼祟祟地独自来到了老林，只见他点上三炷香，跪在列祖列宗坟前念念有词，也许是祷告祖先保佑，保住他一条狗命。香灰落尽正要焚纸，李明一声怒喝："黄老三，你跑不了了！"话音未落已经扑了上去，四周红了眼的民兵一拥而上，如饿虎捕兔，七手八脚中按了他一个五体投地。

民兵们押着黄老三去见焦裕禄，焦裕禄坐在区政府的办公桌前批阅文件。他眼皮不抬，笔尖不停，口吻平淡地问道："老三，你为何今日这样大意？"

黄老三装扮出末路英雄的气概，大大咧咧、虎头豹脑往前一站，膛音粗壮地叫道："姓焦的，我今天落到了你的手下，要杀要剐由你啦！不过我还要问你一句，你到我家和我交朋友到底是真是假？"

焦裕禄继续写字，眼皮不抬地笑答："真了怎样？假了怎样？"

黄老三喊道："要是假的，往下就别再说了。要是真的，你快放了我，今天我不想死！"

焦裕禄这才停下笔，抬起了头，一字一顿地答道："捉你容易，放你也不难，只要你老老实实地把土匪名单写给我，再把窝藏的枪上缴政府！"

黄老三并不示弱，一呲大牙，一晃肩膀喊道："焦区长，这你就没法问了，大营出土匪，连三岁小孩的手中都有枪，你要逮，就多弄些绳子，全捆起来算啦！"

焦裕禄双目炯炯，盯了他一阵，靠近他一步说道："老三，我待你是真心，你也要有诚意，信口胡说，姓焦的不答应！"

黄老三哈哈来了一阵狂笑，晃晃脑袋道："我决不胡说，连你身边的乡长、保田队长里都有土匪头。"

焦裕禄说："土匪头是梁长运，让他当乡长是我党执行坦白从宽、抗拒从严、立功者受奖的政策的结果。我也对你讲过，只要你真心投降，我也可以让你当区长，还可以推荐你到县里。"

黄老三轻蔑地一咧嘴，说道："姓黄的没那个福分，我所指的也不是梁长运，我说的是只有我才知道的人。"

焦裕禄微笑道："你明说吧！还是早说出来好。这么长时间不捕你不问你，便是对你抱有合作的希望，说明白才是合作的表现。"

黄老三又一阵轻蔑的奸笑，以挑衅的语气继续耍焦裕禄："我不能说明白，真相一旦大白，你还能算个精明强干、洞察秋毫的区长吗？"

焦裕禄眉毛一拧，"砰"地一拍桌子，厉声喝问："黄老三，你手中还有多少枪？"

黄老三飞快地抢答："50支"

"放在哪里？"

"山川寺正堂庙屋的神龛下！"

"哪里还有？"

"绝对没有！"

如此，李明乡长率几名民兵立即赴山川寺验证，果然搜查出50支崭新闪亮的驳壳枪。这批枪送到了区政府，焦裕禄当面拍板，放黄老三还家，黄老三笑着离开了区政府。

这个决定如同七级地震，人们惊讶了，惊愕了，罪大恶极的匪首，杀人如麻的魔鬼，仅凭供出50支驳壳枪，便可逍遥法外，这令人不能理解。而且，这个魔鬼的心中还有着关系到区政府安危的、生死存亡的高度机密，不能不令那些受苦受难、受到迫害的贫民疑窦顿生，怒火万丈。

李明乡长从腰间拔出两支手枪扔到了焦裕禄面前，面青手抖地说："我李明不干了，你焦区长的胳膊肘往外拐了！"

焦裕禄笑了，伸手拉住欲要离去的李明，不紧不慢地说："先别生气，你听我说……"

李明一扭肩甩开了他："我不愿听你说，既然你真心与黄老三交朋友，又何必派我们捉拿他？如果是真心捉拿他，为何又轻易放掉他？"

焦裕禄说："现在不是我刚来大营的时候了，要杀要放黄老三，全由我们当家。杀了黄老三，拔不净暗中的羽毛仍是祸害。我说与他交朋友，是想麻痹他，释放他回家去，是想稳住他，让他继续提供尚未暴露的土匪线索。只要有黄老三这个匪首活着，潜藏的土匪便会暗中与他联络，我们也会侦察监视到他们的一切行动。"

五

李明觉得在理，他又一次相信了焦裕禄，带领民兵，跟随焦裕禄连夜行动了。他们走出了大营北门，在一片错杂的树丛中隐蔽起来。湿凉的夜露，困意的鸟，夜幕掩盖着这个不平凡的夜晚的秘密。

焦裕禄指了指前面，对李明说："你看，那个人是谁？"

李明揉了一下眼，仔细一看惊得差一点喊出声来："那不是梁绕来吗？后面跟着的是王四。"焦裕禄低声说："看看他们玩什么花样。"

就见副乡长兼保安队长梁绕来和民兵王四鬼鬼祟祟在离树丛的不远处卧伏，低声地吹了三响口哨，随后起身，一起向正北方的岗沟走去。

焦裕禄低声说道："跟上他！"焦裕禄、李明和另两位民兵紧随其后，绕道上了岗坡顶上，往岗沟下一看，沟中黑压压站着二十几个黑影，喊喊喳喳，聚聚散散。有一人微带怒意地发问："老梁，你今夜为什么来这么晚？想变卦？"

梁绕来说："你们不知道，老狗咬我了。他今天被焦裕禄捉了去，差一点咬出了我的名字，所以要特别小心！"

那人回话说："黄队长不会咬你，他让我告诉你，他是想搞迷魂阵，搞晕姓焦的，再去收拾他。"

梁绕来说："别绕弯子了，要轰区部，今晚就轰，轰迟了，我就要露馅了。"

那人说："黄队长有话，说是火候不到。让我跟你解释，他绝不会对不住你。今天晚上你的任务是宰掉李明，最好也宰掉焦裕禄，宰他不成，也要劈掉他一只膀子。你过去的事情，只要黄队长不说，天底下谁也不知。只要同黄队长一心，将来有你的好处。"

梁绕来沉默了一阵，之后便咬牙切齿地发话："弟兄们放心地回去吧！今夜里我会刀刀见血！"

眼看着土匪们就要散去，李明说："大哥，开火吧，再不开就晚了！"

焦裕禄用手掩住了他的口，拦住了他的手。

土匪们全部散去了，焦裕禄这才拉着李明说道："跟我走！"李明跟着焦裕禄就往村里走，来到车屋前，李明刚要进去，就听焦裕禄说道："别进屋，回来！"他俩躲进了车屋对面的蓖麻丛中，静观梁绕来当夜的动作。

二更无动静，三更无异常，只有游鸟的梦呓，蚊虫的歌唱声。约是三更刚过的时分，一个黑影闪进了车屋，顷刻间，便自屋内传出了扑扑哧哧的怪响。待那黑影溜走后焦裕禄和李明来到车屋，只见焦裕禄与李明伪装真人睡觉的被筒上，被尖刀戳了个千疮百孔，败絮飞扬。两个人对视而笑。

李明说："大哥，我现在就去把梁绕来抓来。"焦裕禄摆摆手说："不用咱们动手，明天自有人收拾他。现在开始睡觉。"

李明说："我的哥呀，你还有心睡觉？"

第二天，焦裕禄让通信员李小虎通知梁绕来到区里来开会，李小虎照办。不大一会儿，梁绕来就来到了区政府，他装模作样地嘻嘻笑笑，见谁都打着招呼。

焦裕禄拿出了一封信，说："梁乡长，今天找你来是要告诉你一件喜事。"

梁绕来点头哈腰地说："啥喜事？"

焦裕禄说："县里让我推荐个枪法好的人，去干公安，你枪法好，适合干公安，我推荐了你，今天就去县里报到！"

说着焦裕禄递给他一个公文袋。

梁绕来接过公文袋连声致谢，一旁的李明煞有介事地说："你提干到县里，别忘了穷弟兄！"

梁绕来笑着说："一定，一定！"

梁绕来满面春风地来到县公安局，他拿出公文袋递给了早已候在那里的公安人员，不想换来的却是一双冰冷的手铐。

他心里暗暗骂道："上了姓焦的当了，老子跟你没完！"

公安突击审讯了梁绕来，揭穿了他的真实面目。原来梁绕来在豫东剿共司令部曹十一部下当过营长，受曹十一指派，在通许、杞县一带干过不少罪恶的勾当。因他泼皮、大胆而又机灵，曹十一想提升他当副官，被黄老三暗中挡住，他与黄老三便有了纠葛。人民解放军南下时，曹十一的队伍溃散，梁绕来回到了大营种地，隐瞒了罪恶行径，假装积极。大营人对他的前期历史不知不晓，他又善于讨好各方，竟当上了保田队长。

李明知道了梁绕来的情况后，用佩服的眼光问焦裕禄："大哥，你是怎么怀疑他的呢？"焦裕禄说："不瞒你说，自从发现他使用各种枪械谙熟不陌，特别是手枪射击百发百中时，我就怀疑了，经过后来的侦察印证了我的判断。"

李明竖起了大拇指："以后小弟跟定你了！"

第二天，李明正要去捉拿王四，却传来了他上吊的消息。

焦裕禄和李明来到王四家，见王四在家门口的榆树上挂着，腰间还挂着一支张着嘴的手枪，一碰便会走火，没人敢去解救，焦裕禄上了树，小心地放下了他。王四的老母跪倒在焦裕禄面前大哭着说："焦区长，我儿子死得冤，是黄老三派人逼他死的，不死也活不成，他们要杀人灭口。"焦裕禄听着她的控诉，一言未发，他在构思着一个捉拿黄老三的计划。

六

回到区政府后,他让李小虎找来了梁长运,一进办公室,焦裕禄说道:"你去一趟黄家庄,把黄老三叫来,他儿子刚给政府来了信,我需要找他谈谈信中的事。"

梁长运来到了黄老三家说明了来意,黄老三说:"前两天,我刚接到儿子的来信,也想找他们聊聊,想到一块了。"他揣上儿子给他的信当作护身符,跟着梁长运来到区政府。

一路上,他还以言语试探梁长运:"长运老弟,你哥死得了吗?有你侄子的这封信,我的罪再大也不会死吧!政府会宽大我,老焦那一次不就放了我吗?不会枪毙我……"

梁长运说道:"焦区长是个讲信誉的人。"

焦裕禄正紧锁着眉头,坐在办公室中等着这个大营区罪恶的头子到来。黄老三一进院门,焦裕禄大喊一声:"给我拿下!"

几个民兵一齐冲上,把匪首捆了个结实。黄老三见势不妙,撕心裂肺地狂呼乱叫道:"焦裕禄,我儿子让你宽大我,你为何把我捆起来呢?"

焦裕禄厉言正色道:"你儿子在信上告诉我,如你再不老实交代罪行,就让我为民除害,枪毙了你!"

黄老三立时蔫了下来,他感到了死亡的来临,看到无数的冤魂逼近身来,讨要着血债。他似乎确切地感觉到,他的亦是共产党首长的儿子也保不了他,他感觉到了强烈的恐惧。

黄老三毕竟不是一般人,他很快从死亡的恐惧中清醒过来,他大声问道:"姓焦的,如果我交代了,你敢和上一次一样放了我吗?"

焦裕禄说："那就看你的表现了。"黄老三把20多个土匪的名单和埋藏在他家坟地里的200支手枪供了出来，还供出了梁绕来暗杀焦裕禄、逼死王四是他主谋的。李明带领民兵到黄家坟地挖出了200支手枪，逮捕了黄老三供出的暗藏的土匪。

黄老三看着闪亮的手枪和低头的土匪被押进区政府，便大着胆子问焦裕禄："这样你放不放我？"

焦裕禄答道："放！"

两捉两放黄老三，狠狠打击了土匪的气焰，捣毁了土匪赖以生存的土壤，土匪们自乱阵脚，耐不住，藏不住。民兵的侦察经验也逐渐丰富，没过多久，李明乡长便率民兵把黄老三咬紧牙关没有供出的土匪头子霍子公、霍自剑、杨金山、杨苗等捉拿归案。

黄老三见大势已去，使出了金蝉脱壳之计逃出了大营。

在认定黄老三确实脱逃的那天中午，义愤填膺、仇恨满腔的李乡长又一次摔了手枪，并大声地埋怨焦区长："你不该放了他，你失策，要负责任！"焦裕禄拍起了胸脯，对着这位勇敢的乡长和民兵们，也像是对着湛蓝的天空发誓："我杀不了这个恶贯满盈的黄老三，就决不回山东老家，就一头撞死在县上！"

人们见他说出这样的话，纷纷退出他的办公室，不再言语了。

七

一连几天，人们没有看到焦裕禄。李明来找了几次也没找见，李明着急了，他太了解这位山东大汉了，他吐口唾沫就是钉，他这是独自一人找黄老三去了。李明开始担心起来，甚至后悔不该用那样的语言来刺激他。

正在李明琢磨到哪里去找寻焦裕禄时,一个熟悉的声音传来了:"李乡长,在考虑啥呢?"

李明赶紧跑上前去,说道:"我的好哥哥,你可回来了,都快把人急死了!"

焦裕禄说:"担心什么,人家都说我是铁砧子命,死不了!"

李明看他满身的灰土,满脸的倦色,满眼的血丝,笑得却十分灿烂,就知道他找到黄老三了。果然他高兴地喊道:"黄老三已有下落了!在尉氏西北的邢庄、尚村一带,扮了个赶马车的车夫。那是曹十一的老窝,他在暗中招兵买马,网罗曹十一的旧部,还想东山再起,与人民为敌。"

李明问道:"啥时候行动?"

焦裕禄说:"这次不比前几次,我们要防止狗急跳墙,所以必须做到万无一失!你悄悄地给大营区六个乡的保田队长送信,让他们统共集齐400名民兵队伍,次日夜晚到大营东北20多里路的尚村待命。尚村是这个地区的东、西、南、北大道的交叉口,是黄老三的必经之地。"

天遂人愿,次日夜晚天格外黑,伸手不见五指。六个乡的400多民兵到齐之后,分散于尚村四周的野地里,把尚村围了个水泄不通。左等右等仍不见人影,有些人就开始小声议论了:"咋还不见人影,消息准确吗?"李明心里也直打鼓:"难道焦区长的信息有误,或者黄老三听到什么风声了?"他看了一眼焦裕禄,见他信心满满地盯着前方,似乎随时都要冲上去。李明心里有底了,他悄悄地告诉大家:"不要说话,准备战斗!"人群里再也没有声音了,只有草里的不知名的虫子发出悦耳的叫声。

突然，从东边的大道上传来了马蹄声和马车声。

焦裕禄命令说："内层包围的民兵随我向前爬行至行车的大道两边，随时行动！"

马车越来越近了，焦裕禄猛然蹿跳而起，嘶声地大吼了一声："黄老三！""嗯！"马车上的人慌忙中不由自主地应了一声。焦裕禄便飞奔过去，一下子扑上了马车，拦腰将黄老三抱了起来，"咕咚"一声摔在了地上，紧随着又扑上去，把黄老三压在了身下。人们呐喊着，一齐扑上去，想帮焦裕禄捆牢黄老三，忽听见"砰砰砰"三声枪响，两个人在地上翻滚起来，又发出了一声惨叫，当人们手可触及之时，才发现黄老三已经瘫倒在了地上，还握着手枪的右手被焦裕禄干脆折断了。

李明夺过了那支手枪，喊道："大哥你没事吧？"

"没事，快把黄老三捆起来！"

李明和几个民兵把黄老三五花大绑。还不忘跟焦裕禄开玩笑："焦区长，你还真有两下子铁功夫，早知如此，还兴师动众干什么？"

焦裕禄说："现在你可以说轻松话了，如果再让他跑掉了，说埋怨话的准还是你！"

民兵们哈哈大笑，把黄老三扔上马车，往大营方向走。天亮时队伍返回了大营村，李明把黄老三吊上了学校院内的一棵大榆树。

受其残害的百姓一听说活捉了黄老三，奔走相告，呼儿唤女，扶老携幼前来报仇，有的拿了锄头，有的拿来镰刀，他们要把黄老三生吞活剥、碎尸万段。

焦裕禄左拦右挡，向大家宣讲党的政策，告诉人们政府要开公审大会，让受害的百姓有苦的诉苦，有冤的申冤。

公审黄老三的大会在大营村举行，审判台上坐着焦裕禄和县里来的领导，黄老三被民兵看押着跪在审判台上。全区几万名群众参加了公审大会，上台诉苦的人一串接一串，有的受害者讲着讲着就要去打黄老三，被民兵拦下。再看那个足智多谋、贼胆包天的黄老三跪在台上，耳听着一段段的血泪控诉，这个杀人的魔王不再凶相毕露、杀气十足了，他开始浑身哆嗦，面色青黄，全身瘫软，像一条即要被宰的恶狼，眼中充满了恐惧。

此时，台下响起"枪毙黄老三！""杀了这个恶魔！"的叫喊声。

焦裕禄终于站到了台上，代表党、代表政府宣读了对于黄老三判处死刑并立即执行的判决书，几万名百姓一齐欢呼："毙了黄老三，大营晴了天！"

郎才女貌

一

百姓感谢共产党为民除害、领导人民大翻身的恩情,并将这种情感转嫁于一个代表人物——对敌斗争的传奇人物焦裕禄身上。焦裕禄俨然成了尉氏县的英雄,人人传颂,妇孺皆知,大街小巷处处流传着焦裕禄就是诸葛再世。

大营乡清匪反霸,分田分财工作取得了全面胜利,焦裕禄把工作的重心开始向巩固胜利成果转变,他办了土改培训班,深入农户家访贫问苦,访寒问饥。一天夜晚,他演讲回来一个人坐在宿舍里,突然感觉到了孤独和寂寞,他似乎看到了远在博山的老娘在给他摊煎饼,看到了妻子郑氏在给他缝补衣服,女儿守凤在奶奶和娘之间跑来跑去。是啊!屈指算来,自己已离开家乡,离开自己的寡母妻女两年了。两年里母亲成了什么样子?妻子成了什么样子?女儿守凤成了什么样子?

他拿出纸笔给自己的妻女写了封信,他想让那个陪他一起南下逃荒,一起经历过丧子之痛的妻子郑氏,来尉氏县同他一起参加这里的革命,同过这里的轰轰烈烈的生活。

不久,通信员李小虎手里拿着一封信高兴地对他说:"焦区长,老家来信了!"焦裕禄快速从李小虎手中接过信读了起来,信是妻子找人代笔写的。

看了回信焦裕禄又写了一封回信,在信中他告诉妻子尉氏的老百姓多么的好,尉氏的领导和同志们多么关怀他。告诉她一个投身于革命工作的丈夫多么需要有一个妻子在身边,当好后勤,慰藉辛劳,忧喜相诉……

可是,他等来的却是妻子的一封文字虽短,却又异常简洁、锐利、寒气逼人的犹如一把利剑的信:离婚!

焦裕禄有点不相信自己的眼睛,他不相信妻子会主动提出同他离婚,善良地认为她说的是一句玩笑话,一句气话,一句即便是真的也属一时脱口而又立即后悔的话。

于是,他又给母亲写了一封信,问问是怎么回事。

不久,母亲找人给回了信,看了母亲的来信,焦裕禄对自己的这桩婚姻进行了梳理,因为这是旧社会里典型的"父母之命,媒妁之言"的无爱的婚姻,它起始于可怜的寡母"拴住儿子"的愿望,起自于男大当婚女大当嫁的礼俗,又加上自己这两年光顾了干工作,也确实没能尽到一个丈夫和父亲的责任。这样想来,他同意离婚,他内心又充满了对新生活的渴望。

二

1949年秋天，一位20多岁的漂亮女青年走进办公室，拿出了一封介绍信……焦裕禄阅后"啊"了一声道："你姓徐，叫俊雅，刚才我们还在商量这件事，在剿匪反霸斗争中，需要调配一位女同志做青年团和妇女工作，你就负责这一方面吧！"

工作人员向徐俊雅介绍说："这是咱们的焦区长……"

徐俊雅仔细打量了一下眼前这个人，她似乎在哪里见过，对了，在梦里，徐俊雅脸上露出了不易被觉察的红晕，她似乎有一种预感，眼前这个人就是自己要找的另一半。

一天，徐俊雅到大营村做妇女工作，听到村部里一个民兵正在给几个妇女同志讲故事，徐俊雅推门进去说道："讲什么故事这么热闹，我也听听呗！"妇女主任说："小李正在给我们讲焦区长智斗顽匪黄老三的故事呢！"徐俊雅说道："继续讲，我也想听听。"民兵小李继续讲道："焦区长孤身一人赴黄老三的鸿门宴，借了黄老三的'马'全身而退。"一位妇女问："借了马骑回来的？"小李哈哈大笑："这你就不懂了，土匪的黑话把枪叫'马'。"妇女们笑声一片，徐俊雅听了像是在夸赞她一样打心眼里高兴……

一天早晨，徐俊雅买早饭回来，听到焦区长的屋里传来了优美动听的二胡声，她径直来到了焦裕禄的房前，推开了焦裕禄的房门，徐俊雅动情地赞叹道：

"呀！焦区长，你的二胡拉得真动听呀！"

焦裕禄答："在南下的路上，党分派搞宣传，还当过演员呢！"

徐俊雅问："演了什么剧？"

焦裕禄说:"演过《血泪仇》,我扮王东才。俊雅同志,你会不会演戏?"

"演过一次,唱过几句。"

"那好哇!到春节,咱们排演几出戏吧!"

"演什么呢?"

"还演《血泪仇》吧!"

"我提议——咱俩演一出《小二黑结婚》,我扮小芹,你扮小二黑……"

焦裕禄听说让演小二黑,腼腆地一笑:"不行,俊雅同志,我比你大八九岁,演不像……"

徐俊雅道:"你不会打扮得年轻一些吗?"

焦裕禄说道:"好,咱俩就演《小二黑结婚》!"

徐俊雅的第一次试探取得了效果,打那以后,焦裕禄开始注意这个年轻漂亮的女办事员,徐俊雅也由开始的崇拜,变成了关心,然后又变成了从内心里喜欢,逐渐在向爱情转变,焦区长已经是她的心上人了。

一天,徐俊雅刚从乡里回来,同事高大姐说"你妈捎信来让你回家一趟",徐俊雅就请了假,回到了位于尉氏县城城关南街的家里。

推开院门,母亲正在院里喂鸡,欢天喜地地迎上来:"妮啊,你这个大忙人可回来啦!"

徐俊雅:"娘,人家忙着,你一天三趟让人捎信,催俺回来干啥?"母亲说:"能干啥,想你呗。"徐俊雅说:"前两天不是刚回来过吗?你是不是还有别的事?"母亲说:"妮啊,进屋说。"徐俊雅跟着母亲进了屋,母亲端上枣来:"妮啊,给你留着醉枣哩。"

徐俊雅说："娘，俺可没那么多时间，有事就直说，没事俺就回大营去了。"

母亲忙说："不中！那可不中！咋没事，有大事呢。"徐俊雅问："啥大事？"母亲说："你的终身大事，你哥给你找了个婆家，男方和你同岁，人老实本分又门当户对。"

徐俊雅说："娘，和您说多少回了，我的事您就别操心了。"

母亲在炕上盘起腿："你都这么大了，娘咋不操心？"徐俊雅说："娘，我在妇联工作，天天给人家讲婚姻自由，反对父母包办，我自己还让父母包办，以后还怎么做人家的工作？"

母亲说："儿女的婚姻爹娘都不能管，那谁说了算？"徐俊雅说："我自己的事，我自个儿找，不用您二老管。"母亲说："妮啊，这话可千万别到外头去说，羞死人，哪有自个儿找婆家的事，让人笑话。"

徐俊雅说："娘啊，别说了，我已经找好了。"母亲吓了一跳，从炕上跳到地下："说啥，你自个儿找好了？谁呀？"

徐俊雅说："咱们区的区长，焦裕禄。"母亲说："不中！不中！这区长是八路军的干部，南行北走没个准地方，他到天边你也跟着？"徐俊雅把母亲拉到炕上坐下："干革命嘛，走哪儿哪是家。"母亲问："这个区长，他多大岁数啦？"徐俊雅说："比我大八九岁。"母亲一个劲地摇头："那可不中！那可不中！"徐俊雅说："不是有句老俗话嘛，'男大不显，女大扎眼'。他文武双全，俺跟他投缘。"

母亲又问："他是哪里人？"徐俊雅答："山东人。"母亲说："那就更不中了，隔着这么远，你真跟他走了，娘见你一面都难。"徐俊雅说："娘，老焦这人，心眼好，善良厚道。见了人家孤老太太，进门就喊娘，人缘没得说，咱大营的百姓都喜欢他。俺早想好了，等俺们成了亲，就把您接过来，俺也舍不了娘哩。"

徐俊雅走后，徐母坐在炕上纳鞋底，心里老犯嘀咕，针多次把手指头扎出了血，徐父行医回来，一进门徐母就叨叨上了："他爹，你说妮那事咋办？"徐俊雅的父亲是个有名气的中医，人都叫他徐先生，平素除了他的汤头歌诀、脉理药性，什么事也不关心，老伴的一句话让他摸不着头脑，懵懵懂懂地问："啥事？"

徐母说："家里的事没一件放在心上的。啥事？妮的婚姻大事呗，她哥给找了个门当户对的，让她去相看相看，她倒好，自个儿找了一个！"

徐父问："自个儿找了？找了谁？"徐母说："是大营的区长，比她大八九岁！"徐父拍手："你是说大营的那个抓了黄老三的区长？中中！中！妮的眼力不错！"

徐母不解："你赞成？！"

徐父说："当然赞成！"

徐母拿手里纳的鞋底敲敲炕沿："你咋不想想，人家是八路军的干部，今天在这儿明天保不准儿又去哪儿，妮能跟上他天南地北地去？"

徐父说："孩儿他娘，你没听说，女大不由娘，嫁出去的闺女，泼出去的水，你还想把孩子拴在家里？"

徐母说："你说那焦区长会对咱家妮好吗？"

徐父说："我早就听说过，这个焦区长是诸葛转世，有文化、有主见、有胆识，文韬武略，关键是人善良忠厚，大营乃至尉氏的老百姓提起他没有不竖大拇指的，咱闺女嫁给他是咱的福分！"

徐母说:"这么说你是同意这门婚事?"

徐父说:"同意,同意!"

三

一天晚上,焦裕禄正在伏案写东西,徐俊雅来了,进门就说老焦快起来,焦裕禄不知什么事,就站起来,徐俊雅拿出了一件新织好的毛衣说:"俺给你织了件毛衣,快来试试,看合不合身?"焦裕禄说:"你织的肯定合身,不过织毛衣既费时费力又费钱,真是难为你了……"徐俊雅说:"别说那么多了,快脱下外衣试试。"焦裕禄乖乖地脱下外衣,穿上毛衣,徐俊雅前后打量了一下说:"挺合身的,俺光怕织的不合身呢。"焦裕禄穿着毛衣,两眼直直地看着徐俊雅,徐俊雅红着脸说:"看俺干吗?没见过?"

焦裕禄回过神来,对徐俊雅说:"咱俩的事,你再好好想想,我是有过家室的人,年龄也比你大许多,别到时候后悔……"

徐俊雅说:"这些俺都知道,俺就觉得你人实在、厚道,又有才华,俺还怕配不上你。"

焦裕禄想起了母亲在信里说的话:有合适的闺女就找一个吧,要不,娘死了也闭不上眼!没想到,托母亲的福,合适的闺女已经来到了自己的面前,绝不能失去机会。

焦裕禄一把攥住徐俊雅的手说:"俊雅,如果你想好了,过几天咱就登记结婚吧!"

徐俊雅点了点头,露出了幸福的微笑。

1950年11月,焦裕禄和徐俊雅的婚礼如期举行。

区政府大院，正面墙上挂着毛主席画像，摆着两张长桌，长桌用红布盖着，对面墙上是一个大大的"喜"字，两旁对联是"有情人终成眷属，革命者永远年轻"。几排条凳上坐着徐俊雅的父母、哥嫂，焦裕禄、徐俊雅胸前戴着大红花，脸上洋溢着幸福的笑。

大营的乡亲们听说后，不顾劝阻纷纷来贺喜，他们用篮子装着花生、红枣和栗子，象征着早生贵子。

田书记为他们主婚，"同志们，乡亲们：今天是个大喜的日子。焦裕禄同志和徐俊雅同志，在共同的斗争中结下了深厚的革命感情并结为夫妇，这叫啥？看看老焦同志自己写的这副对联'有情人终成眷属，革命者永远年轻'，多好！让我们衷心祝福这对伉俪新婚幸福！百年好合！早生贵子！"

大家起劲地鼓掌。接下来是举行新式婚礼，司仪高喊："请一对新人一鞠躬，感谢救星毛主席；二鞠躬，感谢父母养育恩；三鞠躬，夫妻互敬又互爱。"

礼毕，徐俊雅的同事高存兰大姐问徐俊雅的父母："刚才新人互相鞠躬的时候，大伯、大娘乐得合不上嘴了。大娘，你对这女婿满意吗？"

徐母脸上笑开了花："满意！满意！一百个满意！"

高存兰说："老焦从现在起就得改口了，咋改呢？让老焦自己叫一声。"

焦裕禄面向徐父和徐母："爹！娘！岳父岳母在上请受小婿一拜！"

老太太激动得眼泪流下来了。徐俊雅赶忙给老娘擦眼泪。此时，有人提议："新郎新娘多才多艺，表演个节目好不好？"众人齐声说：

"好!"有人从屋里拿来了二胡。

焦裕禄问:"大家想听啥?"

有人喊叫:"《抬花轿》!"

焦裕禄拉起了二胡,徐俊雅唱起了豫剧《抬花轿》:

> 这个香囊绣得真好,上边绣着一朵红杜鹃。
> 李花白来桃花艳,还绣了两朵并蒂莲。
> 莲花儿绿叶子儿,有两条金鱼在里边。
> 绣一对鸳鸯来戏水,并翅比翼戏水玩。
> ……

大院里一片掌声……

洛阳会战

一

1950—1953年，三年间焦裕禄从大营区长到共青团尉氏县委副书记，到青年团陈留地委宣传部长、副书记，再到共青团郑州地委第二书记，焦裕禄不断得到提升，不断受到重用。

1953年6月的一天，徐俊雅正在郑州的家里做晚饭，焦裕禄回来了，一进门就说："俊雅，看来咱这间屋子住不成了。"徐俊雅问道："为啥？"

焦裕禄说："今天组织部的人找我谈话了，上级要调一批同志去充实工业战线，决定调我去洛阳筹建洛阳矿山机器厂。"

徐俊雅说："刚来郑州还不到半年，又要走，还真有点舍不得。老焦，啥时走？"焦裕禄说："洛阳矿山机器厂是国家第一个五年计划的重大项目之一，筹建工作很紧迫，你收拾一下，这两天就走。"

焦裕禄从大营一路奔波来到了素有"十三朝古都"之称的洛阳城，没有顾上在古城转转，又辗转乘车来到了离洛阳古城60里路的涧西，望着一望无际的田野和荆棘丛生、蒿草蓬生的荒野，空空荡荡，星星寥寥，间或看到几面小旗被风吹得摇摇晃晃，和熙熙攘攘、人声鼎沸的古城洛阳形成了鲜明对比。

小旗飘扬的地方，搭建了许多席棚，一汽车一汽车地被运到这里的人们，有男有女，有老有少，操着不同口音，来自五湖四海，他们都是为了一个共同的目标走到一起的。焦裕禄来到一个写着：洛阳矿山机器厂筹备处的席棚前报到，一个叫钟霞的妇女同志看了他的介绍信，激动地大声喊起来："原来你是工程科科长兼厂团总支书记焦裕禄同志，我是基建科的团支部书记钟霞，是你的部下，来，握握手，认识一下吧！"

焦裕禄伸出手轻轻地握了下钟霞的手说："钟霞同志，还请你多多支持。"

钟霞说道："我们都是刚出校门的学生，社会经验少，还请焦书记多多指教！"

这个大方得体、活泼可爱的钟霞给焦裕禄留下了深刻的印象。

焦裕禄这个工程科科长，却担负起了修筑一条由洛阳老城通往厂区工地的临时公路的办公室负责人——修路总指挥。他拿起了熟悉的铁锹钢锨，和全体民工一起挥洒热汗，铺石、垫土、挖沟、建桥，面对沙石背朝天。他克服客观条件较差、技术力量薄弱、劳动强度大等诸多困难，提前完成了修建临时公路的艰巨任务，保证了建厂物资运输的畅通无阻，打响了建设国家大工程——洛阳矿山机器厂的第一炮。

筑路的任务完成了，厂里派100多位年轻干部和技术人员去全国著名高等院校深造，有上海交大、沈阳财经学院……焦裕禄他们五个人被选派到哈尔滨工业大学，这可是人人艳羡的高级工业建设专家的摇篮啊。一切如在梦中，一切却又是现实。明丽的希望，如火的热情，钢铁的决心和意志充盈了他整个身心。

焦裕禄克服了年龄大、文化底子薄的困难，以常人难以想象的韧劲攻克了《几何》《代数》等全部高中课程，顺利通过了入学考试，成为哈尔滨工业大学的学生。

一天，焦裕禄正在学生宿舍里看书，同宿舍的眼镜李说："裕禄大哥，我去取家信，看到有你的信顺便给你取回来了。"焦裕禄也正在盼望家里来信，就急切地接过信，可信不是家里来的，是厂里来的，他略感失望，但还是迅速打开信看了起来，"裕禄同志：厂里近来对培训计划作了重大调整，决定让你们中断在哈工大的学习，接信后立即返厂……"

看完信后他沉默了，苦闷了。他清楚大家倾注了许多心血，好不容易才通过了入学考试，最难过的关口已经过去，大学梦就要实现了，这封信使大家的梦碎了，其他四位同志肯定一时难以接受。

果然，其他四位同志知道消息后，当即表示：不回厂，不要助学金、不要工资也要学习课程！

焦裕禄经过了一夜的痛苦思虑。第二天一早，他开始劝慰他的同学们："回厂吧！学知识固然重要，固然是为了更好地建设机械厂，但是，我们都是共产党员，个人利益服从集体利益，个人意志服从组织原则……"

他以一个共产党员的身份说服了同学加同志，带着没能读大学的遗憾,离开了哈工大回到了洛阳矿山机器厂。回到厂里,厂长老纪与焦裕禄进行了一次长谈。老纪详细地问了他们五个人在哈工大预科学习的情况,又讲了厂里的情况。最后,老纪说:"焦裕禄同志啊,我们厂建厂的进度加快了,所以改变了原来的进修培训计划,把派出学习的同志全部召回厂里。你们准备到有基础的老厂去实习,尽快掌握管理工厂的实际本领和技术知识。你带队去大连起重机器厂,怎么样,有困难吗?"焦裕禄说:"没有。放心吧,纪厂长。什么时候走?"

纪厂长说:"下个星期就得动身,你们是原班人马,再加上你爱人徐俊雅同志。"焦裕禄说:"组织上不要总考虑照顾我,家里有难处,能克服。"

纪厂长说:"也不全为照顾你,徐俊雅同志去学习做统计工作,也是咱们厂里的需要嘛。"

二

一个星期后,哈工大预科的原班人马加上徐俊雅就到了大连起重机器厂。焦裕禄被分配到机械车间任实习车间主任。他们几个中,唯有他是带家眷来的,岳母和三个幼小的孩子——守凤、国庆、守云也一同来到这里。厂里为焦裕禄安排了一间离厂区很近的17平方米的宿舍,房子不大但被徐俊雅布置得很温馨,一家几口人住在这里其乐融融。

车间主任老关带着焦裕禄来到了车间,第一次下车间,焦裕禄看到车间里一台台开足马力运转的机器和穿梭的天车,有点眩晕。

他走到每一台机器旁，仔细观看，机器上的一串串字母他一个也看不懂，问："关主任啊，这机器上的字母是什么意思？"

老关说："这些字母是机器的型号，有的是俄文，有的是英文。"

这时规划员小万拿着一沓子报表来了："关主任，这是咱们车间这周的生产计划，您审一审。"

老关说："正好，小万，这是咱们车间新来的焦主任，你让焦主任看一看！"

小万把计划表递给焦裕禄，焦裕禄看着这一沓子表格，写满了各种字母、符号，那些机械、设备的名称稀奇古怪，十分陌生，还有一些是规划图纸，密密麻麻，有方有圆，有曲有折……焦裕禄看得眼睛酸胀，头昏脑涨，老关说："老焦啊，这个生产计划就是咱们的工作程序，你先从这里入手了解机械车间的管理，倒是个速成的办法。"

焦裕禄对老关说："老关，看来管理车间我还是门外汉，需要从零学起！"关主任说："工业管理是个系统工程，一两年能摸着点门儿就不错了。"

焦裕禄说："老伙计，我可是只有一年左右的实习期呀，你可得帮我。"

关主任开导他说："老伙计，别急，耐下性子！"

第一次下车间就给焦裕禄一个下马威，带着一头雾水回到家里。快半夜了，一家人都睡了，他轻手轻脚坐在灯下，打开一沓计划表一张一张地认真仔细地看了起来，不明白的地方就用笔标上记号。

这时徐俊雅醒了，问："啥时回来的？都半夜了，还不睡觉，你干啥呢？"焦裕禄说："今天去了趟车间，感觉需要学习的东西太多了，自己都弄不懂，怎么去管别人？"

徐俊雅起床了："给你用开水冲个鸡蛋补补身子吧？"

焦裕禄轻声说："别。妈还舍不得吃个鸡蛋呢！我还真有点饿，要不把窝头给我拿一个来。"徐俊雅说："还有我在厂里食堂捎回的馍哩，你吃吧！"说着拿来半个馒头，她拿起暖瓶要给焦裕禄倒水，发现暖瓶是空的，她转身拎上铁皮壶插开炉子烧水，烧水回来给焦裕禄倒了杯水端过去，发现老焦手里拿着那半块馒头睡着了。

她想喊他，又不忍。犹豫半天，把一件衣服披在焦裕禄身上。

三

有一天快到开饭时间，焦裕禄遇到了技术人员小王，他对小王说："小王，我有一道难题，向你请教。"

小王说："焦主任，请教不敢，咱俩可以一起探讨探讨。"于是两个人摆开图纸，又是讨论，又是演示，还时不时拿起饭盒、茶缸当作机件，一面对照图纸，一面询问印证，早将吃饭的事忘到九霄云外了。

这时规划员小万过来了，拿了两个饭盒，招呼他们："吃饭啦！"焦裕禄这才想起来：哎哟，只顾跟小王请教了，把开饭时间给忘了！"小王，咱快去食堂吧。"小万说："你们看都几点了？食堂门早关了。早就给你们买回来了，在小茶炉盖上烘着，还热着呢。"焦裕禄说："太谢谢你啦！"

小万不好意思起来："谢什么？你这个实习主任也是个领导，整天泡在车间，工人在车床边操作，你站立一旁当下手。为了弄清一个零件的工艺线路，你跟着零件，跑遍一条龙的大小机床，不摸透每一道工序的加工情况，你就不罢休。你经常带着看不懂的图纸下车间，对着机床和零件学，哪张图画的哪一面，哪一条线画的哪个边，什么符号代表什么零件，弄不清就一问到底！一天到晚像个小徒弟似的，真让人佩服。打一点饭还不是应该的。"

一次深夜里，焦裕禄来到一位姓石的老师傅家里登门请教，怎样以砂轮磨出的火花鉴别钢材的材质？石师傅戴上了花镜为其讲解。

第二天早晨，焦裕禄从衣袋里拿出一块钢片追着石师傅，请石师傅试验给他看，砂轮机下转，火花灿烂，石师傅一边磨，一边讲："这是 3 号钢，你看这火花是一条线往外散开。"

焦裕禄从口袋里摸出第二块，老石师傅又放在砂轮上打了一下，说："这是低暖钢，你看这火花，不如刚才那块亮，又是往两边的，火花苗子也短。"

焦裕禄又从口袋里拿出一块。

石师傅试过后说："这块干脆不沾！是劣钢。你看火花多乱啊，长长短短的。"

接着第四块、第五块、第六块源源不断地从焦裕禄口袋里掏出来。石师傅吓了一跳："焦主任，你那口袋是万宝囊啊还是啥东西，咋就是掏不完哩？"焦裕禄大笑起来说："你才是咱们厂的万宝囊呢！"

作为一名车间主任，他除了学习工艺操作技术以外，更多地注意学习企业管理知识。为了熟悉车间生产计划的安排程序，每当计划员小万编排计划，他就边看边问，追根问底。有一次，他要求计划员小万让他自己编排一份计划，小万不解地问："焦主任，你是车间主任，按道理是不担负计划编排工作的呀。"

他认真地回答道："车间主任管生产，理应抓计划。"

编排计划不仅要熟悉生产情况，而且要了解各种机床的性能。小万有点担心这个入厂才几个月的车间主任的编排能力，她想：万一焦主任编的不符合规程，我就再重新编排，她甚至做好了重新编排的准备。可是令她惊讶的是：焦主任这份计划编排得既准确又细致！

没过多久，焦裕禄已能独立地负责全车间的领导工作。在实习的过程中，这位实习主任的作为得了满分。

四

在刻苦学习，努力钻研各项业务、管理技术的同时，焦裕禄仍未忘记一个共产党员为人民服务的宗旨。

一天，焦裕禄正在车间里值班，听到一个小孩子的哭声，他循声找去，来到更衣室里，见更衣室的长椅上有一个五六岁的男孩子。焦裕禄拉过孩子的小手："小朋友，不怕，告诉伯伯，你叫啥名字呀？"男孩子说："叫刘亮亮。"焦裕禄问："刘亮亮，你爸爸妈妈呢？"正在这时，一个女工进来了，说："焦主任，这是咱车间天车工于秀敏的孩子，她爱人吕玉清也是咱们厂的技术骨干，两口子家住得较远，又得经常加班，于秀敏上夜班就带着孩子，睡了就放更衣室的长板凳上。"焦裕禄说："那就我带他，先到我的办公室。"

他抱起孩子进了办公室，让孩子坐到他的椅子上，他用茶缸倒了水，又用碗溜水，一边溜一边唱着歌谣："溜溜冷冷，小狗等等。"

把水溜得不烫了，自己尝了一下，才拿小勺一勺一勺喂孩子喝水。

喝了水，孩子还是哭着要找妈妈。焦裕禄哄他："亮亮，不哭，伯伯跟你玩骑大马，好不好？"他趴在地上，让孩子骑在他背上："大马跑起来喽！嘚，驾！"孩子笑了。正玩着，天车工于秀敏进来了。她看到这个情形，愣在门口。孩子见妈妈来了，从焦裕禄背上跳下来，喊着"妈妈"，飞跑过去。于秀敏抱起孩子，已泪流满面。焦裕禄从地上站起来说："孩子醒了，我把他抱了过来。秀敏，你一直带着孩子上夜班吗？"于秀敏不好意思地说："焦主任，我家住得远，离这有七八里路，赶上俩人都上夜班时，就把孩子带来放在更衣室里。他爸就是因为太累了才出了质量事故，还被罚了款，给您添麻烦了！"

焦裕禄说："是这样。小于啊，我家住厂里，咱们换换房子吧，你们过来住，也方便些。"于秀敏说："焦主任，那可不行，哪能让你们跑这么远的路上下班？你还是车间主任呢，比我更忙！"

焦裕禄说："就这样定了，你做好准备，明天就是周末，我安排同志们帮你搬家！"

第二天，焦裕禄招呼车间里几个休班的青工，给于秀敏把东西搬了过来，他自家搬到了于秀敏那边去了，于秀敏家的这间宿舍，比他家的那间宿舍更窄小。由于房子太小角角落落都挤得满满当当，不能搭大点的床，孩子们只好睡在地上。

这天，徐母在床上给孩子缝补衣服，焦裕禄趴在用木箱搭起的小桌上写文章，有人敲门，进来的是小万。

她一进门吓了一跳："焦主任，你真搬这儿来了。让我找了一个多钟头了。房子这么小，你家人口多，根本住不开，孩子都睡地上了。"焦裕禄说："没事，有地方住就行！"小万说："给你送会议通知，到你家一看换于秀敏了，一问才知道你们换了房，让我这通好找！主任，你风格太高了，我一定好好写篇报道。"

焦裕禄忙拦着："小万，千万别写，这是咱应该做的，你想于秀敏要是住在厂区楼里，她的孩子就用不着上夜班时往更衣室放了，她爱人吕玉清也能安心工作啦！"

小万擦起了眼泪。正说着，徐俊雅回来了，和小万热情地打着招呼。

徐俊雅说："小万，正好你在，我用老焦的稿费买了块布料，让裁缝店给他做了一身蓝布中山装，你帮着看看合身不？"小万笑着说："嫂子的眼光还用我看，准没错，没事我先走了。"小万走后，徐俊雅拉过焦裕禄："来试试。"裕禄穿上，徐俊雅给他扣好扣子，上下打量了一番："合身，太合身了！"徐母也说："是显得格外精神！我早说，姑爷常出头露面的，没身像样的衣服哪行！"

焦裕禄说："明天上班我就穿它了。"徐俊雅忙夺下："不行。这是留着晚会上穿的。"

第二天，焦裕禄正在排队打饭时，听到厂广播站正在播小万写的一篇报道稿《一个实习车间主任的风格》："机械车间的天车女工于秀敏的家，住在离厂区七八里路远的东郊，和爱人上夜班时只好带孩子到厂里，因为疲劳，她的爱人还出了质量问题受了处分，这件事情让机械车间实习主任焦裕禄同志知道了，焦裕禄同志主动提出和于秀敏换房子，把住在厂区的一间房换给了小于，小于不肯，焦主任就带领青工帮小于搬了家。而焦主任一家老少三代六口人，搬去了离厂区七八里路远的一间不足 12 平方米的小屋子里，那间屋子甚至放不下一张大床,孩子们只能睡在地上……"

一起排队的是外车间工友,他们还不认识焦裕禄,但这个名字已经为多数的人所熟悉了,因为厂广播站经常播放他写的文章,而这次播放的却是别人对他的报道。大家出神地听着,感慨地议论着……

正在这时,老关过来了说道:"老焦,我跟你说点事。"他拉起焦裕禄两个人端着饭盒急急走了。

他们选了一个靠窗的角落坐下。广播还在继续:"下面播送机械车间实习主任焦裕禄同志的文章,题目是《必须加强党组织在工厂的领导作用》,文章说:党的组织在工厂的领导作用是一个十分重要的问题,党的领导是办好社会主义企业的核心……"

老关说:"老焦啊,你的这篇文章,上午开党委扩大会的时候给大家读了一遍,党委张书记说:'焦裕禄同志的这个建议是符合毛泽东思想的,是研究如何办好社会主义企业的好文章。'厂党委还发了个决定,从下月起,在全厂开展一个以前后方竞赛为内容的先进生产者运动,立功者要给重奖。"焦裕禄笑了:"我一篇文章,哪有那么大的作用?"

老关凑到焦裕禄耳边说:"老焦啊,给你透个机密,绝对机密!"

焦裕禄说:"啥机密?真机密你可别透!"

老关说:"这个机密和你有关,不过透给你也没事,张书记还让我做你的工作呢。"

焦裕禄说:"那你说。"

老关说:"厂里决定派两个独当一面的高级工程师南下洛阳,到你们洛阳矿山机器厂去工作。"

焦裕禄不解："这事和我有啥关系？"

老关说："用这两个高级工程师换一个你，把你留在大连起重机器厂怎么样？你愿不愿留下？"

焦裕禄说："老关呀，我哪有那么高的身价？你跟张书记讲一讲，在大连起重机器厂，我没把我自个儿当外人，该做的事该说的话一定要说。这都没啥特殊的。不值得！不值得！"

老关看看表："今天咱先把这话题放放，你定要考虑一下，不急着表态！"

难得的一个休息日，焦裕禄和徐俊雅带着几个孩子到海边去。

孩子们在沙滩上快乐地奔跑，焦裕禄则躺在沙滩上仰望天空。

徐俊雅问："老焦，看什么呢？"焦裕禄说："这么多年了，从来也没意识到天空是这么蓝，云彩是这么白。"徐俊雅不由得苦笑了笑。

苏联专家柳芭、谢尔盖和哈工大预科原班人马也来了，柳芭拉着孩子们跑向大海。大家都扑向了那片蔚蓝。同事张德昆拿出照相机，快门"咔嚓"响，定格了一个个的美丽瞬间。

那是焦裕禄和徐俊雅一生中最幸福、最欢乐的日子。那套蓝呢中山装也是焦裕禄一生中穿过的最好的一套衣服。如果幸福有颜色，这一段短暂的幸福，应该是蔚蓝色的。

海风、沙滩、白鸟、白帆或是美味的海鲜，都留不住焦裕禄，两个名声显赫的工程师也换不得焦裕禄。1956年年底，在大连火车站，大连起重机器厂的领导和工友们恋恋不舍地为实习期满、即将返回洛阳的焦裕禄一行送行。他们握手、摇首、惋惜、叹息，像厂里的苏联专家一样，不能理解，又不忍割舍地与裕禄相拥着，最后一次劝他留下来。但是，焦裕禄不属于大连厂，也不属于洛阳厂，甚至也不属于生身的博山北崮山和献身地所在——兰考县，焦裕禄是属于全中国的。在他诞生于北崮山村的草房中，就读于南崮山小学，苦役于抚顺日寇煤矿，逃荒于宿迁县园上村，就读于哈工大时，就已经决定了。

南下的火车载着焦裕禄、徐俊雅以及他们的工友飞驰，在包厢的窗幔间，流溢于原野的，是车轮的震响伴奏着一首钢音铜声的歌：

> 向前向前向前，
> 我们的队伍向太阳
> 脚踏着祖国的大地，
> 背负着民族的希望，
> 我们是一支不可战胜的力量……

五

1956 年底，焦裕禄回到洛阳矿山机器厂担任一金工车间主任。一金工是厂里最大的车间，焦裕禄去大连前，车间还是在荒地上的粉线，这次回来，他看见眼前耸立起了一座高大气派的建筑。而它的对面，同样的一座建筑也即将完工，接他的工会主席告诉他：这座大车间是第一金工车间，对面是第二金工车间。

焦裕禄望着空空荡荡的车间焦急万分，他把负责设备安装的杨工找来询问设备情况，杨工说："设备正在运输途中，这两天就能运到。"刚说完，就听到了汽车的鸣笛声，杨工说："我出去看看，可能设备到了！"焦裕禄说道："我和你一起去！"果然运输设备的车辆陆续进厂，但是由于高度和路窄等原因，车辆无法进入车间。焦裕禄果断宣布成立共产党员、共青团员突击队，自己身先士卒，冲锋在前，从车上卸下设备后再通过肩扛人抬、绳拉杠撬等方式，大家七手八脚，天黑前，设备全部进了车间。

设备是运进了车间，可杨工向他报告了新的情况，他说："焦主任，这批从苏联进来的设备没有给装配图纸。"

装配又遇到了瓶颈。焦裕禄沉思了一阵，一字一顿地答道："这是当前国际上反华反共大合唱中的一个刺耳的音符，他们想扼住我们的喉咙，办不到！我们偏要活得更好一些！"

他又一次当场宣布成立了青年突击队，团员青年自愿参加，突击队员们把所有设备、零部件进行逐一对照，一块一块地对，一块一块地拼，经过几个昼夜的努力，进口铣床全部安装完毕。望着一台台崭新的进口机器，轰隆隆地运转起来，焦裕禄激动万分，他每天泡在车间里，见证着一件件产品的诞生。

一天，他正在看铣床工操作，车间保管员过来向他报告，近日刀具损耗率普遍升高，特别是三米二立车车床，一天之内连打了四把工艺刀。

焦裕禄来到了三米二立车车床边，车工孟庆章说："大家普遍认为设计角度有问题，吕师傅已帮他改罢了刀头角度，又好使又耐用，加工一个齿圈的时间已从 16 小时降为 10 小时，车刀磨损微乎其微。"

于是，焦裕禄直接跨入茹拉耶包夫的办公室，反映改进刀具的意见。

但是，没等焦裕禄把话说完，洋专家就傲慢地晃起了脑袋，说道："焦主任，这些工艺刀的规格，早已载入苏联的百科全书，绝对不会有问题，你应该更多地关注操作问题，而不应该怀疑车刀质量。"

焦裕禄与茹拉耶包夫沟通无果，就直接找到了厂党委路书记，向其如实报告了情况。路书记说："这把车刀改得好，是中国工人阶级智慧的表现，是解放生产力的一个突破口。"焦裕禄自信地对路书记说："我建议在三米二立车车床上组织一次车刀表演赛，请专家们参观，杀一杀苏联专家的锐气！"

路书记说："这个建议好，这是一次为中国工人阶级正名的举动，可是只许赢不能输呀，你有多大把握？"

焦裕禄说："我们已经做过实验，99%的把握！"

路书记说："到时候，我去为你们观战加油！"

很快到了表演比赛那天，下午三点钟，车刀表演赛正式开始。

路书记陪同苏联专家组组长斯契夫、工艺专家茹拉耶包夫来到了车床旁，双方的神色都十分严肃而冷峻。这是一场真正的决斗，大家都为焦裕禄捏着一把汗。

焦裕禄宣布："车刀表演赛开始！"话音未落，孟庆章师傅按动了电钮，长盘开始旋转，弹簧一般的钢屑，闪着靓蓝的光辉从刀口流出来，流出来……茹拉耶包夫露出了胜利者的微笑，捡起了一节钢屑直逼路书记问话："切出这样好的钢屑，为什么还要改刀？"

路书记未回话，只是以探询的目光转向了焦裕禄，他相信焦裕禄会给他一个令所有的人都满意的答复。

焦裕禄露出了与茹拉耶包夫同样的微笑朗声回答道："专家同志，现在用的正是我们改进后的车刀。您设计的刀具，我们马上使用表演！"

孟庆章停车换刀，茹拉包耶夫拿出了放大镜，从他设计的六把车刀中挑出最满意的三把，傲慢地交与小孟，又按工艺要求亲自调整了车床的转速和吃刀量。车床启动，刀头刚一接触钢件，刀杆就颤抖起来，小孟立即退刀，可退刀后，便切削不到钢件了，小孟只好又进刀，刀杆又颤抖起来，而且发出了怪响，只能再退刀……就这样，进进退退，退退进进，反复数次，总也切削不成。茹拉耶包夫无奈，示意小孟作罢。

专家组长斯契夫摊开双手，对着茹拉耶包夫，对着他已入百科全书的刀具，摇头了。茹拉耶包夫从袋中掏出一把万能角尺，翻来覆去地比量了好一阵，指挥小孟重新换上一把他的车刀，小孟刚要启车，茹拉耶包夫突然把他推到了一旁，对着翻译咕噜道："他太年轻，技术不行……"

茹拉耶包夫扭头对着工长吕玉卿招手，说道："吕，你来！"

吕玉卿开动了车床，茹拉耶包夫也登上悬台，监督操作。车床运转少顷，突然发出"砰"的一声，一粒刀头擦过茹拉耶包夫的耳边飞入人群，引起一阵喧闹，一阵嘲弄的大笑。斯契夫木然地立着，失望地又一次耸肩摇头。

这时，焦裕禄走到茹拉耶包夫面前，一脸诚挚和谦虚地说道："专家同志，还请您对改进的刀头提出宝贵意见。"

斯契夫和茹拉耶包夫铁青着脸离开了车间。焦裕禄严肃地告诉喜形于色的工人们："我们仅仅改进了一把小小的车刀，并不代表我们可以完全取代苏联技术，今后要继续发扬可贵的创造性，同时也要虚心学习苏联老大哥的先进技术……"

六

有一次，一金工车间承担了"不停空刀槽的双向人字齿轮"的加工任务，任务下达后，焦裕禄首先想到了苏联专家茹拉耶包夫，可是当焦裕禄给他说明此任务并请他拿出意见时，他无奈地耸耸肩说道："焦，我真的无能为力！"

一场针对"不停空刀槽的双向人字齿轮"的加工任务专题技术研讨会在一金工车间会议室举行，会议室里烟雾缭绕，十几名技术人员，从早上一直讨论到下午也没有拿出一个具体可行的方案。

这项任务工期紧，是为国家重点工程定制的，如若不能按期完成，势必影响国家大局。正当焦裕禄焦急万分时，他脑海里突然想起来一个人：青年技术员陈继光。他一拍大腿，怎么把他给忘了！陈继光，1956年毕业于大连工学院，所学的正是机械制造专业，在校期间，是品学兼优的高才生。在参加工作的短短几年中，陈继光勤学苦练，又惜时如金，对技术精益求精，业务上出类拔萃，擅长机械加工工艺，特别对齿轮啮合理论及其加工制造，具有颇深造诣。1957年，"反右"以后，陈继光由于家庭出身及社会关系问题，被打入了"另册"，得不到理解和信任，有才难施，有志难展，郁郁寡欢，心灰意冷。

下班后，焦裕禄决定亲自去找陈继光，刚出大门口就看到陈继光在厂门口那儿看大字报。他看得很投入，一张张地看，还不时往小本上记着什么。焦裕禄喊了一声："继光！"陈继光吓了一跳，忙说："焦主任，你也来看？"焦裕禄说："我是来找你的！"陈继光困惑了："找我？"焦裕禄问："小陈，你天天都来看大字报呀？"陈继光说:"受受教育。"焦裕禄拉了他一把:"走吧,聊一聊去。"

两个人走到大门外。焦裕禄问:"小陈,你为啥天天来看大字报?"陈继光说:"焦主任,我,我总是做梦让人贴了大字报,就时常来这边,看看有没有我的大字报。"焦裕禄说:"听说你还有个习惯,每天见了谁,说了啥,做了啥事情,都要记下来,是不是这样?"

陈继光愕然:"啊!焦主任,你连这些也知道?"焦裕禄问:"是不是有这习惯?"陈继光说:"焦主任,我是生怕哪一天为说了啥话、做了啥事挨整,自己说不清楚,连个证人也找不到。"焦裕禄把手放在陈继光肩上:"小陈啊,你的业务技术在厂里是数得着的,你搞了那么多革新,对厂里的贡献大家心里有数。你不要怕,把腰杆挺起来,不要分散精力。有什么问题,我来承担责任。"

陈继光用感激的目光看着焦裕禄。焦裕禄说:"你的心情我能理解。你放心大胆地干工作,有什么错你往我身上推,我抗风能力比你强些。"

陈继光抓住焦裕禄的手,泪水夺眶而出。焦裕禄把加工"不停空刀槽的双向人字齿轮"的任务交给了陈继光,这位青年技术员非常珍惜这次既能展示自己技术又能报效国家的机会,他满腔热血、满怀激情地全身心投入到这项工作中去,夜以继日地勤奋工作,查阅了大量的国内外资料,精心设计了切实可行的工艺规程,多次深入生产现场,与工人一起制订措施,共同操作加工,终于保质保量地按时完成了此项复杂的加工任务,被全厂传为佳话,令苏联专家瞠目。

李守国、于永和分别来自抚顺重型机器厂和大连起重机器厂,他们是新中国第一代技术工人,为支援内地工业建设来到洛阳。由于李、于两位的技术水平和文化水平较高,且基本功扎实,二十几岁就掌握了一身过硬的本领,成为青年工人中的佼佼者。于永和擅长铣床工艺、滚齿、刨齿加工工艺,李守国亦精通此技,是闻名全厂的技术多面手。

但是,他俩皆因出身和社会关系问题而受到冷遇,背上了沉重的政治包袱。焦裕禄牺牲自己仅有的班后时间,经常找二人谈心,下棋打牌,通过各种交往加深感情,增进了解和信任,很快处成了知心朋友,使他们消除了顾虑,重扬青春的风帆,培养了一批高徒,解决了一连串的技术工艺难题,成为车间的典范。

在那个以出身论英雄的历史时期,焦裕禄敢于重用"出身不好"的人,难免会引起一些人的议论,但焦裕禄不予理会。在召开党总支的会议上,焦裕禄力排众议,坦陈己见:"我国不惜重金,聘请了数千名苏联专家来华帮助经济建设,自己培养的知识分子却不敢大胆放手使用,这是人才的浪费。理解和信任是他们的第一需要,洛阳厂的机器制造,不能离开我们自己的科技人员。我们应该在政治上严格要求他们,思想上团结帮助他们,生活上体贴入微地照顾他们,生产上大胆使用他们……"

他加重了语气,特别强调:"政治与技术是对立的统一。政治就是政治,与技术不能混为一谈。技术是属于生产力范畴的,它无阶级性。我国的知识分子热爱共产党,热爱社会主义祖国,热爱工厂和他们自己的事业,我们没有理由不信任他们。对待知识分子,应该做到人尽其才,才尽其用,这样才能促进生产力的发展,加快经济建设的步伐。"

七

1958年3月，试制国产第一台2.5米卷扬机的光荣任务，幸临于焦裕禄所在的一金工车间承担，他与全体职工向厂党委保证：4月底试制成功，向五一国际劳动节献礼。

在设备不全、技术不足、经验全无且毛坯供应不及时的情况下，限期试制卷扬机，并非易事。副总工程师陆琦说："条件不具备就进行试生产，会打乱办工业的程序。"在工人以热烈的积极性与之对抗的情况下，工程师生气了，指责他们的"农村作风""游击习气"。焦裕禄针锋相对地回答说："在战争中学习战争嘛！这么大的工厂，应该早日给国家作贡献，上有党下有群众，没有过不去的火焰山！"

最后，陆工程师也被焦裕禄和工人们的热情感染了，试制开始了。工人们连干了两个大班不休息，工长吕玉卿关闭电源强迫下班。工人走后，他自己却又干了起来。攻关小组在试浇乌金瓦，青工们研磨齿轮，剃齿机不够以手工代之。书报信件送至车间，调度员的办公桌抬到了现场。党总支书记亲手推来饭车，为工人送来夜餐……

焦裕禄是这场战斗的总指挥，他研究图纸，组织攻关，置身前线，调度后勤。在夜以继日的拼搏中，他在车间的一条长凳上躺过五十多个夜晚（徐俊雅语）……

国产卷扬机终于试制成功了。五一节前夕，厂党委路征远书记在鞭炮声中致辞，他热情洋溢地说："同志们，今天，我对第一台国产2.5米卷扬机的试制成功表示热烈祝贺！你们一金工车间为全厂树立了一面红旗，我代表洛阳矿山机器厂向你们表示感谢！你们为洛阳矿山机器厂争了光,为国家争了气。"

讲完后,路书记与一金工车间的先进代表在卷扬机前合影留念。当厂报的记者选镜头时,焦裕禄将杨超、孙康几位老工人推到了中间,自己站到了一边,留下了那张珍贵的值得永远纪念的历史照片。

焦裕禄拥有把握全局的管理能力,一金工车间舞台过小已经藏不住这条龙。厂党委研究决定:调他到指挥全厂生产的枢纽——调度科担任科长,对全厂生产管理负责。他走马上任调度科长,像一个顽强的登山队员,又登上了一座视角更高的山峰。

他建立了"全国一盘棋"的思想观念,很好地完成了为包头钢铁厂生产焙烧窑的艰巨任务和生产一台45吨重的大型防汛设备的调度任务。

由于长期的精力体力透支,疲劳过度,他累倒了。人们把他送到医院,刚刚扎上银针,忽听得救护车警笛声声,又见医生、护士都慌忙赶往急诊室。焦裕禄猜想分析,一定是发生了工伤事故,他立即起床,察看伤员情况,又赶到车间,检查事故现场,当即向安全部门提出安全建议。

一切安置停当,焦裕禄走出门外,遇到了厂党委路书记,遂于途中谈起了工作中的问题。临分手时,路书记发现他后颈亮光一闪,仔细一看,竟见三根银针扎于颈部。路书记一边为他拔针,一边正色批评:"不采取组织措施,你不会好好休息的!"

第二天,焦裕禄被强迫住院诊治,检查身体,令他和所有同志惊慌的是,查出了肝炎,住进了肝炎疗养所。1962年春,他转入郑州医院疗养。在疗养期间,他整理了无数张图纸,撰写了许多份生产调度报告。之后,他走出了医院,欲要将积攒的力气倾注于洛阳矿山机器厂。但是，路书记来找他，代表厂党委同他谈话：

"省委最近决定，要从工业系统抽调一批年轻干部，加强农业第一线的建设。地方指名要你，省委也指名调你。你是厂党委委员，可以推心置腹地谈谈你的想法！"

在这一瞬间，焦裕禄产生了莫大的激动："党啊！您总是信任我，重用我。加强工业力量时，您调我到工业战线，接受培养，接受考验；加强农业第一线时，您又调我到农业战线，在那片广阔的天地间让我展翅高飞。"

他突然像鸟儿望见了林海，像鱼儿看见了湖水。他觉得在那片生根的去处，一草一木都在召唤着他这位农民的儿子。

他紧紧握住了党委书记的手，声音中充满了诚挚而火热的真情："路书记，党的需要就是我的志愿，我愿随时听从党和人民的召唤……"八年的工业建设学习与奉献，八年的与钢铁相处而生成的钢铁般的意志，将作为他成为"榜样"的重要基础，送他去战斗过的尉氏县。

尉氏县来了个"1.5 书记"

一

1962年6月的一天，碧空万里，微风拂面，一个身穿破旧灰粗布中山装，挎着绿色军用布包，敞着怀，手提行李卷儿的人，正坐在尉氏县的一辆公共汽车上。他隔着公交车玻璃窗左看看，右瞅瞅，自言自语地说："变了，变化太大了！"公交车报站"尉氏县委站到了"，焦裕禄迅速下了车，直奔县委。

他径直来到了县委书记夏凤鸣的办公室，夏书记正在办公，他行了个军礼道："报告，夏书记，我又回尉氏工作啦！特来向您报到！"

夏书记走上前连忙握住焦裕禄的手说："哎呀老焦，怎么来了也不提前说一声，好派人接你！"

老焦说："组织上是说让我在家歇几天，我哪待得住啊！"

夏书记说："可把你给盼回来啦。欢迎，欢迎，大家早就等急了，都很想你啊！"

老焦拿着一封介绍信递给夏书记说："夏书记，这是我的组织介绍信。"

夏凤鸣接过介绍信，仔细阅读起来："焦裕禄同志任中共尉氏县委副书记（名列薛德华同志之前）。"

读罢介绍信，夏凤鸣有些不解，心里默默想：上级从未有过这样的安排呀，薛德华同志是县委第二副书记、县长，焦裕禄是县委副书记，怎能排在第二书记之前呢？

焦裕禄看到夏书记困惑的表情，问道："夏书记，有什么问题吗？"

夏书记说："老焦，你先在办公室休息一下，我去电话室给地委打个电话，核实一个情况。"

夏凤鸣给地委打了电话，说明了自己的困惑，地委明确答复："对焦裕禄同志这样的安排是合适的。以后县委只设一个书记，其余都是副书记。"

在欢迎焦裕禄的县委常委会上，夏书记诙谐地说："老焦是尉氏县的'1.5书记'。"其实他的话还包含着另一层意思，那就是他可顶一个半人干事。夏书记即刻又纠正道："他极朴素，工作热情高，很会处理事情，一个人顶几个人用。"

从此，人们都知道尉氏县来了个"1.5书记"。

一天，焦裕禄主动来到对面的薛德华办公室，和薛县长做了一次长谈："老薛，我离开尉氏县几年了，各方面都发生了变化，党组织派我回来使咱们俩又重逢了，你一直没离开过尉氏县，还得请你多帮助我呀！"

薛县长说："咱俩还用客气，想当年我在尉氏县打游击战，后在蔡庄区政府任财政助理员，你在县委宣传部里当干事时咱们就熟识；后来我在城关区任副区长，你在大营区任区长，咱们经常在一起开会；再后来你任团县委副书记时还常到我所在的区帮助工作。现在咱们又在一起共事，这不知是几辈子的缘分！"

焦裕禄说："是呀，时间过得真快，我离开大营后又去搞工厂，觉得离农村远了，离农民远了，我还得补补课！"

薛县长感慨道："老焦，现在，农村实行过了公社化、食堂化，大办水利，大办钢铁，征购透底，年年运动。自然灾害严重，群众吃不上饭，我在尉氏县工作了这么长时间，没有为人民做好工作……你来了，咱们携手干好吧！"

焦裕禄深有同感地说："老薛，我感觉，农村困难大，不是某个县的问题，一是政策问题，二是干部问题。大多数干部是好的，想办好事。但年年搞运动，整干部，挫伤了基层干部的积极性，许多人不愿干了。干部不领，水牛掉井，群众有什么办法？在政策上，什么都要大办，负担太重，又挫伤了群众的积极性。干部、群众都没了积极性，怎么搞好工作？要把农副搞上去，非得调动广大干部、群众的积极性不可！"

二

上任后，焦裕禄让办公室主任董金岭把全县的"右派"干部花名册拿来，他仔细地看着，分析着，一个熟悉的名字映入他的眼帘——侯文升。这不是陈莲清的爱人吗？陈莲清和自己同在尉氏团县委担任过副书记，那时候自己时不时到她家里去吃饭，侯文升非常热情，他怎么被打成"右派"了？

第二天，他找董金岭了解侯文升的情况，董主任说："据说，他在县委科技局任局长，在一次会上，有人汇报说，粮食亩产3万斤；有人说他们那里地瓜亩产10万斤；还有人说，他们为了保护公家财产，每天给驴刷牙，给牛戴口罩。他听了很生气，说这是在胡闹，领导让他道歉，他拒不道歉还说自己说的没错，结果局里的结论是侯文升不拥护党的路线，是反党反社会主义，就被打成了'右派'。"

焦裕禄听了董的介绍问："董主任，侯文升现在在哪里？"

董回答说："在西华农场接受劳动教养。"

焦裕禄惋惜地说："这样以后谁还敢说实话？这对坚持实事求是工作作风的干部是不公平的！"

过了几天，县里召开全县三级干部大会，他把30尺布票交给一位公社领导并对他说："请你把这30尺布票交给陈莲清，并告诉她有时间请她来找我一趟！"

陈莲清早就听说老领导又回县里工作了，可是考虑到现状，不愿给他添麻烦，没想到，焦书记还能想着自己这个"右派"家属，她激动得一宿没睡好。天一亮她就往县委走，到县委后，焦裕禄接待了她。

焦书记让陈莲清坐下后说："听说你有好几个孩子，穿衣一定困难，布票给你了吧？"

陈莲清说："收到了，谢谢老领导！"

焦裕禄接着说："小侯（侯文升）给我来信了，管教干部告诉他，送他去教养的档案丢失了,解决不了'摘帽'问题,我找你来商量这事如何办。"

陈莲清流着泪说:"焦书记,这事您可得为俺家侯文升做主呀!他这个人脾气倔,不愿说假话!"

焦裕禄说:"不用说了,情况我了解清楚了,小侯参加工作以来一帆风顺,傲气是会有的,至于反党……"他说到此处摇了摇头,接着说:"目前上级精神是对1958年上半年所划的'右派',基本上都要摘帽子的。"

陈莲清说:"感谢党,感谢焦书记!"

焦裕禄说:"现在的问题是,小侯的档案丢失了,落实起来难度很大。"

陈莲清焦急地说:"焦书记,那可怎么办?"

焦裕禄沉思了一下说:"你到西华农场去一趟,请农场组织上给尉氏县委来一封信,写明三个问题:一、侯文升档案丢失情况。二、侯文升在农场劳动教养的表现。三、组织上的处理意见。有这封公函我好提到会议上讨论。"

临走时焦裕禄塞给她20元钱,她坚决不要,焦裕禄急了:"拿着,回去给孩子买点吃的,填补填补家用!"陈莲清千恩万谢后走出了县委大院。

后来,在讨论"右派干部摘帽"的专题党委会上,焦裕禄出示了陈莲清从西华农场开来的情况说明信,鉴于侯文升在农场的表现,侯文升摘掉了"右派"的帽子,一家人终于又团聚了……

就这样,焦裕禄先后为尉氏县几十名"右派"干部摘掉了"右派"帽子,人们都说焦裕禄是"包公"转世。

三

一天，已经很晚了，县委会议室里还灯火通明，县委常委会正在紧张地进行中。这时一位县公安局副局长，急匆匆地来到会议室说有紧急情况要汇报，夏书记问："有什么紧急情况，快说，正好大家都在。"那位副局长说："夏书记，接到可靠情报，靳村、马庄、小岗杨村的农村群众为了争夺林地发生了纠纷，先是唇枪舌剑，后是拳脚相加，而后三方齐集兵马，欲要发生一场后果不堪设想的械斗。"

夏书记说："焦书记，你这方面有经验，你去处理这件事吧！"焦裕禄二话没说，跟着公安局副局长就走。

他先是来到了尉氏县的靳村，群众听说来处理问题的县领导是曾经担任过彭店区区长的焦裕禄，村领导和村民自发地来到村委会，向焦裕禄反映情况。有一位年长的老大爷说："焦书记，纵贯尉氏县南北的贾鲁河曾是黄河故道，解放前，河滩内全是飞沙，寸草不生，无人耕种。解放后，我们村为了治理风沙，在尉氏、鄢陵、扶沟三县交界的河道沙滩里植树造林，压柳条，插柳橛，约有1500亩。这几年，在柳行中种植了一些高粱、玉米等庄稼，马庄、小岗杨村的农民便红了眼睛，提出收回他们的土地，我们不答应，他们就组织村民准备武力收河滩里的庄稼。"

有村民说："我们辛辛苦苦种的，他们凭啥强收，我们坚决不答应，拼了命也要跟他们干！"

焦裕禄对村民说："我知道了事情的来龙去脉，请大家要冷静，不要蛮干，大家想想，如果发生冲突，就会有死伤，一是触犯了法律,二是给家庭带来不幸。"

他接着说:"土地所有权的问题是法律问题,法律问题要用法律来解决,不要感情用事,咱们尉氏县社队干部一定要胸怀全局,发扬共产主义风格和邻县的阶级兄弟共同协商,妥善解决这场纠纷。"

他还深入田间地头,与共同搞土改斗匪霸的老农一起锄地、翻地。在劳动中引导大家回忆当年团结一致分田的往事,于潜移默化中让他们明白"天下穷人是一家",并且让他们了解穷的根源,马庄、小岗杨村之所以穷,是历史的罪人蒋介石击开了黄河,冲淹了他们的土地。共产党领导靳村人植树造林、改良土壤,农民才过上了好日月。靳村人有责任帮助马庄、小岗杨村的阶级兄弟也过上好日子。

持久耐心、入情入理的政治思想工作,使靳村群众觉悟提高了,同时也懂得了土地所有权的问题是一个法律问题。他们发扬共产主义风格,无代价地将林区划给马庄、小岗杨村 700 亩,合理无私地解决了纠纷,化干戈为玉帛。

一场纠纷就这样被焦裕禄平息了。

可是一波刚平,一波又起,1962 年 7 月底,连续下了几场大雨,尉氏县南曹乡和鄢陵县王庆乡接合部的土地及水利纠纷问题,跟随着汤汤大水又喧闹起来:两乡的几百亩秋季农作物被淹,地处上游的尉氏县农民要放水,下游的鄢陵县农民要堵水,为此双方发生了冲突,即刻就要闹出一场大乱子。

焦裕禄代表尉氏县与鄢陵县进行协商处理,他首先带领有关部门,挨家挨户深入了解实情,访问群众核查两县边界的历史沿革及现实情况。他很快了解到:尉氏县部分群众有"上游压下游、水往洼处流"的错误旧观念,跟随调查的乡、社干部也有本位主义思想。

焦裕禄立足本县，召开了大小队长、共产党员、民兵干部会议，他强调说："自然灾害是我们共同的敌人，不管是尉氏县还是鄢陵县都不愿意发生，在灾害面前我们理应团结一致，可就是有些人抱着'上游压下游、水往洼处流'的错误旧观念不放，凡事不从大局出发，只考虑自身利益，存在严重的本位主义思想。"

最后他严肃地说道："今天我在这里给大家说明白，任何人都不能乱放水，水应放入贾鲁河内，不可随便流泄、危害他乡。"

统一了尉氏县干部群众的思想，他再与鄢陵县委书记马祖堂等同志协商，顺利达成了两县合作，携手改道，将水放入河内的协议，并由两县武装部商定在水淹区建立两县民兵联防制度，多年来的老大难问题顺理成章地得到了解决。土地排涝成功，两乡人民友好，两县干部与民众都夸焦裕禄心术正，风格高，有办法。

四

有一次，焦裕禄带着董金岭去庄头区于家村检查工作，到了中午吃饭时间，村干部端上了白面馒头，还有萝卜、白菜、粉条、豆腐四个炒菜。焦裕禄严肃地说："为什么不派饭？"村干部解释说："这是给机耕队的同志准备的饭菜，书记来了，正好一块儿吃。下一顿一定从简。"焦裕禄说："下乡工作不在群众家吃饭，怎能和群众打成一片？如果县委书记吃特殊饭，区社干部大吃大喝就有了先例和理由，影响党在群众中的威信。生活困难时期，群众吃不饱肚子，干部要做艰苦奋斗的榜样！"他接着问："今天中午，应该在谁家吃？"村干部说按照派饭顺序应该到于建国家，焦裕禄领起随行的同志便走，来到一个篱笆围成的小院里，焦裕禄说道："老乡，今天中午就在你家吃饭。"于建国搓着双手低声说："那你们等一下，我去借点面，给你们烙饼。"

说完就要往外走，焦裕禄一把拉住他说道："不用，你们吃啥我吃啥。"于建国不好意思地说："我们家只有地瓜。"焦裕禄说："那就吃地瓜。"

焦裕禄拿起一个地瓜边吃边和于建国拉起家常，于建国说："焦书记，如果上边来的人都像你这样就好了，最近我们村里来了一个机耕队，天天好酒好肉伺候着，还得有烟才给干活，缺一样都不给干。"焦裕禄听了于建国的话，又想起了村干部让他吃的四菜一汤加白面馒头，气愤地说："还有这事？"于建国说："咋没有，俺村里来的这伙机耕队比大爷还难伺候，天天要吃大米白面不说，还要求顿顿有鸡鸭鱼肉，好酒好烟。愁得俺队长直哭。董主任您知道俺村的情况，这不是要人命嘛！"

吃完饭，焦裕禄掏出钱，于建国忙拦住说："焦书记，你这是干啥？吃几个地瓜还给钱，这不是打俺脸吗？"焦裕禄说："于大哥，这是干部纪律，吃饭就一定要留伙食钱。"

于建国一再推让，焦裕禄把钱扔到桌子上和小董走出于家。

几天后，全县机耕队现场会在于家村召开了。不只是县直十几个机耕队的人员，县委常委、政府部门领导和县直各单位负责人全到了。大路上排开一长溜机车，会议还没开始，大家互相议论着。那个机耕队队长对他旁边的人说："这回处分是背定了。开完这会，怕是就得回家抱孩子去了。"

旁边的人说:"听说县委对全县机耕队都作了调查,要处分的人不会少了。"

焦裕禄站到一个小土坡上:"现在开会了。今天把县直各部门的负责同志和各机耕队的负责人请到这儿来,开个现场会。我们开现场会的地方,是机耕六队的作业现场。大家先看看这个机耕队的工作场地,这块地总共14亩,耕作时闪出的地边地头就有4亩半。是我们的拖拉机手技术不过硬吗?而且,这一个月中,6个机耕队先后共发生了有记录的79次'机械故障',我们的机车怎么这么容易出故障?我先念一段顺口溜,大伙儿听了后,好好考虑一下该怎么办?"他从口袋里掏出个小本子,大声念起来:

好饭好菜,拖拉机跑得快;
有酒有肉,犁得深犁得透。
无菜无酒,犁不到头就走;
没茶没烟,犁不到边就颠。

有人笑起来,焦裕禄说:"好笑吗?一点也不好笑!这是群众对机耕队的评价。全县有6个机耕队,几十号人马,这影响面可不小哇!"

他清了清嗓子接着说:"更可笑的是,你们知道群众是怎么形容机耕队的吗?你们听好了:机耕队一到,扯旗又放炮,杀鸡又宰羊,净米白面造,好比鬼子进了村。拖拉机一到,鸡和鸭子都不敢叫。大家听了你们的脸红不红?想想你们走到哪儿去了?你们开拖拉机的人就了不起吗?可是同志们想一想,拖拉机的主人是谁?是人民！你们掌握拖拉机的权利是谁给的？是人民！如果利用手中的公权来谋求私利，你们就会站在人民的对立面，这是最危险的！所有的腐败都是由特权导致的，这一点大家一定要引以为戒，一定要记住！"

大家议论起来。焦裕禄接下去说："有些同志已经做了背处分的准备，这并不是解决问题的唯一办法。我们这个现场会的目的，是要大家提高认识，找出各自的差距，制定出整改措施。机耕六队队长来了没有？"

机耕队长说："来了。"焦裕禄说："你说说。"机耕队长愧疚地说："焦书记，还是给我个处分吧，多重的处分都行。说句实话，我现在恨不得有个地缝儿钻进去……"

就在当天晚上，6个机耕队的机车全部出动了。大野地里到处是灯光，到处响着机车的轰鸣声。机手们自带干粮，把所有留过边角的地块加班复耕，而且向招待过他们的生产队补交了伙食费。

五

1962年12月，省委和地委领导研究决定：调这位打到哪里胜到哪里的好干部去兰考县任第一书记。尉氏县委为此开了座谈会，在座谈中，同志们问他生活有什么困难，家庭有没有亟须解决的问题，焦裕禄回答道："感谢同志们的关怀，我没有困难，请对我在此的工作集中提意见吧！"

同志们非常留恋这位好领导好兄长，看看他一身的旧衣，看看他那几个穿得破烂不堪的孩子们，大家心中酸酸的。冬天来了，他连棉衣还没穿上,现在又要到北临黄河的兰考去工作,那儿风疾沙飞,不能让他们一家这样子离开。于是大家一致提议,为焦裕禄做一套新棉衣。决议形成,同志们却担心事情难办,因为刚入秋时,县里批给他的39尺布票被他硬退了回来,同志们感到为难,最后由县委常委会作出决定,并将组织决定正式通知焦裕禄。

夏凤鸣书记亲自找到了他,做思想工作:"现在已是深冬,从咱县走出去的一个县委书记,不能连套棉衣也没有。这是县常委会的决定,希望你服从!"

焦裕禄答道:"夏书记,同志们的心意我领了,但这个决定我不能同意,干部调走要带东西,不是个好风气。"县委拿他没办法,只好请示地委,地委领导说:"县委关心同志的做法好,要坚持办好!"棉衣做好的时候,焦裕禄已匆匆赶往兰考赴任去了。县委派办公室的同志把棉衣送到了兰考,并附信一封,告诉他县委的决定已被地委批准,焦裕禄苦笑了下,立时穿上了新棉衣。

但是,孩子们还是穿着破单衣,像窝小燕一样紧偎徐俊雅,瑟瑟发抖。同志们不忍心,由县委办公室出面,批给他50尺布票,他坚决不收,还批评说:"你们不能这样做,国家经济困难,我们当干部的要带头为国家分忧解难,不能多占计划供应物资。咱们共产党员以及家属宁可忍得一时寒,免得百日忧啊!"

焦裕禄对个人和家庭要求如此严格,甚至"不近人情",可他却时刻想着家庭生活困难的同志,把钱款悄悄寄到他们家里去,并给吃不上饭的农民送粮食。他个人的工资不高,孩子又多,而且老母和大女儿守凤还是农村户口,全家10口人吃8个人的口粮,虽在平日里节衣缩食,而且徐俊雅又会精打细算,上顾老下顾小,仍不免捉襟见肘，出现"财政赤字"。于是焦裕禄在工资支持不到月底之时，去县委机关的储备金中借了137元现金。上级调他去兰考工作，穷得叮当作响地走了。县委和福利部门经过研究，决定用集体福利款替他还清这笔债务。可是又被他婉言谢绝了，他说："自己的困难自己设法解决，不能占公家的便宜。"

他到了兰考之后，省吃俭用，不久就如数汇来了137元钱，分文不少地还清了这笔债务。了解他的人都心疼地说这钱是从牙缝中省下来的。

初入兰考

一

组织部门和焦裕禄谈话调往兰考时,让他先安排好家庭再去报到,可他的心早已飞向了兰考,他和爱人徐俊雅说:"兰考正处于严重的困难时期,那里的群众正盼望着党组织派人来,更需要一位领路人带领兰考人民向困难作斗争!我先过去,你跟娘和孩子过几天再走。"

徐俊雅说:"我就知道,你的心已经飞向了兰考,你先去吧,只是路上没人照顾你,你要注意身体!"

1962年12月6日,焦裕禄正式踏上了兰考大地,当他来到县委时,县委正在召开兰考县三级干部会议,县委班子领导和政府班子领导齐集常委会议室听汇报,将要离任尚未离任的县委书记王金碧主持会议。

当县委办公室秘书刘俊生把他领进会议室时，参会的所有人都把目光投向了这位新来的县委书记，就见他一身灰蓝色的棉衣（大概就是尉氏县委报开封地委特批相赠的那一套），外罩一件黑色的旧棉大衣，一顶"四块瓦"的火车头帽子，面色黑红，满面笑容，双目炯炯，举止从容。

见焦裕禄来到会场，王金碧书记让他在前排就座，他摆了摆手，在会议室的一个角落坐下了，王书记宣布了开封地委关于焦裕禄同志来兰考县工作的组织决定。宣布完后王书记问："焦裕禄同志有没有意见要发表？"焦裕禄说："王书记，我想先听听各个公社的汇报发言，听听别人的意见。"会议继续进行，焦裕禄不停地在小本子上记录着，直至各个公社都汇报完毕，王书记作了总结发言。最后，王书记说："下面让我们用热烈的掌声欢迎新县委书记焦裕禄同志讲话！"会场上响起了热烈的掌声。

焦裕禄站起身不紧不慢地讲道："我刚来兰考，对这里的情况不熟悉，不了解，需要向大家学习，也没什么可说的，听了各个公社的汇报后感触很深。来兰考之前，我刚参加了地委会议，听取了党的八届十中全会的《决议》精神，我想就干部问题提几点意见，不妥之处请大家批评指正：一、通过社会主义教育运动，使基层干部和广大群众认清形势，明确方向、道路，提高爱国主义、社会主义思想和阶级觉悟；二、从生产入手（救灾队从生产救灾入手），解决生产、生活上的突出问题；三、通过三大纪律八项注意的优良传统教育，进一步提高干部思想水平，改进干部作风；四、认真贯彻六十条；五、通过总结经验，进行劳模评比，认真表彰先进单位劳动模范和五好党员、团员、民兵、社员，树立起办好集体经济、搞好农业生产和各项工作的旗帜。"

会议结束了，张营公社的革委会主任老朱跟其他几个公社干部说："我说哥几个，咱这新来的书记讲话不紧不慢，声音不高不低，言及问题删繁就简，做派风度不卑不亢，发言时间也不短不长，看来是个干家子！"

城关区革委会主任说："我听说他在尉氏县访贫问苦、身先士卒、勤俭朴素、严格要求自己和家人，听说他身上穿的棉衣都是地委硬给批的。"

二

当晚，焦裕禄临时召开县委委员会议，听取汇报。

县委副书记张奇汇报兰考的情况："由于三年自然灾害，全县水利工程基本上全毁掉了。去年一冬一片雪花没掉，今年春天又滴雨未下，风沙打死了21.4万多亩麦子，秋天又遭内涝，全县淹了20.3万多亩秋庄稼。又加上10万亩禾苗被碱死，全年粮食总产不过5000万斤，比解放前还低。全县9个区，受灾较重的区有7个，1520个社队受灾，灾民近20万人。缺粮1320万斤，缺草1800万斤……"

骤然响起的汽笛声打断了他的汇报。汽笛响过，张奇继续汇报："缺煤7130万吨，缺房1.8万间……"

这时，县劝阻办的李主任急匆匆地赶来说："火车站逃荒的人流已经无法控制了。"

焦裕禄立即打断了张奇的汇报说："情况先别谈了，下面我们换个地方开会。"

他披衣站起,走出会议室。常委们紧随其后,向兰考火车站走去。

火车站里人头攒动,风雪中,逃荒外出的人群衣衫褴褛,横卧在车站的角角落落。一列火车刚进站,无数人扑上去,扶老携幼,碰撞拥挤,小孩子的哭叫声撕心裂肺。逃荒的人争相往车门口涌动,秩序大乱。车站工作人员手足无措,大声喊着:"别挤,危险!太危险了!"

焦裕禄大声喊着:"大家不要拥挤!按秩序上车!"

人们的嚷叫声吞没了他的声音。

乘务员也叫喊着:"别挤,就要开车啦。"有人踩着别人的肩膀往车窗里爬,有人爬上车顶。焦裕禄和委员们手忙脚乱地疏导着拥挤的人潮。他伸开双臂护住了两位老人,他把一个孩子举过头顶……

列车鸣笛开动。焦裕禄从站台上捡起一只童鞋,热泪滴落在童鞋上。焦裕禄对常委们说:"同志们,灾民们背井离乡去逃荒,这是我们的责任。党把兰考36万群众交给我们,我们没能让他们有饭吃,有衣穿,我们应该感到失职和羞耻。"县委委员们低下头去。焦裕禄怔怔地望着远去的列车。

第二天,焦裕禄主持召开了三级干部会议,他讲了当前的政治、经济形势以及巩固集体经济、发展农业生产的各项问题。具体地安排了冬季生产和救灾工作。他强调指出:"对于灾区的住房、烧柴、疾病等问题,都要注意随时解决。对牛屋普遍进行一次检查,修补破房,堵塞风洞,增加保温设备。"

第三天,他来到灾情严重的城关区,和区里的同志一起来到许贡庄。在许贡庄他走进了一户刘姓人家,两间破草房摇摇欲坠,屋里黑漆漆的，一走进黑屋，刺鼻的异味扑面而来，眼前的景象使这位山东汉子泪如雨下：土坯炕上一家五口人挤在一床破棉被里，一声紧似一声的咳嗽声在屋里回荡，炕上放着的陶瓷痰盂里满是带血的痰……焦裕禄走到一个粮囤前掀开盖帘，里面空空如也，一粒粮食都没有；他再来到锅台前掀开锅盖，里面有几个地瓜秧做的窝窝头。他问随行的村干部情况，村干部说："焦书记，他家大人身有残疾，孩子还小，没有劳动力，挣的工分少，分不到多少粮食，又加上得了肺结核，没钱看病，村里也发给过救济粮，但救济粮毕竟有限，解决不了根本问题。"焦裕禄问："像这样的社员多吗？"村干部说："有个十来户，身体好的就都出去逃荒了，没法出去的只能待在家里靠救济生活。"

焦裕禄问："公社为什么不增加救济粮解决？"村干部说："焦书记，你可能不知道，这两年连续闹灾，各个公社公粮任务都完不成，哪里拿得出多余粮食来。"

焦裕禄把口袋翻了过来只掏出了 10 元钱，其他随行人员也都掏出随身的零钱，交给刘姓人家，他嘱咐村干部和县委办公室联系，想办法帮助他家摆脱困境。

从刘姓人家出来，焦裕禄又马不停蹄地到胡集，从胡集到许楼、茭楼……每到一村，都要走街串巷，深入社员家里了解情况……

夜深了，焦裕禄翻来覆去怎么也睡不着，贫困社员家的一幕幕惨象在他脑海里浮现，他干脆抽起烟来，抽了三四根烟，他披衣下床，走出屋外径直来到张奇房前，犹豫了片刻，敲响了张奇的房门。"谁呀？""我，老焦。"张奇打开房门看到焦裕禄忙问："焦书记，出什么事了？"焦裕禄说："没出什么事，睡不着，找你聊聊。"张奇长舒了一口气："可把我吓了一大跳。"坐下来,焦裕禄说:"老张呀,你是老兰考了,生在这里,长在这里,工作在这里,你说说看,改变兰考面貌的主要问题在哪里?"

张奇沉吟了一下说："我觉得,应该先从改变人的思想着手。"

焦裕禄说："对,我俩想一块儿去啦,还应该在'思想'前面加上'领导干部'四个字。眼前关键在于县委领导核心的思想转变。想想看,没有抗灾的干部,哪有抗灾的群众?要想改变兰考面貌,首先要改变县委的精神面貌。"张奇一拍大腿："太对了。在五六年以前,兰考是林茂粮丰,泡桐树成行成林,没有内涝,也没有盐碱。1950年33万亩沙荒,到1957年造了19万亩林,只剩下了14万亩。1958年,大炼钢铁,泡桐树给砍了,砍得精光。烧了炭去炼钢,结果是钢没炼出来,树也没了。树一没,再也没有挡风的树林了,风沙就起来了。"

焦裕禄摸出烟,给了张奇一支,自己点上一支。张奇说："还有,牲畜1955年是5.4万头,今年是2.08万头,死了近3万头呀!铁路南25万棵枣树,现在只剩了5万棵,20万棵枣树当劈柴烧了。当时头脑发热呀,觉得共产主义就近在眼前了。"焦裕禄说："当时我在洛阳矿山机器厂,为支援大炼钢铁赶制焙烧窑,也是昼夜加班,命都拼上了。"张奇说："所以说啊,这几年经过这么几场运动,干部都心有余悸,不敢放开手脚干事情了。解决干部的思想问题,先要让他们有个干事的心境。"

焦裕禄问："老张呀,兰考干部队伍的情况怎么样?"张奇说:"心有些散,很多干部闹着要调走。灾区条件艰苦是一方面,还有一方面……"张奇欲言又止。焦裕禄又给张奇点了一支烟："老张你尽管说。"张奇说:"这几年总搞运动,干部胆小了,腿软了。兰考不到 1000 名干部,有 366 个被划成了'右派'。"

焦裕禄摇头。张奇指着自己脑后说:"我当时也受到了降级内部控制使用的处分,现在虽然摘了帽,这儿还留着一条辫子呢。"焦裕禄说:"老张你可不能腿软,你得挺起腰杆来。"沉默了一会儿,焦裕禄又问:"我想明天再去几个地方走走,先到哪儿好?"张奇说:"那你先去城关区的老韩陵吧,那是个灾情很严重的地方。"

三

第二天,焦裕禄和办公室秘书小刘来到老韩陵,他们直奔饲养员肖位芬家,一进门看到院子里堆了很多风箱,就问:"大爷,您家里堆了这么多风箱干什么?"肖位芬说:"这风箱呀,是上海乐器厂的两个同志从村子上收购来存放在这里的。上海乐器厂的人到兰考来买桐树,可现在兰考哪里还有泡桐呀?他们就各家各户去收购用桐木做的风箱。"

焦裕禄搬下一只风箱,拉了两下,敲了敲:"嗯,都是上好的桐木。"

小刘说:"这上海人哪,门槛就是精,聪明绝顶,买不到桐树买风箱。"焦裕禄以指头叩击风箱,发出清脆的声音。说:"真是做乐器的材料。"小刘说:"咱兰考泡桐全国有名,号称'兰桐',是制作乐器的首选材质。可是'大跃进'一来,泡桐树全砍了去烧炭炼铁了。兰考有三害,就是风沙、盐碱、内涝,这些全都是因为泡桐没了。"焦裕禄锁紧了眉头。

焦裕禄走进肖位芬的牛屋，坐上了地铺说道："大爷，喂牲口很辛苦哇！"肖位芬回答说："解放前我啥苦没吃过？比起那时候，这不算苦。"

焦裕禄说："咱们要和老天爷斗啦！要有不怕苦的精神。解放前受苦没指望，如今的苦，是先苦后甜，越过越甜！"

肖位芬看眼前人装束平平，可谈话却很合自己的口味，就问道："你是来俺庄住队的吧？"小刘介绍说："这是新来的县委书记焦裕禄同志。"焦裕禄对肖位芬说："大爷，我到咱们村下乡，今晚就住您这儿了。"肖位芬说："不中，不中，焦书记呀，你这么大的官，睡我的牛屋，你不怕我这有虱子？"焦裕禄说："不怕。"

夜里焦裕禄问："大爷，我刚来兰考两眼一抹黑，您看要想改变兰考的面貌应该从什么地方着手？"肖位芬十分为难地道："焦书记，这么大的事儿，我这个老粗能有啥主意？"

焦裕禄笑道："改变兰考面貌，人人都有责任，您年纪大，有生产经验，我今天就是来向您老人家讨教的。"

肖位芬说："焦书记呀，别的俺不知道，俺是个喂牲口的，知道再倔的牲口，只要摸透它的脾气，顺着它的性子来，就能驯服它。像咱老韩陵的这沙土窝，能种花生，能栽泡桐树，泡桐这东西挡风压沙，还能卖钱，木材用处大。你也看见了，连上海人都上咱兰考来买泡桐哩。"焦裕禄说："大爷，您老这主意好。"肖位芬说："还有一条，俺村牲口少，50亩地才有一头牲口。要发展生产呀，就得多养牲口。不光是咱老韩陵，兰考的沙地都适合种花生，花生秧子又可以喂牲口，多种花生，牲畜也就发展起来了。"

焦裕禄掏出本子认真记着："好啊！肖大爷，您这个主意也很好呀!"

肖位芬说:"饲养员多操心,下了牛犊能养好的,给他点奖励,牲口数的发展就会快啦。"焦裕禄说:"对!肖大爷,我们弄个文件出来,一定要给发展牲口有功的饲养员发奖。"肖位芬说:"焦书记呀,看得出你是个实在人,不说空话,这几年咱老百姓让那些大话、空话吓怕了。咱兰考再也经不起折腾了。"

肖位芬把烟袋递给焦裕禄。焦裕禄接过来,抽了一口:"肖大爷,您说得对,咱们再也不能瞎折腾了。"肖位芬说:"焦书记,有些话,上面的干部不敢说,可俺敢!咱兰考这几年连着受灾,人饿死了不老少,也有卖孩子的,也有把闺女送人当童养媳的,这些事旧社会倒是常有,可新社会了……"

焦裕禄猛然被烟呛了一口,剧烈地咳嗽起来。他的肝区隐隐作痛,忙用钢笔杆顶住肝部。肖位芬慌了:"焦书记,你……看你脸刷白,一头的汗……"焦裕禄强忍着,压住肝区:"肖大爷,我没事,老毛病了,您接着说。"

肖位芬说着,焦裕禄捂着腹部一点点做着记录。那个晚上,焦裕禄跟肖位芬在牛屋里整整谈了一夜。

五日之后,焦裕禄写出《关于城关区韩陵公社进行巩固集体经济,发展农业生产第一步工作情况的报告》一文。在这篇报告中,对当前形势、集体经济状况、各阶层思想动向作了细致准确的分析,对下一步的工作提出了如下建议:韩陵公社的土质多沙少碱,林粮皆产,特别适宜花生和泡桐的种植。

文中还具体分析了此地种泡桐树的有利条件和益处种种:

一、桐树是根生天然育苗,刨一棵生百棵,源源不断。年年生根发芽，可以陆续移栽。

二、不用投资，不用打药治虫。

三、栽植桐树技术性要求不强，按一般操作规程即可成活，五六年便能成材，见效快，收益大。

四、以林促农，可以林粮间作，以林保粮。

五、当地群众有栽种桐树的习惯，不用说服动员工作。

在这份报告中他还强调指出："应该大力发展牲畜，这是搞好农业生产的主要一环。目前该村有牲口31头，每头负担耕地54亩，远远满足不了生产需要……"

报告最后强调："要经常对广大干部群众进行社会主义教育，使其不断提高爱国主义、社会主义和集体主义三大觉悟。要求每位社员都做到五爱：即爱祖国、爱党、爱集体、爱劳动、爱林木与公共财产。要求认真努力巩固集体经济，坚持社会主义道路。教育干部发扬土改时艰苦、深入的优良作风，深入到牛屋、粮田，深入到每家每户去了解情况，听取反映，宣传党的政策。"

几天后，徐俊雅带着一家八口人，也来到了兰考。

不讲情面的"黑包公"

一

转眼焦裕禄到兰考已半年有余，可兰考一直没有县长，焦裕禄几次打报告给开封地委要求调整充实县委领导班子。地委领导先后找了四五位干部谈话，一听说去兰考，这个说身体不好，那个讲能力太差，甚至干脆装病不起，视穷困中的兰考如饿虎，谈及色变，巧施软磨硬抗之法，拒不到任。后来地委想了个主意，请县委书记焦裕禄同志物色人选，他点名要了荥阳老程——程世平。当地委和程世平谈话时，程幽默地说："服从组织安排，老焦是要拉我做垫背，不过请组织放心，我和老焦对脾气，合得来，愿意去垫背！"

一辆破旧的吉普车在路上颠簸，焦裕禄和新上任的县长程世平并排坐在车里，程世平让这路颠得腰疼，他拿自己的拳头垫在腰眼上："老焦啊老焦，我咋也没想到让你给折腾到兰考来了。"焦裕禄把自己的一只布包垫在老程腰后："老程，我跟你说，这兰考可是个好地方。"

程世平笑了："老伙计，我还真不知道，你早打我的主意了，我知道你是拉我垫背来了。垫背就垫背，跟你在一起工作，我乐意。"

一上坡，吉普车抛锚了。焦裕禄拍一下老程："伙计，下来推吧，它又闹情绪了。"两个人在后边用力推车，推了半天，车马达才转动起来，车子重新启动。焦裕禄解嘲地说："咱县委就这一台'老爷车'，三天两头闹情绪，没辙。"

到了兰考县委，办公室的同志边领着新来的县长往县委招待所走，边不住地叨叨说："程县长，咱们的招待所破旧不堪，可能是开封地区各县里最旧的了，前一个阶段地委张书记有意拨款整修被焦书记给回绝了。"

程世平说："焦书记回绝自有他的道理。"办公室同志点了点头。

第二天，程世平和焦裕禄谈起此事，焦裕禄说："是有这个话，张书记亲自跟我说的，好像他跟其他同志也说过，这个事我来以前就议过。还有咱们县委大院，是在一片大碱上起来的房子，屋里屋外一年到头潮湿津津的，几天不打扫，就长一层半寸长的白碱毛，被褥几天不晒，能拧出水来，所以有人说招待所和县委大院是'制碱场'。改造招待所和县委大院的方案，这回重新提出来，几个同志要求在常委会上议一议，我没同意。"

程世平说："老焦，我同意你的意见。兰考是重灾区，资金困难，度荒是头等大事，艰苦奋斗的传统不能丢。"焦裕禄说："最重要的是，可能滋长干部追求享乐的不良作风，兰考的灾区面貌还没有改变，还吃着大量的国家统销粮，这个时候，富丽堂皇的装潢不但不能搞，就是想一想都很危险！"

二

夜里，又纷纷扬扬下起了大雪。兰考火车站里灯火通明，一片忙碌。

焦裕禄带领机关干部分发救灾棉衣，他和大家一起忙着登记、搬扛。县委副书记张奇拉住他："焦书记，现在已经是下半夜了，一万多件救灾衣差不多全发完了，你回去睡一会儿吧。"

焦裕禄说："差不多发完就是还没有发完，哪儿还没发走？"张奇说："只剩下爪营公社没取走，他们路太远，又下着这么大的雪，干脆明天再说吧。干了这大半夜，大伙儿也都累了。"焦裕禄说："我们是很累了，可是这么大的雪，这么冷的天，那些等着救灾棉衣的群众就更难熬。这批棉衣，必须连夜送到灾民手里。这样吧，爪营的这批棉衣，我们几个包了。同志们，装车，跟我走！"

他招呼几位同志，亲自拉上排子车，走了。

午夜的北风呼啸如狼，雪地冻起硬滑的疙瘩、尖锐的冰碴。焦裕禄架起了车辕，躬身低头，使出了全身的力气。重车在无序的车辙冰坨上弹跳、滑蹭、下陷，焦裕禄喘着粗气，浑身冒出了大汗。几个年轻的同志屡屡争抢，欲替他架起车辕，他死抱着车把，决不退让。青年们开始劝他，说他白天操心，夜里出力，太辛苦了，别把"革命本钱"弄丢了。焦裕禄笑着，气喘吁吁地回答道：

"辛苦吗？比起战斗中牺牲的烈士，这也算得上苦？我们在寒夜里送棉衣，为的是什么？想想正在受冻的老人和孩子，你就再也感觉不到苦和累了。至于革命本钱,不就是要用在刀刃上吗?再说,这雪路也实在不好走,我拉车拉惯了,比你们有经验……"

他拉惯了……所有的人都开始鼻子发酸。一个青年冲了上来,拼着命也要抢回车把。焦裕禄和蔼地说道:"别争啦!我不是太累,你们还要省些力气,还要尽快地把棉衣送到群众家里!别争啦!快看看,爪营马上就要到啦……"

迎面来了一群人影,两群黑乎乎的人影在白蒙蒙的冰雪中相遇了。迎接他们的是爪营公社的干部们,一看见喘呼不止的焦书记,惊讶地问道:"焦书记,您怎么来了?身体有病,还硬拉这么重的车子……"他们说不下去了。到了公社院内,天已蒙蒙亮了。焦裕禄趔趔趄趄走进屋内,蹲到了一只凳子上,手放在右膝头上,用胳膊顶住了肝部,一张瘦脸早已发白、汗水淋漓。大家一看,知道他的肝病又犯了,心里难过,却不敢说什么。有人抱来柴火,想让他暖暖身子,他立刻摇起了手:"大雪天,群众烧柴困难,不要随便烧掉它!现在不是我们取暖的时候,要赶快将棉衣送到缺衣人手中。"

他扛起一捆棉衣便往外走,公社书记下了决心,拦住他说:"你的病不轻,不能再干了!"

焦裕禄有点着急地说:"群众在受冻,我们没理由在这里暖和!"人们再也无话可说,分头扛起一捆捆棉衣,含泪走了出去。

他们先到了孙梁村。公社主任指着村口两间东倒西歪的草房说:"这是五保户梁俊才大爷家,梁大爷这老汉有骨气,说啥也不要政府的救济。"焦裕禄心里一酸,他看见梁家的屋檐下挂满了亮剑似的冰凌柱,在凛冽的寒风中,冰柱响亮地断裂。

屋里,五保户梁大爷正在生病,他披件单衣蹲在炕上瑟瑟发抖。

他的老伴双目失明,在坑上躺着。屋子房顶塌了一角,露着天,雪花不时飘进屋里。焦裕禄进了门:"这屋子真冷啊!"梁大娘说:"可不是冷啊,冻得睡不着,老头子披着衣裳蹲着,一直蹲到天亮啊。"梁大爷说:"不要紧,一会儿出了太阳,就暖和些了。"焦裕禄问:"大爷,听说您老人家没申请救济?"梁大爷说:"咱兰考受灾了,国家也穷啊,还是少添点麻烦,自个儿扛一扛也就过去了。"焦裕禄眼里涌出泪水,叫了声:"大爷……"

老人问:"你是谁啊?"焦裕禄回答:"我是您儿子。"公社王书记告诉老人:"梁大爷,这是县委的焦书记!"梁大爷激动地说:"焦书记,这大雪天,你来干啥呢?"焦裕禄说:"我来给您送棉衣,毛主席叫我来看您老人家!"梁大爷哽咽着:"毛主席,毛主席还惦着俺……"焦裕禄说:"惦着呢,全国人民,谁有苦有难,毛主席全惦着。"梁大爷老泪纵横,焦裕禄从身上拿出20元钱放在梁大爷手上:"这点钱您二老先补补身子。我给队里打招呼,等到天晴了,再给您老修修房子。"

梁大爷接过钱,拉住了焦裕禄的手:"书记同志,旧社会,大年三十的大雪天,我缴不上地主的租子,伪保长来封我的门……如今……"

他说不下去了,双目失明的梁大娘摸索着走过来,两手颤抖着抚摸着焦裕禄:"让我摸摸我的好儿子,毛主席派来的好干部,俺眼瞎,心不瞎,毛主席的恩,俺们祖祖辈辈不会忘记……"

到了上午10点钟,焦裕禄从老人家中走出来,满眼泪水地回到了公社,脚还没站稳就哑着嗓子讲道:"同志们!我们关心群众太不够了!你们想一想,在这样大雪封门的夜里,这位老人披着一件单薄的破衣,蹲了整整一夜没有吭一声,没有伸手向党要救济,这样的群众，上哪里去找？这样的硬骨头精神多么伟大啊！再看看我们，究竟替他们做了些什么事情？不觉得惭愧吗？"

人们纷纷低下了头。

三

为了摸清全县干部作风情况，县委派出了几个督察组分赴各个公社、村庄。一天，焦裕禄听取了督察组的汇报：三义寨乡社的个别生产队分配中存在问题，群众有意见；问题比较严重的西马庄第八生产队由会计一人算账，年终分配账目不向群众公布，收入、支出、库存都比较混乱；城关区盆窑公社个别干部不执行按劳分配政策，有的严重贪污多占，甚至雇工剥削，放高利贷，损害集体利益，严重挫伤了群众的劳动积极性；还有的村干部在救济粮上做手脚，把救济粮拨给亲属，该享受的没享受到；有的公社干部大吃大喝，挥霍浪费，严重败坏干部形象，造成恶劣影响，等等。

了解这些情况后，他痛心地说："'干部不领，水牛掉井'，有些干部思想作风恶劣到何种程度？已经没有一点党员的样子了，他们的所作所为和过去的地主、伪保长没啥两样，简直坏极了！"

他强调，首先要除掉一部分干部思想上的病害，先要从县委抓起，县委领导核心的思想观念必须转变，县委一班人的精神状态必须改变。

他要求全体干部群众"结合社会主义教育运动，坚决搞好生产队的分配，认真解决和端正干部的作风"。

春节就要到了，县委公布了福利救济名单，焦裕禄的名字赫然在列，他看到后非常生气，把机关党支部书记叫来责问道："福利救济款为什么有我的名字？"机关党支部书记："这是县机关福利委员会做的决定，主要考虑到您家孩子多，又有两方的老人随同生活，生活十分困难，所以就把您家列为救济对象了。"

焦裕禄说："那我问你，救济条件有哪几条？"支部书记答："家住灾区，生活困难，本人申请……"焦裕禄笑着说："我家不在灾区，本人又没申请，为什么有我？"支部书记无言以对。

他严肃地说："救济款不仅仅是几个钱的问题，要把它当作政治任务去完成。要教育干部，对于生活上的困难，首先要依靠自己省吃俭用去解决。我们都有工资，不能两眼向上，坐等救济款。"

晚上，他组织召开了机关党员会议，他在会上说："兰考是个灾区，人民的生活都很困难，我们时时事事都应该首先想到群众。我们是共产党员，要先天下之忧而忧，后天下之乐而乐。宁可自己苦一些，也不能随便要国家的救济。我们是县委机关，应该给全县干部做出榜样。"他最后说："我知道大家是好心却干了坏事，评给我的救济款，我一分也不要！"

在他的带动下，有10名同志当场表示不要救济。后来县机关福利委员会又重新评定了救济人员，重点照顾了八个困难最大的同志。

有一天，焦裕禄下班回到家，徐俊雅对他说："老焦，快过年了，我想给老大做件棉袄，给老二做条棉裤，再把床上露出了窟窿的薄被换了，给你做双棉袜，替换那双露脚指头的破线袜子。"

焦裕禄问："这些得需要多少棉花票？"徐俊雅说："我已经从县机关领回来了3斤棉花票，这几天就去买。"焦裕禄惊讶地问道："你说什么？棉花票？每个人都有吗？"徐俊雅喃喃地说："听工作人员说是照顾咱家的。"

焦裕禄火了："胡闹，快把棉花票送回去，作为一个县委书记，我不能搞特殊！"

徐俊雅见老焦发了大火，只好把棉花票送回了县机关，棉衣、棉裤、棉被和棉袜计划也泡汤了。

焦裕禄对困难群众悉心关照，温暖体贴，可对自己家人的要求近乎苛刻。

一次，离他们家不远的地方，有一口大坑塘，塘内生有野鱼。焦裕禄发现此塘可以养鱼，就鼓励放养了几万尾鱼苗。有一天，养鱼的同志惦念焦裕禄帮助养鱼的辛苦，用水桶提来十多尾活鱼，请他尝鲜。孩子们见有活鱼，十分欢喜。二儿子跃进趴在桶沿上，直嚷着要吃鱼。正巧焦裕禄回来了，立即叫大儿子国庆把鱼送还了鱼塘，并告诉家人："集体的东西，我们怎能尝鲜？"

焦裕禄到兰考之后，徐俊雅的哥嫂对俊雅说了许多次，想让儿子新太到县委当个通信员。新太有文化，一手好字，一手好算盘。莫说做通信员，更重要的担子，也挑得起来。徐俊雅终于对焦裕禄讲起此事之后，焦裕禄简洁地回答道："我是县委书记，不能违反国家政策，随便用人。现在农业上需要知识青年，叫他在那个广阔的天地里好好干吧！"这让徐俊雅好长时间不敢登哥嫂家的门。

四

一天晚上，焦裕禄正在灯下看文件。大儿子焦国庆从外面回来，非常高兴，他说："爸，这么晚了您还没睡？"焦裕禄问道："你这么晚才回来，干什么去了？"国庆愉快地说："我去看电影了，是印度电影，可好看了。"焦裕禄问："你又没钱，谁给你买的票？"国庆说："我就说，我是焦书记的儿子，检票的叔叔就放我进了门。不但进了门，还坐在最好的位子上，我今天太高兴了！"焦裕禄看到国庆得意的样子说道："你居然敢打着我的旗号看'白戏'，还说是焦裕禄的儿子？"国庆说："本来就是您的儿子！"焦裕禄大怒，厉声问道："国庆，你看戏不买票对吗？"国庆说："我是小孩，没人在意。再说了，一场戏票不就两毛钱吗？"

焦裕禄见国庆敢犟嘴，喝令道："国庆，你给我站在那里别动！年龄小就知道占公家的小便宜，长大了就会贪大便宜，这是很危险的！"

这时徐俊雅过来打圆场说："就不能小点声和孩子说，别吓到孩子！"

说着拉过国庆说："国庆，快给你爸认个错，以后想看戏，跟妈妈说，妈妈给钱，可别再看'白戏'了！"

焦裕禄接着说："演员唱戏，是一种很辛苦的劳动，看'白戏'是一种剥削行为！"

国庆低着头怯怯地说："爸，别生气，我知道错了，以后再也不看'白戏'了。"焦裕禄看国庆认识到了自己的错误，语气缓和了些，他语重心长地教导说："孩子，记住，不光是不看'白戏'，任何侵害公家利益的行为都不行！从小就要养成公私分明、为人民服务的好品德，不要以为爸爸是书记，就搞特殊化。"

国庆含着泪点了点头。

第二天晚上，焦裕禄就带着国庆来到了剧场外排队买票，县委打字员小王看到后惊奇地发问："焦书记，你看戏也排队买票啊？"

焦裕禄问："小王你也来看戏？票买了吗？"小王说："买了。"焦裕禄问："几排的？"小王拿出票来："5排1号，正中间。"焦裕禄问："你认识卖票的人？"小王说："不怎么认识。他大概认出我是县委的，就卖我这张5排中间的号。"

焦裕禄掏出几块钱："你替我去买三张票，记住，千万别让他们认出你是县委的，看能买到几排的？"小王一脸疑惑。焦裕禄说："去吧。"一会儿，小王拿着票回来了："焦书记，这票是27排边上的，27排30、32、34号。咱俩换换吧，那里太远啦。"焦裕禄说："挺好的，你进去吧。"焦裕禄爷俩拿着票入场。检票员检票时，认出了焦裕禄："焦书记，您也来了。怎么还买票啊？"焦裕禄说："谁规定的县委书记可以看'白戏'呀？小同志，今天我多买了一张票，因为我儿子昨天看戏没有买票，所以应该补一张。"

国庆说："阿姨，昨天我看了'白戏'，我错了。"检票员说："孩子喜欢看戏，这有啥，焦书记你是不是批评他了？"焦裕禄点点头："今天带他来看戏，首先是让他向你们认错，以后不会发生这样的事情。好了，我们进去了。"

剧场里，观众陆续入场了。县委常委李成带着老婆孩子进来了，工作人员把他们毕恭毕敬地带到第二排，坐在正中间的位置。又有几位县里的领导入场，工作人员把他们引到了前三排。

开戏的第一通锣鼓敲响了，喧闹的剧场渐渐静下来。焦裕禄父子的票在27排，刚坐下，礼堂主任打着手电赶过来了："焦书记，您怎么坐这儿啦？"焦裕禄借着手电光看了看椅子上的牌号："没错呀，是27排32、34号。"礼堂主任说："焦书记，你们还是坐到前排去吧，第三排有给县委领导留的座位，这是老规矩啦。"

焦裕禄说："我买的就是 27 排的票，对号入座这是规矩，规矩面前人人平等。如果都不按规矩来，这个社会秩序不就乱了？乡下群众轻易不进趟城，看戏的机会少，前排的位置工人买了工人坐，农民买了农民坐，就是不应该让领导坐！"礼堂主任见说不动，只好走了。第二通锣鼓打起来，大幕徐徐拉开。观众中有人议论："焦书记来看戏了。""是吗？在哪儿？""这不，27 排。""怎么会是 27 排，前三排不都是给县领导留的吗？""焦书记坐 27 排了，看看咱们老三排的'排长'这回怎么坐得住！"有人在李成耳边说："焦书记来了。"李成往前排和两边看看。那人说："没坐领导席，坐在 27 排了。"李成问："真的？"那人点头："自己买的票进来的。"李成赶忙站起来："那咱还能坐这儿呀？"前排的县领导们也纷纷离开座位，自觉地坐到后排去了。

第二天，焦裕禄在县委常委会上专门提出了看"白戏"的问题："同志们，今天在常委会上，我得先做个检讨。我的儿子焦国庆以县委书记儿子的身份看了一场'白戏'。虽然第二天票补上了，但这件事给我的触动很大。我没有把自己的子女教育好，所以才让一个孩子小小年纪就滋长了特殊化的思想。看戏是件小事，却能反映出我们的干部作风。"

常委们有人悄悄议论。焦裕禄继续说："县委的一位打字员，去买票时人家剧场的人认识她，知道她是县委的，卖给了她一张 5 排中间的号。我说，我给你一元钱，你到窗口排队去买，别让他认出你是县委的，看能买到几排的票。结果买到的是 27 排最边上的票。"

大家笑了。焦裕禄点上一支烟："剧场里有个不成文的规矩，而且很多年一直坚持着，那就是第三排的座位不卖票，是给县委领导留的。时间一长,群众把坐这排的人称作老'三排',把经常坐中间位置的领导称作'老三排排长'。"大家把目光投向李成,李成一脸不自然的神色。焦裕禄说:"我想,从今天起,我们要废了这个规矩。这个'老三排'排长,我焦裕禄当然不当!县委已经发了一个《十不准》的通知,不准任何一位干部用任何方式搞特权,不准任何干部和他们的子弟看'白戏'!各级党委和各部门的同志,要模范地执行党的纪律,带头发扬党的优良传统,任何时候决不能搞特殊。"

这几天,焦裕禄的心情一直平静不下来,督察组的调查情况通报接连不断送到他手上,他觉得好像有一把锯子在锯着自己的灵魂,让他的灵魂隐隐发出绵长的疼痛。

五

大女儿焦守凤初中毕业了,全家人都为家中有了一个初中毕业生而高兴。唯独守凤愁眉苦脸,为没考上高中而深躲家中。焦裕禄说:"没考上学就干别的,革命工作多得很。整天闷闷不乐,像个革命青年的样子吗?"

守凤不服,一声未响。焦裕禄乐呵呵地道:"初中毕业就不简单了!咱家几辈人谁上过中学?你就是咱家的秀才啦!没考上高中,就上农业大学,参加体力劳动。"

守凤一听,马上摇头。焦裕禄说:"不去农村也可以,就去当理发工人!"

守凤疑惑地望着县委书记爸爸,不敢相信自己的耳朵。焦裕禄交给她几本书,和和气气地告诉女儿:"这几本书里,介绍了好几位知识青年参加劳动的光荣事迹。你可以看一看,想一想,再把感想讲给我听。"

县委书记的女儿毕业了,许多人都来介绍工作,有人说小学教师有缺额,有人说邮电局招收话务员。焦裕禄,这位毛主席的好学生恰恰像他的老师毛泽东那样——不许自己刚从苏联学习归来的儿子留在国务院,只许他拥有下乡劳动的权利。焦裕禄告诉那些关心女儿的同志:"不能让守凤去干这些工作,不能让她染上厌恶劳动的不良思想。她长这么大,还没有参加过体力劳动,一定要找个又脏又累的活儿让她干,补上劳动这一课!"

还在女儿初中学习时,便有了因穿戴破旧而遭同学奚落的经历,守凤自尊心受到伤害,向爸爸抗议:"我这书记的女儿,谁也不如!"这让书记吃了一惊,立即反驳了女儿:"书记的女儿难道就高人一等?干部子弟只能带头吃苦,党期望你们成为革命事业的接班人,你夏有单,冬有棉,比起老一辈的革命者、创业者来说,已经好得没法比啦!"

他亲自将守凤送到食品加工厂,对厂长说:"守凤到你们厂做临时工人,进行劳动锻炼。分配工作时,你把她分到酱菜组,这对改造她怕脏怕累的思想有好处。你们不要以为她是我的女儿就另眼看待,应该对她的思想、工作抓得更紧,要求更严!"

参加工作不久的守凤向爸爸汇报思想:"厂里叫我挑着担子给门市部送酱油,当时我觉得不好意思。后来想起了党的教导和爸爸的教育,就挑着担子走在了大街上。熟人们看见了,不但没笑话,还夸我呢!"这位县委书记爽朗地大笑:"好女儿,你有了进步,爸爸高兴啊……"

人民的勤务员

一

焦裕禄十分关心基层干部的教育问题，他主持召开了兰考县委扩大会议，会上他以沉重的、严肃的神情发表了"关于加强执政党建设问题"的长篇讲话，他说："加强执政党的建设和基层党组织的建设，是个大问题。我们每一个党员必须认识到，革命不是为了做官，而是为了勤勤恳恳地为人民服务。书记受党委会领导，和委员之间的关系是平等的。执政党搞不好，会亡党亡国！过去做个党员不容易，现在就更不容易。一个党员，贪污多占，不深入群众，高高在上，这就是变质。共产党员在任何时候都应坚持原则，在任何环境中都不能动摇。要经得起考验，在任何成绩面前都不可骄傲自满，要吃苦在前，享乐在后，任何职务的干部都是人民的勤务员。"

针对农村文艺宣传工作，他说："对农民进行社会主义思想教育。搞不好，就会被封建主义、资本主义的东西占据地盘。使封建主义、资本主义的思想泛滥起来，像病毒一样去毒害群众。各级党组织，要认真加强对政治思想工作的领导。要宣传和订阅《农民报》，文教局、文化馆要组织适合农民阅读的图书下乡，经常供应一些适合农村演唱的材料。逐步将过去农民喜爱的俱乐部、夜校恢复起来，教他们学文化，请转业军人向青年讲些革命斗争故事，请老党员向青年讲些党的艰苦奋斗历史，进行阶级教育。有条件的地方，可以有领导地适当开展一些体育活动，放映一些电影。这都有助于提高群众的社会主义觉悟和促进生产。另一方面，要坚决取缔那些封建迷信和黄色的文娱活动，杜绝一切不正当的文娱活动。一切野蛮、恐怖的表演，必须坚决清除。县委宣传部和人委文教部门应该研究向业余剧团公布一批不准演出的坏节目，同时积极组织或推荐一批适宜演出的剧目和材料。"

针对部分干部、党员中的畏难情绪，缺乏战胜"三害"信心的思想，他说："毛主席教导我们，'我们的同志在困难的时候，要看到成绩，要看到光明，要提高我们的勇气。'"

他说："我们要以'一分为二'的观点看待兰考形势，既要看到困难的一面，又要发现有利的条件。我县虽然连遭了几年灾害，给全县人民带来极大的困难，但我们有党中央毛主席的英明领导，有36万勤劳的人民，只要在座的同志能够挺起腰杆，带领群众发挥最大的积极性，思想振作起来，迎着困难上，再大的困难也能够克服……"

焦裕禄宣布了一个决定："从今天开始,原劝阻办公室改为除'三害'办公室。风沙、内涝、盐碱这三害不除，我们兰考就永远摆脱不掉一个'穷'字。这不是换一块牌子的问题，而是换一种思路。除'三害'办公室由县委副书记张奇同志兼主任。"

他喝了口水继续说："昨天程县长到几个公社调研，一些群众对个别公社干部意见很大。程县长写了个材料——《看部分党员干部的思想作风恶劣到何种程度》。"

很多人吓了一跳，脸上露出惊异的表情。焦裕禄说："是不是程县长这个题目把大家吓住了？这不是危言耸听，更不是捕风捉影，而是一个真实的情况反映。程县长你讲一讲。"

程世平说："材料一会儿发给大家，可以详细地看看。简单地说，某些公社干部的问题非常严重。他们不执行按劳分配政策，有的严重贪污多占，甚至雇工剥削，放高利贷，损害集体利益，使得群众的劳动积极性受到了严重挫伤。这样的干部应该严肃处理！"

最后，焦裕禄说："同志们，程县长的这份材料，可以作为县委、县政府的一个通报发到各单位，在全县各级干部中展开讨论。我们开展讨论的目的，就是结合社会主义教育运动，端正干部的作风。还是那句话，'干部不领，水牛掉井'。领路的干部是决定的因素。我们刚才谈到除'三害'，要除掉兰考的'三害'，就要清除干部队伍中的病害！"

最后他说道："没有抗灾的干部，就没有抗灾的群众。"

这次县委扩大会统一了思想，纠正了一些存在于干部身上的错误观念。

二

第二天,焦裕禄又下乡了,他和小刘骑自行车来到离张君墓公社不到十里地的王大瓢村口。

小刘问:"焦书记,咱们是先去公社还是先进村?"焦裕禄说:"那咱们先到村里看看吧,张君墓公社我一直想来,就没安排上。王大瓢村的情况不知咋样?"小刘说:"王大瓢村情况不太好,受灾挺重的。"焦裕禄说:"那就更应该去。"

两个人进了村。小刘突然喊叫起来:"焦书记,你看,咋这村的墙上都晒着牛皮呢?"

焦裕禄抬头一看,果然见几家屋墙上都晒着牛皮。他也纳闷了:这么多牛皮咋回事?他们走进一个生产队的饲养棚。空空的牛棚,空空的木槽,墙上挂着生轭、牛缰绳,墙上钉着几张晒干的牛皮。一个老汉在清理牛圈里的干牛粪。焦裕禄走过来:"大叔,干活儿呢?"老汉说:"有啥活儿干?不在这里待着,心里空。"焦裕禄问:"大叔,贵姓?您是饲养员?"老汉说:"俺一个喂牲口的,姓王,没啥大名,都叫俺王爱牛。"焦裕禄问:"大叔,这墙上钉着牛皮是怎么回事?"

王爱牛说:"牛没草吃,都饿死了。"焦裕禄问:"都饿死了?饿死了多少?"王爱牛说:"俺村六个生产队,三十多头牛,如今死得一头都没有了。"他指着墙上的牛皮:"同志啊,我摆弄了一辈子牲口,对牛亲得像儿女。你看这张牛皮,是咱队里最棒的一头大黑腱子,大力神,脾气也最倔,干活顶一台拖拉机。这张黄牛皮,它也是队里的功臣,下过四个牛犊子。没草吃的时候,它们一宿一宿脖子朝天吼叫啊，叫得人心里发麻，像刀子剜着一样难受啊。"

王爱牛哭起来："地里草根剜光了，到外村找了一捆陈年豆秸，砸成碎屑，六头牛三天喂一簸箕。那是牛啊，饿得半夜里把槽帮啃得'咯吱咯吱'响。那天夜里我拿着半个糠团子来喂大黑腱子，它倒在槽底下站不起来，我抱着它的脖子，看见它满眼是泪，那泪像泥浆一样，浑黄浑黄。我家里也饿死了两口人，实在顾不上它们……"

焦裕禄眼里溢满泪水。王爱牛问："同志啊，你也喜欢牛？"焦裕禄点点头。王爱牛说："牛跟人的心是通着的。牛马比君子，喜欢牛的人心眼善。大队里牛死了，我天天都待在这饲养棚里，看看这几张牛皮，就像看见它们一样啊。"焦裕禄眉头紧锁："那公社里不管啊？"王爱牛说："公社的干部忙哩，书记主任天天喝得像醉猫。说个笑话，有天公社书记钱二广醉了，当街吐了一地，狗吃了他吐的东西，也醉了。牛饿死了，他们问也不问。剩了一头牛，这不快过年了，公社干部弄去杀了。"

焦裕禄的手在发抖。

他和小刘立即赶到了张君墓公社，一进公社大院就闻到一股浓烈的酒精味，院里血迹斑斑，一张带血的牛皮搭在一根晾衣服的钢丝绳上，血淋淋的牛头被放置在地下，一双溜圆的大眼睛似乎在发泄愤怒。焦裕禄和小刘快步走进办公室，被眼前的一幕惊呆了：公社书记钱二广和主任及公社干部十几人，围在用办公桌围成的临时餐桌前，桌上摆着一大盆热乎乎的牛肉，桌下面排着一溜喝完的空酒瓶子，钱二广红着脸、醉眼蒙眬地和几个干部轮流划拳，"五魁首啊，六六六啊……"

焦裕禄的到来使他们一下子安静了下来，钱二广刚要站起来，可是身体晃悠了几下又一屁股坐在了凳子上,革委会主任赶忙说:"焦书记,您来咋不提前说一声,我们好等您一块儿吃!"焦裕禄指着他们声音颤抖着说:"你们哪还像人民的公仆,地地道道的蛀虫,王大瓢村的牛都饿死了,一头牛都没有了,你们还在吃牛肉,你们是在喝老百姓的血!"

说完,拿起地上的一个空瓶子狠狠地摔在地上,瓶子被摔得稀碎……

回到县里,焦裕禄马上召开了常委会,经常委会讨论决定:给予张君墓公社党委书记钱二广和公社革委会主任留党察看、撤销职务处分,其他参与的干部党内严重警告处分。同时决定,派临时工作组到张君墓公社帮助进行整顿。

工作组到张君墓后,对多吃多占的干部进行查处,谁多占谁退出,谁吃喝谁交钱。对不合理的救济,由发放人员清退。干部留的机动粮,一律收回。统销粮的发放,由群众评议,讨论后再分到户。同时,发动群众下地割草,挖茅草根,从统销粮中提取部分,以工代赈:每交队里十斤干草,便可换取一斤粮食。这样便可做到"牲口与人,各得其所"。没几天工夫,该队便收草几万斤,既对人做到了合理的救济,也保住了其他牲畜的生命。

三

有一天,焦裕禄惦记着张君墓公社的整顿工作,他叫上县委通信员李忠修亲自去看看。李忠修提议:"焦书记,县城距张君墓约80里地,路途太远,我让司机班准备车去。"焦裕禄回答说:"就这一部破车,咱们饶了它吧!省它些力气,好为年弱有病的老同志服务。再说,它不是个好东西,因为隔块玻璃,群众给你说话,光见张嘴听不见声音,双方干着急,还因它只顾跑得快,步行的群众跟不上,给咱们拉大了距离,脱离了关系。车一跑还扬尘土,路旁的东西看不清了,连走马观花也难!咱还是骑辆自行车,舒舒服服地逛一逛吧!"

李忠修聪颖机敏,当然听得懂这番话的寓意,推了车子便随焦裕禄上路了。焦裕禄骑着他那辆有11个年头,除去车铃不响,其他零件都响的老牌"飞利浦"车,走在前面,李忠修骑着一辆28横梁旧自行车跟在后头,行至葡萄架公社西面的坡地,李忠修的车子"咔"的一声掉了链子,前不着村,后不靠店,李忠修着急地说:"焦书记,这辆破车关键时候掉链子了。"焦裕禄找来一根树枝,挑住掉下的链子,用手转动转盘,咔嗒一声链子归位了,李忠修说:"焦书记,您还会修自行车?"焦裕禄说:"只能解决暂时,骑一段说一段吧!"二人继续前行,正如焦裕禄所言,没走多远李忠修的车链子又掉了,焦裕禄从自行车的后座上解开了一条绳子,一端拴在李忠修的车把,要拖带着走。李忠修不好意思了,说:"焦书记,还是我骑'飞利浦'拖着你吧!"焦裕禄答:"我的马不听你使唤。快上车,看我的驾驶技术高低!"

也许是老天作对,此时竟下起毛毛细雨,焦裕禄带了一件雨衣,递给了李忠修,李忠修说:"焦书记,这怎么行,您身体还有病,还是您穿着吧!"

焦裕禄说:"小雨你穿,下大了你可得还给我!"

李忠修知道犟不过他,只好穿上了。雨越下越大,李忠修就要脱下雨衣还给焦裕禄，被他制止了还板着脸道："你要理解词意才行，我说的是大雨我穿，现在是中雨，怎么就归我？"

二人争吵着，要去问气象台是"大"是"中"。此时，雨水如乱箭横飞，击头射脸。李忠修脱下了雨衣据理还衣。焦裕禄在雨中大笑道："傻小子，我都淋透了，穿它还有何用？你穿着吧！下一回，我再傻也不会先让你穿了！"

李忠修自知"上当"，后悔不及，事已如此，也只好听之任之。

四

一天夜里，焦裕禄接到办公室主任卓兴隆的电话："焦书记，明天的办公会我参加不了了，家属突发疾病，需要连夜送到医院治疗。"焦裕禄说道："你赶快先送医院，我一会儿去医院！"卓兴隆放下电话，此时已有几个同事得到消息赶了过来，大家把卓兴隆的爱人抬上担架送往医院。在医院急诊科，值班医生看了一下卓兴隆的爱人说了句："你们来迟了，人不行了，抬回去吧！"卓兴隆哀求说："医生，能不能先住院检查检查再说？"医生说："已经没有治愈的希望了，再说医院也没有床位了。"正当大家一筹莫展之时，焦裕禄风尘仆仆地赶到了医院，简单了解了情况后，他径直来到了院长办公室，对值班院长说："人死也要死到病床上，只要还有一口气就要进行抢救，哪有把病人拒之门外的道理？"院长见县委焦书记亲自过问此事，马上安排了卓兴隆妻住进了医院病房，并连夜到开封市请名医来会诊。

第二天，当得知病人需要输血而院方又缺少血浆时，焦裕禄又立即号召县委带头献血，在县委领导带动下，解放军、搬运工，还有病人的亲戚、邻居都纷纷献了万能的"O"型血，病人终于得救了……卓兴隆对其子女说："要不是焦书记有肝病，他自己也会献血。你们要永远记住，是焦书记给了你们的妈妈第二次生命。"

还有一次，焦裕禄正在办公室批改文件，肝病发作了，他用笔顶、用烟灰缸压，用尽了各种方法都无济于事，他只得到县医院去看医生，他在内科门诊部按秩序排队候诊，当前面还有一个人马上就排到他了，这时，突然一副担架抬入了室内，患者为三岁左右的幼儿，呼吸急促，面色青紫，神志昏迷，生命垂危。

医护人员立即施行抢救，病儿渐醒，危险解除，医生开好了住院单，可是患儿的妈妈却突然放声大哭。焦裕禄上前问道："你不去赶紧办理住院手续，哭什么？"患儿的妈妈哭着说："哪有钱交押金？"患儿的爸爸也在唉声叹气。

焦裕禄安慰说："别急，我去跟医生说说看。"患儿的妈妈哭得更厉害了。

他严肃而不失亲切地告诉医生："我是焦裕禄，请你们按正常的方案治吧！经济上的困难有党解决。"

说完他立即给患儿的家长写了一张字据，递给患儿的爸爸说道："请你到城关公社领取为幼儿治病的救济款。"

患儿的妈妈一下子跪倒在了焦裕禄的面前："您可真是俺的大恩人啊！"

焦裕禄赶忙把她扶起来说道："别这样，孩子看病要紧，我们兰考还很穷，老百姓受苦了！"

在场的人们知道他就是县委书记焦裕禄时，都递来了敬佩的目光。

五

1962年早春,一列火车缓缓驶进了江苏省徐州火车站,一位蓬头垢面的中年男人,后面跟着几个大大小小的姑娘从火车上走了下来,一个挺着大肚子的孕妇,走在最后面。那位蓬头垢面的人叫张老三,最后面那个挺着大肚子的孕妇是他妻子,由于兰考受到严重的自然灾害,吃不饱穿不暖,一家几口只好到徐州逃荒要饭去了。

刚到徐州没几天,当一家人走到一个上不着村、下不着店的荒郊野外时,张老三的妻子临产了,随着一声婴儿的啼哭声,一个男婴降生了。张老三和妻子用割草的镰刀割断了脐带,并为其取名张徐州。

看着这个漂亮的男儿,张老三既激动又无奈地说道:"我们张家有后了,可惜你生在逃荒的异地他乡!"

几天过后,张老三带着一家人又爬上了西去的火车,回到青黄不接的家乡。一天天过去,眼看着小徐州快满周岁了,全家人非常高兴。一个晚上小徐州却突然发病:由热到冷,由冷到热,浑身颤抖,抽搐,呼吸减弱,面色青紫,生气顿消……全家人慌作一团,毫无办法。张老三摸了摸小徐州的鼻孔,气息全无,摇了摇头说:"可怜的娃,你与张家无缘!"说完,他用一把干草包卷了儿子,放入一个张口的箩筐之中,准备背出村扔掉。妻子拽着箩筐哭得死去活来。

哭声惊动了正在该村访贫问苦的焦裕禄,他来到了张家,看到了干草和箩筐里的孩子,立即蹲下身去,伸出他的大手触摸着箩筐里的孩子的眉心和口鼻,本来生息在有无之间的小儿,却在此时鼓起最后的一丝力气,使口鼻之间呼出了少许热气,使这位面色忧郁的县委书记精神一振而高呼道:"不要扔掉,这孩子还有口气!"

众人围拢上来,果见那小儿双眼半睁开来,似还翕动了一下小小的口唇。

焦裕禄嘱咐道:"只要还有一点希望,就要把孩子救活,我写上一封信,你们马上送孩子到医院!"孩子的母亲颤颤抖抖,不相信自己的耳朵,那位父亲露出怀疑的神色。

焦裕禄喊道:"愣着干什么,还不快送孩子去医院。"

人们似乎清醒了过来,急急忙忙把孩子放到独轮车上,推着独轮车向县医院赶去。

一路上,张老三时不时摸摸小徐州的鼻孔,恐怕没了气息,独轮车推进了医院门诊室,医生和护士守候已久,原来焦裕禄早就打来了电话,让他们全力抢救这位农民的儿子。

又是挂吊瓶,又是打急救针,一阵紧张地忙碌后,小徐州哭出了声,病情已趋好转。

夜深时分,焦裕禄从葡萄架赶回,亲自到医院看望了小徐州,当他看到孩子病情好转,还睁着眼睛四处看时,他才放下心来,认真地嘱咐医生:"这是农民的后代,你们要尽最大的努力把他治好……"

几天后,在医务人员的全力救治下,孩子康复了。

医生这才对张老三夫妇说出了一句心里话:"不是焦书记的安排,说什么我们也不敢接这个本来没有希望的病号,这孩子是焦书记给捡回的一条命啊!"

孩子出院的那天,焦裕禄又赶到了医院,他的眼中盛满了慈爱与欢喜,好像救活的是他的孩子。从此,这个被救活的孩子不再叫

"张徐州",而改名叫"张纪焦",深含了感激焦裕禄之意。

六

7月的兰考大地骄阳似火,酷暑难耐,焦裕禄带领除"三害"办公室的人骑着自行车下乡检查生产情况,走到五爷庙村南时,他们全身上下的衣服已全部湿透。突然发现公路旁有一个瓜园,碧绿的西瓜滚满园中,同志们纷纷建议:"焦书记,我们买个西瓜吃吃,歇息一下再走吧!"

焦裕禄想了一下,微笑着回答:"我在这里住过队,社员们都认识我。我们买瓜,他们会不要钱或少要钱,群众影响不好。别在这里休息了,还是到村里喝凉茶、喝冰水,那该多么痛快!"

随行的同志哭笑不得,只好作罢。

当他们来到孟角大队时,正值日当午,人人汗流浃背。孟角人看到焦书记热成那个样子,忙叫人从地里摘来几个大西瓜,钢刀斩切后,红、黄、白三色沙瓤西瓜摆满一桌,煞是好看,诱人口涎。同志们心中非常想吃,却听到了焦书记的解释:"我们刚在北村喝了茶水,谁要渴,就再喝点水,西瓜不能吃,谢谢大家的好意。"

一位队干部说道:"焦书记,西瓜是自己村里产的,大热天的吃一块解解暑,也不算违反纪律吧!"说完拿起了西瓜,硬塞进大家的手中。你推我让了好一阵子,焦裕禄未开口,谁也不吃。

正巧有几个下工的社员路经此处,焦裕禄拿起了几块西瓜迎上前去,并且大声地说道:"来,吃西瓜,瓜是你们种出来的,理应你们先吃。你们在田里锄草,晒黑了背,累弯了腰,功比我们大。"

同志们听书记如此言语，纷纷起身，给社员们送西瓜，相互道情的话语，响成一团火热。

太阳快落的时分，他们走在了黄河大堤上，焦裕禄触景生情，讲出了一段寓意深刻的话：

"黄河大堤是由一粒粒土堆积而成的，如果发现一个小孔而不及时堵住，日后就会出大问题，正所谓'千里之堤，溃于蚁穴'。干群关系也是如此，不注意小事，不从小事做起，干部的形象、群众的利益都会受损失。"

七

在灾害严重的时刻，焦裕禄和秘书小刘来到了土山砦大队蹲点，到村里后，他来到大队部，却发现大队部大门紧锁，有几位老大爷、老大娘在墙根下晒太阳。焦裕禄走过去微笑着说："大爷、大娘，大队部咋没人呢？"

这一问，大爷大娘们像炸了锅一样，议论纷纷，一位大爷说："如果你是来找大队干部的，趁早回去吧！"焦裕禄说："为啥？"大爷说："你不知道，俺村里村干部都撂挑子了，支部书记不干了，到城里闺女家躲清闲去了，村委副书记就知道要救济、争粮款，近期也不知去哪了？村长兼妇女主任刘兰芝倒是还没走，可人家也不愿管事……这大队部天天没人。"

焦裕禄听了大爷的一番话，陷入了沉思，他决定先从妇女主任入手，逐步恢复该村的正常秩序。

焦裕禄问大爷："大爷，您能带我去见刘兰芝吗？"大爷说：

"中！"他带着焦裕禄一行,边走边说:"刘兰芝也是个苦命人,前几年她男人得病死了,自己带大孩子不说,她婆婆天天看着她,只要她跟男人说话就骂她,村里的事也多,谁家有个鸡毛蒜皮的事也都找她,前段时间她因给逃荒的难民开介绍信又被处分了,哎……"

大爷的话使焦裕禄对这位村长兼妇女主任有了一些了解,来到她家门前,秘书小刘敲门,院里传来了女人的声音:"别敲了,有事爱找谁找谁,大队的事我不管了!"小刘说:"刘兰芝同志,快开门,县委焦书记来看你了!"

刘兰芝打开大门,焦裕禄和小刘来到院里,刘兰芝说道:"焦书记,我这个村长兼妇女主任真的不能干了。"

没等焦裕禄说话,她抡起大镐,劈起大树墩来。焦裕禄来到她面前说道:"这哪是女同志干的活,还是我来吧!"说着就去抢刘兰芝手中的大镐,被刘兰芝挡住了:"您是县委书记,俺可不敢劳驾。"焦裕禄边上前抢大镐边说道:"刘兰芝同志,我啥活没干过,我推过油桶、下过黑窑、耕过地、拉过耩……这点活算什么!"

刘兰芝抡起大镐说道:"你离远点,碰到你俺可担当不起。"她一镐劈到树墩上,怎么拔也拔不出来,焦裕禄说道:"我来!"他往手里吐了吐唾沫,连晃带拔几下就拔出来了,他抡起大镐三下五除二就把树墩劈开了,一会儿工夫,木柴堆了一堆。此时,小刘帮着她家挑水回来,焦裕禄说:"刘兰芝同志,还有什么活没干完?"刘兰芝说:"焦书记,俺出去借点面烙饼。"

焦裕禄一把拉住她,说:"不用借面,今天就在你家吃饭,有什么就吃什么!"

他主动帮她烧火,在烟熏火燎中继续说:"我知道你是个贫农,过去吃过不少苦。我也受过苦，坐过鬼子的牢，下过鬼子的窑，逃过荒，做过长工。而今，咱们都成了共产党员，吃了一锅饭，还不能说一家话吗？"

刘兰芝再也忍不住了，她委屈地哭着说："老实说吧，俺知道你焦书记是个好人。如你再晚来几天，肯定见不着我啦！生产队干部在门口吵，社员们在院里闹，孩子在床上哭，婆婆在屋里骂……我一个妇道人家，又有甚能耐……"

焦裕禄平心静气地说："同志，你想想，群众有困难不找咱，你叫他们找谁去？"

刘兰芝无言以对："是啊！我是村长兼妇女主任，群众在困难的时候，不来找我，找谁呢？"

她说："焦书记，我真不应该在这样的关头临阵脱逃。"

焦裕禄问刘兰芝："你们支部里谁的威信最高？"刘兰芝说："9队队长，他是一个70多岁的老汉，白发苍苍，无儿无女，经常独自赶着牲口去犁地，牲口休息，他割草。牲口吃草，他剜野菜，以充饥肠。在收获过的田地里，他捡拾一把豆子，也要交给集体。打谷场上，他把队里的草垛收拾得有边有沿。群众信赖他，尊敬他。"

焦裕禄对刘兰芝说："明天你把你们刘北书记请回来，我带他一起去拜访9队队长。"

第二天，焦裕禄带着那个躺倒不干的支部书记刘北来到9队，请他看，请他听，请他想想：人家老队长这般模样，自己又该怎样？与榜样相对照产生的反差，使土山砦支部书记刘北羞愧难当，也因而幡然悔悟，下定了领导群众救灾的决心。

焦裕禄在土山砦召开了社员大会，焦裕禄问土山砦党支部的干部们:"看见我们的群众了吗?干部不领,水牛掉井!你们不要被灾害压趴在地上,爬起来领着群众干吧!现在,国家给你们两根拐棍:一根是发给补助粮,支持挖河排涝;一根是发给扶助款,帮助植树造林。我们因灾受了伤,但挂起国家发给的双拐,就应该站起来走抗灾救灾,发展生产的路,不能再叫人背着走扶着走,咱们得自己走。大道在前面,我们会强壮起来,最终丢掉这两根拐棍!"

之后,焦裕禄结束了在土山砦的蹲点,回到了县委。

黄沙情绿色梦

一

一天寒风凛冽,焦裕禄和除"三害"办公室的同志骑着自行车,迎着寒风来到了城关公社老韩陵大队考察灾情,一进村庄就看到一所小学的白墙上写着一行大红字:兰考三件宝,泡桐、花生和大枣。焦裕禄指着墙上的字说:"咱兰考这三件宝都与沙地有关嘛!"办公室主任兼除"三害"办公室副主任卓兴隆说:"民间还有一种说法,要想富,栽桐树;挖穷根,种花生;要过好,栽大枣。"听到这种说法,焦裕禄停下来略有所思地说:"对呀,这不就是治沙的良策吗?"

焦裕禄对除"三害"办公室的同志说:"若想根治'三害'中极为凶顽的'沙害',就必须把全县1800平方公里土地上的自然情况摸透,掂一掂兰考的'三害'究竟有多大分量,'沙害'又有多大分量。"

为了考察沙地情况,焦裕禄带领除"三害"办公室的同志与仪封区的干部在仪封以南的地区,看了十来个村庄。

所到之处,他看到的是一片白茫茫的荒沙地,麦苗多被风沙打死。在野庄,他记下了群众传唱多年的歌谣:

> 常庄、徐庄、野庄头,
> 三个沙村一头牛。
> 绳耙犁套全无有,
> 大道也是独车沟。

另一首的歌词非常形象化,似是文人墨客创作:

> 每当风沙起,
> 平地堆沙墟。
> 日头正当午,
> 家家灯不熄。

仪封当地干部对焦裕禄说:"焦书记,仪封的风沙只是兰考沙海的一角。"焦裕禄听后大为震惊。回到县委后,他提议抽调多达120名干部、老农和专业技术人员,组成了一支"三结合"的调查队,在兰考展开了大规模的追洪水、查风口、探流沙的调查研究工作。

一天早晨,焦裕禄和调查队员沿着黄沙漫漫的黄河故道前行,眼前便是被一望无际、雾霭沙尘迷蒙于昏黄的天地之间萧索的村落,若隐若现,仿佛是一霎间,西北方向猛然升起一股赭黄色的沙柱,拔地而生,冲天而起,由低而高,接云触天。沙柱逐渐粗大,在打旋,在嚣叫,俄顷,沙柱分作两股,一股奔东南一股奔西南,风驰电掣,遮天蔽日。焦裕禄挥手一指,大声问调查队员:"现在起风的是什么地方?"一位队员答道:"黄河滩!"他接问:"哪一个村庄?"那位队员答道:"朱庵村!"又接问:"会落到哪里去?"队员们答道:"还不清楚……"

焦裕禄手指天空,画了一个大大的弧形,大声喊道:"你们看嘛,风有风路,沙有沙路,水有水路,人有人路,一点不乱。这风向沙路的规律,我们必须弄个清楚!"

他们顺着风沙游走的方向穷追不舍,观察着,议论着,喘吁着,一直追到了胡集村的东头。又一阵疾骤的风沙卷扑而来,焦裕禄把自行车平放于沙地,与同行者一样,眉眼口鼻之中,都灌满了飞沙尘埃。

这时,他开始察看地里的庄稼,并且发出了痛心的惊呼:"北边的庄稼都被刮平了,那边的一片被连根拔起了!"

随行人员回答他:"这儿是个风口!"

又一个春日的早晨,黄风骤起,飞沙蔽日。焦裕禄带着满身的沙尘冲进了县委办公室,大声地招呼着其他的同志:"走吧,同志们,在这种天气里,正是发现风口的好机会!"

他说:"哪里风沙最大,就到哪里去!仪封公社不是有很多沙丘吗?就到仪封去!"

大家紧随着这位领路人,形成了冲锋的队列迎着风沙走,吸吐着满鼻满口的沙尘,涉过一个又一个的沙丘。

他边走边问:"这地方原来有没有树?"卓兴隆说:"没有。"

他感慨道:"要是在这一片片沙丘上都种上树,筑起一道防风墙,这里的几千亩庄稼不就保住了吗?到那时,沙丘地变成了绿洲,一派郁郁葱葱的景象,那是画家的彩笔描绘得出来的吗?"

他们一直观察,直至太阳西斜、风平沙落之时,才带着所得的数据和资料回到县委。

二

1963年1月的一天,天气正寒,焦裕禄带着李忠修下了沙丘,骑着车子冲过路上的薄冰,走到一处细沙飞尽、麦苗全毁的地方,焦裕禄问:"忠修,你听没听说过这样一句话:沙丘一搬家,庄稼没了妈?"李忠修回答:"听说过。"他又问:"忠修,你知道全县有多少这样的沙丘吗?"李忠修说:"没统计过。"焦裕禄说:"知己知彼,才能百战百胜。要想根治'三害',必须查清它的数量和分布情况,我要亲手掂一掂兰考'三害'的分量!"

他们飞快地骑着,北风卷起的阵阵飞沙,打在他们左半边脸上,很快他们来到了汤坟村,东面的大堤,高耸入云的测量架格外显眼,如果爬上它的顶尖,便可俯视大半个县境。焦裕禄他们推着车子爬上大堤,接着又攀上了测量架。

焦裕禄站在架上,转着身子四面打量。大片的沙丘,被太阳照得白晃晃发亮,像银色的丘陵。丘陵的前方便是几千亩的庄稼地,黄沙飞扬起来,黄烟滚滚,喧声阵阵,冰雹般、乱箭般击打着庄稼的嫩苗,惨不忍睹。

焦裕禄凝神于北方，沉思不语，良久，他才缓缓地说道："忠修，你看，那边有三股黄烟不停地飞扬，就是三个风口。"他在笔记本上做下了笔记，画下了草图，标明了位置。一阵大风吹来，他不由打了个趔趄，险些摔下高架，待他稳住了脚步，意味深长地笑道："风沙向我们示威呢！现在是它压我们，总有一天，我们要把它压下去。还是毛主席说得好，事物发展到一定程度，总要向它相反的方面转化。重要的是我们要和群众打成一片，创造人力压风沙的条件。"

从测量架上下来，他们骑车北去，路上全是沙窝，不时将车轮深深地陷下。猛烈的风沙一阵紧似一阵，疯狂地扑打拦截着他们，根本睁不开眼睛。实在骑不动车了，只好推着走，有时前进一步，又被风顶退两步，汗头汗脸皆粘满沙尘，变成了泥头泥脸。

从这片沙丘向南望去，可以看到大堤南岸的白茫茫的盐碱地，像铺雪的原野银光闪闪。焦裕禄默望了半天，喃喃自语道："要是能把一座座沙丘压到盐碱地上，那该有多好哇！这里的群众不是总结出了'沙压碱，赛金砖'的谚语吗？可是怎样去做呢？"他像是问李忠修，又像是问自己，问沙丘。

中午时分，他们来到了仪封公社。焦裕禄和李忠修在食堂里每人买了一个馒头，夹了些咸菜，来到公社书记崔殿普的办公室，边吃边向他了解工作、生产和社员生活等情况。崔书记看着他们口干舌燥地吃馍，便从抽屉中拿出几个苹果，说："焦书记，这是我们仪封果园种的，你们尝尝。"

焦裕禄怎么也不肯吃，崔书记无奈，临走时他把几个苹果硬塞进了他的提包里，焦裕禄看了一下，没说什么。返城之时，焦裕禄说："忠修，到磨骨寨你家里看看吧！不过五六里的路嘛！"

到了李家，李母指着儿子和焦裕禄心疼地说："看你们兄弟两个，像从沙窝里刨出来的，快洗洗脸吧！"焦裕禄摸了一把脸，笑着说："不洗了大娘，将来我们治服了风沙再来看您的时候，就是一身干净。您再想看我们的花脸也难看到呢！"李母笑了起来，觉得这个县官说话怪有意思。

焦裕禄很喜欢孩子，他抱这个小的，拉那个大的，逗他们玩儿。又从提包中拿出了那几个苹果分给他们吃。李忠修这才明白他在仪封收下苹果的用意。他的心多么细，又是多么好啊！看着孩子吃苹果的样子，焦裕禄似乎很动情，拍打着他们的脑袋说："苹果好吃吗？往后咱兰考多种苹果树，叫你们天天吃苹果。"

看着孩子挺乐，他又扭头对李忠修说："今天你就住在家里吧！明天不误上班就好。"

这时天快黑了，李忠修猛然想起，他们在风沙中跑了一天，只吃了个硬馍，便趁着焦裕禄和母亲、孩子谈笑之时，出门借来两个鸡蛋，想冲碗汤给他喝。谁知借来鸡蛋之时，焦裕禄已骑车走了，李忠修紧追急走，好不容易才撵上了他。

他问道："叫你住家，怎么又跑回来了？"

李忠修说："从这条路回县城，要经过'八一'水库区，那里路窄，芦苇丛又深，怕你迷路，才追来了。"焦裕禄望了他一眼，不再作声。回到县委，已是家家亮灯的夜晚，吃罢了夜饭，焦裕禄拿出了笔记本，把查到的风口和沙丘资料一一详记、整理。

三

阳春三月，正是栽种桐树的黄金季节。焦裕禄来到了规划中重点发展泡桐种植的胡集大队，和群众一起参加植树造林劳动。

桐苗已经运到了，社员已经齐集，只待一声号令，便可镐锹齐下。

大队支部书记说："胡集既然是全县发展林业的重点，植树造林就要搞出个样子来让人看看，就要纵横成行，整齐划一。零栽散植的桐苗一律移栽。"

大队长说："人挪活，树挪死。不能追求形式上的美观，应从生产实际出发。"

双方各执一词，各不相让。

这时，焦裕禄来到胡集大队的田间，一下自行车，大队书记和大队长就围了过来，各自表达自己的意见，社员们一齐说："那就请焦书记拿主意吧！"

焦裕禄沉思了一下，笑着说："双方都有道理。但我们办事情，想问题，一定要抓主要矛盾。眼下的主要问题是度荒救灾、发展泡桐，就要先顾吃饭，后顾好看。"他指了指苗圃里的幼桐苗接着说："这些桐苗往地里移栽时，要考虑到便于机耕。"他又指了一下散栽于田的独树说："这些树先不要动了，不管它成行不成行，保证它活下去就行。我们要从实际出发，讲求实效。三五年后，桐树长大，风沙制住了，便于机耕的农桐间作形成了，再考虑营造美化城乡林的问题。"

"先顾吃饭，后顾好看"的八字方针，不但被争执的领导、植树的群众认可，也成为整个兰考发展林业的指导方针。

思想统一了，人们对于绿色的渴望，在瞬间变为强大的动力，人们开始挥镐扬锹，镐起锹落，田间沙土飞扬，个个干劲倍增。休息之时，胡集的一位老农又为焦裕禄讲了一个泡桐的故事：

很久以前，这一带已是泡桐的世界。有一次，狂风大作，飞沙走石，草木低头，鸟兽哀号。就是泡桐不低头，不弯腰，迎风而立，气宇轩昂，不畏强暴。风妖狂怒了，立誓要把泡桐吹折刮倒，于是增加了一倍的风力，扶沙带石，袭向泡桐。桐树依仗阳光和土地给予的力量，挥动枝干，与风妖搏斗。风妖又增加了十倍的风力，突然咔嚓一响，桐树被拦腰刮断，风妖大笑，但笑声未落，却见桐树的断处，哗哗啦啦又长出一截新树，挥动枝干，与风妖继续拼搏。一天天，一年年，直斗了3000余载，终于斗败了风妖，从此，泡桐更加繁茂。

听了这个故事焦裕禄非常激动，他大声地说："对啊！我们就是要学泡桐树宁折不弯、勇发新枝的崇高品质，在严重的灾害面前，不低头，顶得住，逞英豪！"

说完，他拿起了镐锹，继续挖了起来，不一会儿，一个大而深的树坑挖完了，他起手把一棵桐苗栽了进去，正是这棵越长越大的泡桐树，后来被人们亲切地称为"焦桐"。人们看到这棵树都会不约而同地唱起一首歌：

焦裕禄，我们的好书记，
你就像那泡桐树巍然挺立。
挡风沙抗洪水无比坚强，
不怕苦不怕难从不为自己。

学习你呀，全心全意为人民，
学习你呀，高高举起毛泽东思想红旗！
……

四

河南省林业厅，朱礼楚拿到了去兰考县林业局报到的介绍信，他刚要走就听到了工作人员说："魏鉴章，你被分到兰考县林业局，这是你的介绍信。"朱礼楚回头看了一下，是一位戴眼镜的大男生，他赶忙走了过去："你好，我是朱礼楚，湖南林学院毕业，也被分到兰考县林业局，咱们一块去报到吧！"魏鉴章高兴地说："太好了，我正发愁一个人怎么去呢？对了，我叫魏鉴章，是南京林学院毕业的，林学系的。"说着两个人的手握在了一起。这时候一个文静的女生也走了过来："你们好，你们两个是去兰考县林业局报到的吧？我叫张芳，也是南京林学院毕业的，不过我是学土壤分析的，你们俩说的话我听到了，我也去兰考县林业局报到，咱们一起去吧！"两个男生见还有这样一个漂亮文静的女生，更高兴了。魏鉴章说："没想到在这里还碰到校友了。"于是，三个人一起坐上了去兰考的汽车。

来到兰考林业局，朱礼楚和魏鉴章被告知去位于老韩陵村的苗圃场负责泡桐育苗工作，张芳被分到县委除"三害"办公室，不过先到苗圃做一段时间土壤分析。

林业局关局长决定亲自把三位大学生送到苗圃去，三位大学生带着行李和关局长一起坐上了一辆拖拉机，一个小时后拖拉机开进了老韩陵村。

一群孩子追着拖拉机喊着:"大学生来喽!大学生来喽!"很多乡亲拥到街上来,穿着入时的张芳十分引人注目。乡亲们议论着:"看,人家大学生就是不一样。""那是当然,大学生,又是大城市里的人,真洋气,看那妮儿,多俊俏,看着就跟画上画的一样,看那眼睛,简直是一汪水儿。"

支部书记韩大年迎过来:"关局长,来啦。"关局长说:"来啦。"他招呼三个大学生:"到了,我们下车。"并向大学生们介绍:"这是老韩陵村的支部书记韩大年。"又向韩大年介绍:"这三位呢,是咱农林局刚分配来的大学生,这位是朱礼楚,这位是魏鉴章,他们两个是学林学的。这位是张芳,专业是土壤分析。他们都是林学院的高才生。县里在老韩陵建泡桐繁育林场,他们是林场的第一批专家。你们呢,得像宝贝一样爱护他们。"韩大年说:"那是,那是,关局长,咱们到大队部坐去。"几个年轻人主动把学生们的行李从车上搬了下来。

大队部里,韩大年拿一个暖瓶给大家倒开水:"三位大学生同志,咱老韩陵,条件差,跟大城市相比,那是天上地下。"朱礼楚说:"我们学农林的,离不开土地,离不开农村,条件艰苦不怕,艰苦的环境可以锻炼人嘛,对不对,张芳?"张芳用手绢小心地揩拭碗沿儿,心不在焉地接着朱礼楚的话回答:"嗯,对对。"韩大年说:"你们的住处,已经安排好了,两位男同志暂时先住苗圃,苗圃就在林场里。女同志住村上。"

关局长说:"老韩,小朱和小魏是林场的技术员,小张是农业局土壤科的技术员,搞泡桐繁育离不开土壤分析,就让她过来了。

她过几天还要去县委的除'三害'调查队，在生活方面你们尽量多照顾。"

韩大年说："那是当然。"他推开门喊一声："哎，二萍来了没？"

一群姑娘正挤在窗户那儿往里瞧，人堆里有人应声："来哩！来哩！"韩大年说："这妮儿，来了你不进屋，扒窗户做甚，进来进来。"二萍进来了，韩大年指着张芳说："二萍，这位是张技术员，就住你家了。"又对张芳说："她叫二萍，她爹是全县的模范饲养员，叫肖位芬。"

韩大年又对二萍说："人家张技术员可是大城市来的，住到你家，可不能出差错。"二萍说："大年叔，你放心，张技术员的房子早收拾好了。"

朱礼楚说："支书，我们还是先到林场去看看吧。"韩大年说："好好好，我这就带你们去林场。"

韩书记带着他们，来到黄河滩上，两间草屋，十几棵泡桐树，还有几方育苗畦。张芳问："这里就是林场呀？"韩大年指着一片开阔的黄河滩："看这一大片都是林场的地面。"朱礼楚说："多壮观啊，我们的林场就在黄河滩上！太诗情画意啦！"他大声唱起来，"风在吼，马在叫，黄河在咆哮，黄河在咆哮……"

张芳看了看四周："怎么就这几棵泡桐树？"韩大年说："在大炼钢铁以前，这一片全是泡桐树，到了1958年，大炼钢铁，都砍光了。"

见朱礼楚、魏鉴章蹲在育苗畦边看土壤，关局长说："这地方是轻沙地，最适合泡桐的生长。"魏鉴章说："我们在学校里就学过，兰考的泡桐很出名，叫兰桐。"关局长说："咱们兰考要重新把兰桐这块金字招牌打出来，可全看你们的了。"

一个五十来岁的大叔从草屋里出来，招呼韩大年："大年，两位技术员的床铺收拾好了，来看看行不行？"

几个人来到草屋前，韩大年介绍说："这就是肖位芬大叔，二萍是他妮儿。"朱礼楚、魏鉴章和肖位芬握手，肖位芬把手在衣服上擦了又擦，才伸出去。他们进了草屋。草屋只有两米多高，屋里半截是土炕，另一半是锅台，锅台与土炕之间，隔着一道短墙，地上放一张小方桌，桌上是一个竹壳暖瓶，朱礼楚、魏鉴章觉得很新鲜，都说："真的很不错。"肖位芬说："咱们这里的草坯房子，冬暖夏凉。"朱礼楚把带来的二胡、长笛等乐器挂在草屋墙上。关局长说："不愧是大学生，多才多艺。"朱礼楚说："业余爱好。"关局长说："将来咱们农林局搞个节目什么的，可有了人才啦。"

三个大学生在肖家吃午饭。饭桌上是蒸红薯、合面窝头、咸菜。

肖位芬说："咱这里没啥好饭食，你们别嫌弃。"张芳拿了一块红薯，连叫："好吃好吃。上海吃的红薯只有这么一点点大，也没这里的红薯甜。"肖位芬说："吃别的咱这没有，红薯倒有的是。咱兰考人说'红薯饼子红薯馍，离了红薯不能活'，尝尝，这窝头就是红薯面的。"

张芳拿了一个红薯面窝头，咬了一口，费了半天劲才咽了下去，她把窝头放下了。朱礼楚觉得这样不礼貌，拿起张芳放下的窝头吃了起来。

五

一天，朱礼楚正在帮炊事员烧火做饭，有人气喘吁吁地跑进炊事房中急报："朱礼楚，快，快，外面有个大姑娘找你……好漂亮，好漂亮哟！"

朱礼楚从炊事房中出来："彩霞，怎么是你？你来也不提前说一声，我好去接你。"彩霞："在你眼里，如诗一样的兰考就这个模样？"朱礼楚说："彩霞，先到宿舍歇一会儿，喝口水。"彩霞说："亲爱的，离开这个鬼地方回郑州吧，这哪是人待的地方。"朱礼楚说道："我的事业才刚刚开始，泡桐树实验基地需要我，善良质朴的兰考人民需要我……泡桐一天不能大规模栽种，我一天也不离开这里。"

彩霞说："真没想到，你会为了泡桐这么绝情，现在你有两个选择：一是调回郑州咱们重归于好，二是继续留在这里，咱俩一拍两散，各奔前程。"

朱礼楚沉默了，彩霞冲出朱礼楚的宿舍，留下了三个字："再见了！"头也不回地走了。望着女友远去的背影，朱礼楚喃喃地说："几年的感情就换来了一句'再见了'。"

女友走了，朱礼楚一个人从墙上取下二胡，拉起了《月夜》，曲调舒缓柔美，委婉质朴……

从此，他把全部精力都放在了对泡桐的研究上，有时为了观察芽苗生长情况，他整宿整宿地熬夜，经常胡乱吃一口饭就开始整理资料，加上南方人常年吃大米饭，而兰考多面食，他患上了胃病，经常闹胃疼。耙头乡朱庵村党支部书记孙庆祥知道后，每天坚持用锅馏馍给他吃，好心的老农怕他冷，把喂牛剔出的草渣给他烤火取暖。他感受到了兰考人民的温情、质朴和善良，感受到了兰考人民对知识分子的渴求。

一天，朱礼楚和魏鉴章刚从黄河滩上测量完风速回到试验站，蓬头垢面，鼻子里也塞满了沙土。这时，老韩村公社书记郭志忠带领焦裕禄来到了试验站，郭志忠对二人说："县委焦书记看望你们来了。"焦裕禄跟朱礼楚和魏鉴章二人握了手，谦和地笑着说："两位江南才子，来兰考工作习惯吗？你们觉得兰考这个地方怎么样？"

魏鉴章直言不讳："没有南方好，这里风沙大，群众生活苦，搞研究有困难。"

焦裕禄说："兰考有90多万亩耕地，可以搞40万亩农桐间作，这为你们搞泡桐研究提供了广阔的空间，到哪儿能找到这样大的研究基地呢？你们说是不是？"

二人点了点头。

他继续说："当然了，兰考是个风沙区，又连年受灾，生活是苦些，这对你们年轻人来说的确是一大考验，但我相信困难只是暂时的。兰考有这么多沙丘，只要我们大搞植树造林，大搞农桐间作，风沙是能够战胜的，生活会好起来的。"

说完，他又指着窗外的一棵在飞沙中摇曳的泡桐树说："你看这棵泡桐树，枝干这样粗，枝叶这样茂，若没有扎得很深的桐根便不会如此。你们南方人，远离家乡，阔别亲人，这是党和人民的需要，只要在兰考大地的群众中扎下根来，你们的事业就会像这棵生长了八年的泡桐树一样，枝干粗壮，根深叶茂。"

二人说："请焦书记放心，我们一定加倍努力，为改变兰考面貌做出贡献！"

焦裕禄说："听了你们的表态我很高兴，兰考太需要像你们这样的林业专家了！生活上有什么困难，一定要提出来，县委会帮你们解决！"

二人高兴地答道说："谢谢焦书记！没有困难，有困难也能克服。"

焦裕禄突然问："你们平时怎么吃饭？"

朱礼楚说："老韩陵村的韩大爷负责做饭，有时间我们也一起做饭。"

焦裕禄说："走，带我到你们的宿舍去看看！"

来到朱、魏的宿舍，焦裕禄仔细查看，他来到炕前摸摸被褥，关心地问："盖着被子夜里冷不冷？"朱、魏答："晚上，火炉不停就没问题，火炉停了有点冷。"

焦裕禄来到屋中间的火炉旁用炉钩钩了炉灰，问："煤能得到保障吗？"

二人同时点点头。这时焦裕禄的眼睛转到了墙上挂着的二胡、长笛等乐器上，他问道："你们会拉二胡？"魏鉴章指了指朱礼楚："小朱二胡拉得好，这把二胡是他的。"焦裕禄从墙上摘下二胡调了调弦，拉了一曲《光明行》。小朱、小魏二人听得如痴如醉，曲终，他把二胡递给朱礼楚说："小朱，来一曲！"朱礼楚谦虚地说："焦书记，不敢跟您比，献丑了！"他调好弦，拉了一曲《听松》，曲调刚劲有力，跌宕起伏。焦裕禄带头鼓起掌来……

焦裕禄说道："现在该由小魏表演了。"魏鉴章取下三弦说道："既然书记点名，我也献丑了！"他弹了一曲《雨打芭蕉》，曲调优美动听，宿舍里再次响起了热烈的掌声。

就这样，县委书记和两位年轻的大学生成了忘年交。

当天，焦裕禄就住在了离泡桐试验站仅一里地的老韩陵村的肖位芬家喂牛的牛棚中。

一天，焦裕禄又来到了泡桐试验站，一进到站，秘书小刘就喊道："朱技术员，魏技术员，看焦书记给你们带什么来了。"朱、魏二人见焦书记来了立刻迎了出来，只见小刘肩上扛着一个袋子，朱礼楚从小刘肩上接过袋子，惊喜地说："大米！"魏鉴章也过来了，他捧起一把大米激动地说："焦书记，太感谢您了，不瞒您说，我俩已经有一两个月没正儿八经吃大米了。"小刘说："这40斤大米，是县委配给焦书记家的，焦书记全给你们拿来了。"

朱、魏二人知道详情后激动得热泪盈眶。

村民的温情和县委书记的关怀，使朱、魏没有了后顾之忧，他们放开了手脚放手一搏，这个试验站初时整苗圃50亩，泡桐种苗奇缺，他们经过观察发现：将一棵大桐树刨掉，春日便在树坑的周围发出一圈嫩芽，将这些小小的嫩芽刨起栽种，一棵老树可发百棵；若以树根栽植，将根截成约20厘米的段，埋入土下，若粗壮的大根，便可劈成三瓣或四瓣，土地与湿度适宜之处，还可插枝……

经过不懈努力，50亩苗圃里长出了一行行、一片片、绿得发亮的桐苗。

朱礼楚、魏鉴章把这些成果向焦书记作了汇报，他披上了那件中山装外衣，急匆匆地来到试验场，看到这些成果，他高兴地大叹了一口气叫着：

"好啊！好啊！这家伙，它们总算出来了！"

他掰着指头，对两人算起了细账：50亩的苗圃，折合40亩标准圃，每亩600棵树苗，共产24000棵桐树。每棵的叶芽根枝分解开来，可发展30株。24000棵乘以30，等于72万棵！他又一次高叫了一次"好家伙"！

从此，朱礼楚就被委以风沙调查的重任，与其他调查队员的视角不同——他必须带着绿色的意识看沙丘访沙地。哪里能种树，哪里是风口，一一记载。1967年，沙荒地的间作面积发展到了32万亩，苗圃1万亩。1969年，该县的桐田间作面积达52万亩。兰考成了全国第一个专门研究泡桐的基地！朱礼楚、魏鉴章在此翻手绿云，覆手绿雨，挥得好不痛快，好不淋漓。

六

几个月后，张芳结束了苗圃的实习，正式回到了除"三害"办公室。

寒冬的一天，一望无际的大沙滩上，县除"三害"办公室的同事们带领城关、东营、仪封、张君墓等公社的社员展开了翻淤压沙、封闭沙丘的大会战，现场红旗招展、龙腾虎跃、热火朝天，人们推车挑担，抬筐挥锹，你追我赶，都不甘落后。

张芳用扁担挑着两个土筐，双手使劲把着，前仰后合、趔趔趄趄地走在人群中，那姿势似在跳芭蕾舞，别人挑了三趟她一趟还没到头。

一个小伙子挑着两大筐土故意跟她并排着走，冷嘲热讽地说："大学生妹妹，这是在干活不是在舞厅跳舞，扁担要掌握平衡，要颠起来随着劲颠。"说着肩膀颠着扁担晃晃悠悠地往前走去。张芳汗流浃背，腰弓了下去一屁股坐在了地上，两个土筐里的土撒了一地。一个嘴尖的妇女指着张芳对其他几个手粗脚壮的妇女说："瞧那女大学生哟，挑个土筐左摆右摇，用个脚尖儿走路，多像踩高跷。"这时，不知是谁还起哄唱起了流行一时的歌谣：

> 大学生，
> 做么么不中，
> 叫她挑水去，
> 她说挑不动。
> 叫她抬土去，
> 她嫌肩膀疼。
> 叫她拉粪去，
> 她嫌臭烘烘。

人群里发出了"哈哈哈"的嘲笑声。

无礼的嘲笑，过度的戏弄，张芳羞恼交加，无地自容，她的自尊心受到了极大的伤害。她哭着离开了治沙现场，私自跑回了上海老家，三个月不归。

在林业局的会议室里，党组会正在讨论对张芳的处理意见，一位王副局长说："像张芳这样的大学生，四肢不勤五谷不分，满脑子资产阶级思想，竟然连招呼都不打就回家了，既然这样就不用回来了，干脆开除算了。"

另一位党委委员说："我同意王副局长的意见，不能助长这种风气！"

最后关局长总结说："我基本同意大家的意见，不过处分人毕竟是件大事，为了慎重起见，我要向县委汇报，征求县委意见，尤其是焦书记的意见。"

第二天，焦裕禄为此赶到了林业局，向那里的干部谈了自己的想法："同志们，处理同志要慎重，我不同意开除她。同志们想一想，国家培养一个大学生不容易，张芳同志的确有错，但不至于开除，还是要本着'惩前毖后，治病救人'的原则，以说服教育为主，以感化为主。"

说到这里，他有些激动："我们的许多干部，动不动就挥舞大棒，不懂一分为二地看问题，工作做得不深不细，就拿张芳同志来说，好的方面是，她对改变兰考面貌是持积极态度的，如献计用沥青封闭沙丘，亲自参加治沙战等；不足之处是，有点脆弱，有点娇气……我们党组织要伸出温暖的手关怀她，教育她。她每月的工资和粮票按月给她寄去，或派人亲自送去。给她去信，劝说她，开导她，安慰她……如果她仍不思回，再处理也不晚。如果她一旦回来，要教育我们的群众，不要哪壶不开提哪壶！"

从林业局回来，焦裕禄亲自给张芳写了一封信："张芳同志，想当初你为了治沙，翻阅了大量的资料，建议选用苏联以沥青覆盖沙丘的方法，虽无条件采纳，也说明了你在尽力。后来，你又亲自参加了治沙的战斗……这些举动，都是值得表扬的……你是知识分子，不能因为群众的几句玩笑话伤了脑筋，要坚强……兰考面貌的改变，需要你们这些知识分子做骨干。回来吧，这里的领导和同志们都盼望你早日回来……上个月邮去的工资和粮票收到了吧？这个月的工资和粮票随信寄去……"

张芳接到了县委书记焦裕禄的信后，既激动又懊悔，激动的是自己这么一个新参加工作的大学生，居然能得到县委书记的关怀；懊悔的是，自己作为国家培养的大学生，就因为社员的几句嘲笑话就开了小差，实在不应该。她看着焦书记的来信，仿佛看到了一个慈祥的大叔在和她谈心，看着看着，她的眼泪扑簌簌地掉在了信笺上，浸湿了书信。

次日，张芳不顾父母的挽留，踏上了从上海到郑州的列车。

张芳回来了，怀中揣着那封被泪水泡皱了的信。她回到局里找到关局长说："关局长，我错了，组织上怎么处分我都没意见。"关局长说："回来就好，年轻人哪有不犯错的，犯点错误不要紧，改了就是好同志。"张芳说："我对不起林业局对我的培养，对不起焦书记！"关局长说："小张，焦书记为你的事专门做了指示，要我们爱护像你这样的知识分子，他是个惜才爱才的好书记呀！"

张芳从身上掏出了焦书记给她写的信，递给关局长说："你看，焦书记还亲自给我写了信。"关局长看到被泪水泡皱了的信像是对张芳，又像是对自己说："多么宽厚，多么大度，多么富有人情味的好书记啊！"

回到林业局后的第二天，张芳又回到了战斗过、哭泣过的沙滩间的村庄。那里的社员群众带着一丝内疚的讪笑，迎接这位被他们气跑了的女大学生。那位支部书记是个风趣的人，仍敢开不越分寸的玩笑："看嘛，咱们的'银环'回来了不是？"张芳笑了，她忽然觉得，这样的玩笑多么亲切，多么亲近，多么自然和畅快！

这时，除"三害"办公室的一位同事来找她说："张芳，焦书记就在村里查看治沙情况，听说你回来了，很高兴，让你去见他。"

张芳跟着他来到了村部，焦裕禄一看见张芳高兴地说："欢迎小张同学归队！"张芳哽咽着说："焦书记，我……"焦裕禄说："什么也不要说了，你能回来，就说明你是个知错就改的好青年。兰考正处在治理'三害'的关键时刻，尤其需要像你这样的知识青年，你年轻又有知识，一定要像山坡的松柏，无论在烈日炎炎的夏天，还是在冰雪覆地的严冬，都那样傲然挺立，永不变色，永不凋谢；要像杨柳树那样，栽到哪里就活在哪里，根深叶茂，茁壮成长！为兰考人民做出自己应有的贡献。"

张芳眼里含着热泪不住地点头。

七

一天早上，吃完早饭，焦裕禄和卓兴隆骑着自行车来到了红庙区夏武营村。该村有许多香椿树，是有名的香椿产地。焦裕禄和卓兴隆来到了一片香椿林，眼前的景象使两人惊呆了：有的香椿树上的树枝大都被折断了，几乎看不到绿叶；有的树皮被刮掉了，露着白茬；有的整棵树被连根毁坏，露着树桩。焦裕禄痛心地对卓兴隆说："兴隆你看，这些树都被毁坏成什么样了！"

卓兴隆说："是呀，早听说村里对香椿树的所有权没确定，管理混乱。看来，这里的情况比想象得还糟！"

焦裕禄说："走，到大队部去！"在大队部，焦裕禄对在场的村干部说："谁来说说，你们对香椿树是怎么管理的？"

村支书说："焦书记，我们是按树棵大小，估产包到了生产队中，每个生产队都有上百棵，每队有一到两名看管员。"焦裕禄问："有看管员为什么树还毁坏严重？"

一名队长说："焦书记，不瞒您说，各队虽然设了看管员，但毕竟不是自家的树，即使看到毁树的，都是乡里乡亲的，也会睁一只眼闭一只眼。"

妇女主任说："焦书记，这两年随着俺村香椿知名度的提高，香椿能给农民带来收入，所以本来一年只能掰两茬儿的香椿芽，却大都掰三茬儿，甚至掰掉了嫩枝，有的人专在夜里偷摘，村里虽也采取了一些措施，但效果并不理想。"

这时，一位留着胡子、嘴里叼着旱烟袋的60多岁的老村主任站起来说道："焦书记，我平时跟村民聊过这件事，大家的意见是采取分户看管的模式，将现存的香椿树以'三把粗'为标准，折合成标准棵数，按人口平均包到农户看管，掰采都归承包人负责，收入按个人三成、集体七成分配。新发出的小树苗按'倒三七'形式分成，即个人七成，集体三成，一包五年不变。"

治安主任说："这样好是好，但如果有的社员管理不善，香椿芽屡次被偷，香椿树时常被盗伐怎么办？"老村长说："出现你说的情况，生产队有权随时收回。树木，赔偿一半。"村支书说道："还要加一条规定，任何人不准在树下开荒，放羊啃吃树苗。在每一棵树的周围都要挖沟、打土围子，保护好树苗生长。"

焦裕禄听了大家的意见说道："我完全同意老村长的建议，不过在城关区老韩陵公社已经有这方面的经验了，他们把桐树包给生产队，坡地桐树包给个人，集体个人按比例分成发展泡桐，一个春季该社就植桐树万棵，造防风林30亩，他们还制定了三年发展林木面积2000亩的规划，还有城关区王孙庄、桂李寨、余寨等村把枣树进行分类承包,具体经验请卓主任给大家讲一讲。"

卓兴隆说:"这几个村的包管试点具体办法有以下五条:一、每人包管一把粗的枣树六棵,两把粗的一棵顶两棵,三把粗的顶三棵,依此类推。一把粗以下的两棵顶一棵,幼树在包管区由管理者负责。二、生产队与包管户签订合同,内容是:管理的标准棵树要常对照,空闲地还能栽多少棵定下来,由管理户栽培,活一棵奖干枣一斤。三、估产包收,秋后干枣60%交生产队,40%归管理者。四、奖惩办法:采取全奖全罚,超产部分归己。实收低于估产者,属于人为造成,按估产上交,如是天灾造成,按实产上交60%。五、包管的枣树如被砍伐,以个人自留地枣树赔偿。"

大家听了焦书记和卓兴隆主任的介绍后,坚定了个人分包管理的决心,达成了一致意见,于是《红庙区夏武营村枣树个人包管办法》正式制定实施。

下午,焦裕禄和卓兴隆又走了几个村,着重对干部领导方法和工作作风问题进行了调研。

第二天,焦裕禄主持召开了兰考县林业工作会议,总结全县近年造林、育苗、护林方面的经验教训。研究1963年的造林规划,表彰了一批林业工作先进社队和个人。

会上他讲道:"在对待林业的问题上,一些领导干部工作方法和工作作风存在着许多问题,归纳起来就是'十多十少'和'五个跟不上'。'十多十少'就是一般号召多,调查研究少;一般情况多,具体经验少;领导干部原则讲话多,具体办法少;干部讲得多,认真听取群众意见少;一揽子会议多,系统会议少;工作布置多,认真检查少;管理办法多,认真坚持下来的少;对当前生产着重说得多,认真制定规划、用规划指导生产少;各行各业支援农业喊得多,具体行动少;死搬硬套多,实事求是、因地制宜确定方针少。'五个跟不上'就是领导跟不上,思想跟不上,管理跟不上,政策跟不上,各部门支援农业跟不上。"

会议结束时,他郑重强调了林业工作的重要性,他说:"各级各部门,要像抓粮食一样,下大决心,下大力气,把林业工作抓好。今后,3月份可以作为造林、护林月;制定发展林业规划要因地制宜,实事求是,不要一刀切;要迅速确定林权,将果林划分好,管理好。要搞田间管理大包工——从小苗出土包下去,一直到收。要尽量做到管庄稼、管林统一起来,庄稼可以连续包工,树木可以随地一起包下去;全县都要建立护林组织,公社有护林组,生产队有护林员,普遍签订护林公约。"

八

林业会议召开后,焦裕禄和卓兴隆骑着自行车,冒着风沙,先后跑遍了胡集、王庄、姜楼、二坝寨等五个村庄,哪里风大哪里顶,哪里沙丘高往哪里走。每发现一个风口,即做笔记。

当他们快到老韩陵村时,卓兴隆回头一看,焦裕禄推着自行车,胸部顶在车把上,脸色蜡黄。卓兴隆立即停下来,来到他面前问道:"焦书记,你的脸色不好看,病又犯了,咱们今天就到这里吧!"焦裕禄说道:"你又不是不知道,这都是老毛病了,我用车把顶一顶就好了,说好了去老韩陵看望护林小英雄,哪能失信?"卓兴隆知道会是这个结果,只好说:"那就多歇一会儿,等好了再走!"焦裕禄说道:"你这一说还真好了,走吧!"看着他弓着背骑着自行车,豆大的汗珠滚落下来,卓兴隆鼻子一酸眼里浸满了泪水。

来到老韩陵村,他急切地看望了早已等在大队部的村干部和三个"护林小英雄":张二宝、张根生和张根纯。他对三个少年说:"你们在野地里搭起了茅草庵子,不管阴雨连日,不管黄风暴起,日夜守候在林间庵内,为保护集体的树林奉献着青春,是'护林小英雄',是全县少年学习的榜样!"

这时,城关公社书记王国庆也赶了过来,焦裕禄问:"造林容易护林难,你社的护林措施落实得怎样?"

王国庆回答说:"焦书记,已全部落实!"

焦裕禄又问道:"怎样组织实施的?"

王国庆答道:"我们在胡集设一个护林派出所,人员已经到位;从各队都抽调了专业护林员,日夜巡逻;在各个路口都设了林业宣传站,向路人宣传绿化意义;队队有护林制度,户户有护林公约;与此有关的各项会议开得没有遍数……"

焦裕禄听了王国庆的汇报笑着说:"你说得很好,但要经得起检验才行。"

在胡集的村头,他们迎面遇上了随行的县委新闻报道员刘俊生同志的爱人,领着一个四五岁的男孩站在桐树下乘凉,焦裕禄立即下车抱起了孩子,笑嘻嘻地说道:"好孩子,给我折一个桐叶玩儿。"

男孩立即挣脱不从:"俺不,妈妈打,人家罚钱。"

焦裕禄把孩子举过头顶说:"好孩子,就摘一个。"孩子哇哇大哭起来,焦裕禄哈哈大笑说:"你真是个好孩子,伯伯给你买糖吃。"

告别了刘夫人和孩子,刚到村头,遇见一群刚刚放学的"红领巾"。焦裕禄的幽默又来了,佯装着自言自语道:"天真热啊,掐个桐叶当扇子!"听到有人要摘树叶,一个"红领巾"马上小声跟其他同学说:"有人要摘树叶,我们看住他!"

焦裕禄心想,我故意摘下一片桐树叶,看他们有何表现。焦裕禄故意大声说道:"实在太热了,受不了了!"说完伸手摘下了一片桐树叶。这时,一群"红领巾"围上来,整齐地、高声地叫道:"他摘树叶了,罚钱,罚他的钱!"

他装出惶恐的样子,向"红领巾"求饶:"饶了我吧!以后再不掐了!"

"不行,不行!老师说了,不管是谁,掐桐叶就要罚钱!"

"一个桐叶多少钱?"

"一元钱!"

焦裕禄的手慢慢地伸进了衣兜,掏出了一元钱交给了"红领巾"。"红领巾"们胜利了,跑着跳着,大喊着要把钱交给队长去。

他高兴了,对着公社书记王国庆赞叹:"好啊!你的工作做得很扎实呀!多好的孩子,应该树他们为'护林小英雄'啊!"

就在这时,他们迎面碰上了这个大队的支部书记,该书记怒气冲冲,满眼含泪,嘶声叫道:"好,正好,县、社的书记都来了……"

焦裕禄见此光景,急忙问道:"出了什么事情?"

大队支书痛斥:"刚栽活的泡桐树被人害死了,我要给它开个追悼会!"

焦裕禄沉重地答道:"好,我参加泡桐树的追悼会!"

一行人来到了现场,大队支书把正耕麦茬地的社员叫到了被撞折的泡桐幼树前,说:"你们几个都过来!"

几位社员一看县、社、队的领导人都来了,个个都吓呆了,扶犁的社员说:"怪我没扶好犁!"

牵牲口的社员说:"是怨我没牵好牲口。"

众社员求情说:"不小心碰死了桐树,知错改错,碰折一棵,补栽三棵!"

大队支书仍痛心疾首:"桐树本来稀罕,好不容易栽活了它,又被活活碰死。光赔栽不行,今天就要给它开个追悼会,让大家懂得,我们要像爱护亲人一样爱护桐树!"

"对!"焦裕禄点头赞同。

"我们开追悼会!"社员们悲凄凄应诺。

在这棵小小的断树前,县委书记和他的随员、身边的社员一起对树哀悼,桐树已是他们明天幸福的希望,而希望之树应该长青,应该冲天成长,他们盼它长大的心情恰似面对自己的儿女。

追悼会开完后,焦裕禄在胡集村南地,亲手栽下了一棵泡桐树。

泡桐树栽好后,焦裕禄忽然对随行的刘俊生说:"俊生,我爱泡桐树,就在泡桐树前给我留个影吧!"

刘俊生愣了一下,心想:今天太阳从西边出了,焦书记怎么主动让照相了。他随即端起相机,一个身穿灰色中山装,双手叉腰的县委书记,定格在了一棵小泡桐树前。

1963年8月24日,焦裕禄向开封地委汇报了《关于两季发展多种经营的情况报告》。《报告》说:"据不完全统计,全县种苇4854亩,栽蒲草124亩,种藕308亩,养鱼193万尾,种白蜡条4666亩,栽杞柳1350亩,栽三春柳1850亩,插杨条400亩。"

年底,兰考县第四届人民代表大会召开,焦裕禄向大会作了形势报告。他说:"一年来,全县造林 21014 亩,育苗 773 亩,四旁植树 146 万株,打防风林带 186 条,堵风口 83 处……"

会后的一天,他叫上小刘骑着自行车,下去调查盐碱地的面积,当路过老韩陵苗圃时,他对小刘说:"小刘,走,咱们去看看朱、魏两位造林功臣。"

来到苗圃,小刘喊道:"朱技术员、魏技术员,看看谁来了?"

听到喊声,朱礼楚、魏鉴章从屋里出来,异口同声地喊道:"焦书记!"

焦裕禄快步走上去,高兴地说:"你们可真是造林大功臣,你们和工人们的心血没白费,满地都是一行行的泡桐树苗……"

他接着说:"你们大米够吃吗?生活得怎么样?家里来信了吗?有什么困难需要我和县委解决?"

朱、魏齐声回答:"没什么困难,请书记放心!"

朱礼楚激动地说:"这次我们拉什么曲子?"魏鉴章说:"对呀,焦书记,我们合奏什么曲子?"

焦裕禄说道:"我真想再和你们合奏一曲胜利的乐曲,可是事情太多……"

他看着苗圃中的桐苗,如同看见池塘中米粥般的鱼苗。他想象着明年的春日,无数的锨镐刨开荒凉的沙漠,绿色像大水一样淹没吞吃掉一片又一片的沙荒。

他动情地说:"好好工作吧,大学生,多么大的泡桐基地!像鱼游在蔚蓝色的大海,像泡桐树一样茁壮成长!好好学习吧,继续生根,吸取大地的营养,继续长叶,在阳光下茁壮生长。兰考的今后一定会更美好!"

九

流火的7月,焦裕禄带着干粮,挎着水壶,顶着烈日,呛着风沙,带着除"三害"办公室和风沙勘察队的同志一起到仪封公社的岱庄、水口、马庄、汤坟调查"三害"情况,走到汤坟村时,看到几个社员正在高粱地里垄沟,便走过去和他们攀谈起来:"老乡,高粱长得咋样?"一位60多岁的老汉说:"不咋样,春天种了40亩,被风沙打死了30亩,这不就这几片地存活了,长势也不好。"另一位社员说:"就这些存活下来的,说不定哪天一场风沙也就全玩完。"焦裕禄问道:"有什么办法治住风沙?"有一位社员摇摇头说:"哪有什么好办法?咱们斗不过老天爷呀!"社员们唉声叹气,其中一位说道:"看你们像是上边派下来的,不瞒你们说,就俺汤坟村,今年高粱种了40亩就剩10亩左右。这些你们看到了,棉花种了10亩,只出了10棵苗,三个生产队播种的240亩麦子,全部被风沙打死或被碱死。"焦裕禄一一作了记录。他们继续前行,先后来到城关、三义砦和爪营公社的风口进行了调查,其结果令他更为痛心。他的记录本上多了以下几组数据:

城关公社有大风口12处,危害耕地30058亩,其中绝收地15700亩、受灾减产地14358亩,约减产粮食300万斤。这个公社的胡集大队1962年种麦2400亩,被风沙打死2300亩。

三义砦公社有大风口8处,危害耕地25290亩,其中绝收地10944亩、受灾减产地14346亩,约减产粮食350万斤。该公社的孟角大队有耕地9500亩,受风沙危害地4200亩,占总耕地的44%,1963年夏季吃国家统销粮14万斤。金寨村两个生产队276人,

1962年种麦140亩，被风沙打死122亩，剩下的只收80斤麦子，人均0.27斤。

爪营公社有风口20处，危害耕地30800亩，其中绝收地15000亩、受灾减产地15800亩，约减产粮食300万斤。

一组组触目惊心的数字记在了焦裕禄的本子上，也扎在他的心里。回到县委他立即召开了针对风沙受灾情况的常委扩大会议，县委副书记兼县委除"三害"办公室主任张奇作了汇报，他说："经过风沙勘察队40多天到各公社的实地勘察，结果如下：

"一、沙荒面积24万亩，其中国有荒地86000亩、集体荒地154000亩。分布于三义砦公社6200亩，城关公社29000亩，爪营公社46800亩，堌阳公社9400亩，南丈公社1900亩，小宋公社4500亩，张君墓公社61000亩，红庙公社9000亩，仪封公社72000亩。

"二、沙丘共有261个，沙丘群63处，沙龙17条，占地18755亩，其中最高沙丘达9.9米。

"三、大风口86处，危害耕地30万亩，其中绝收地12万亩、严重减产地18万亩，约减产粮食3000万斤。"

听到这个结果，焦裕禄痛心地说："同志们，表面看这只是一连串的灾害、祸害的数字，但数字的背后，却是一群群衣衫褴褛的灾民啊。"

说到这里焦裕禄的肝病发作了，他用手中的笔杆顶住右边肋部，满头大汗，脸色蜡黄。程世平县长见状说道："老焦，不要硬挺了，送你去医院吧！"他挥挥手说："老毛病，不要紧，挺挺就过去了。继续开会吧！"

这次会议，发出了坚决治理风沙向大自然作斗争的动员令，他亲自率领由县直机关抽调组成的勘察队，会同科学技术人员，以林业科科长刘寿岭为队长，配合各公社抽调人员对全县沙荒、沙丘、风口的分布情况展开又一次全面调查。荒漠的沙滩上反射着太阳的白光，表面温度达到50摄氏度。空气是干热的，烘得人赤皮红肉，口鼻生疮。

在最热的一个无风的日子里，焦裕禄和他的勘察队员来到了爪营公社的张庄大队，实地勘察了"下马台"沙丘。当来到"裤裆岭"沙丘时，他意外地发现了一座沙土堆起的坟茔，坟茔上封掩着一尺厚的胶泥。焦裕禄来到坟茔前仔细观察后，激动地说道："用胶泥压住沙丘，这简直是个伟大的发明！这个'发明家'是谁？我要见他。"一位当地干部说："这是魏铎彬母亲的坟茔，没压胶泥之前，坟茔常常被风沙吹来吹去，有时被刮平，别人家的坟茔已经基本找不到了，魏铎彬不知咋想起了这个办法，用胶泥压住了坟茔，已经有十几年了仍然安然无恙。"

焦裕禄说："带我去看看这位大孝子，顺便取取治沙经。"

见到魏铎彬，焦裕禄说："你的一个孝心举动，给我们提供了一个治理沙丘的好方法，您想，一个人一早上便可封住一个坟，我们以人民公社的力量，一百人、一千人、一万人、十万人，干一年、两年、三年，凡是近处有淤泥可取的沙丘，都用淤泥胶泥封住，栽上树，种上草，犹如'贴膏药'和'扎针'，岂不把骇人听闻的沙丘变成了锦绣！"

听了焦书记"贴膏药"和"扎针"的话，全体队员欣喜若狂。

焦裕禄随即召开了由全县8个沙区公社的党委书记、主任和

54个沙区大队的党支部书记参加的治理风沙现场会。爪营公社介绍了张庄大队的"淤泥压沙法",用沙丘地下的淤泥翻上来压住随风滚动的飞沙。

张君墓公社赵垛楼村介绍了治理风沙的四种方法:一、翻淤压沙。赵垛楼大队有一部分土地上面是沙土,下面是淤泥。他们将淤泥翻上来,压住了随风滚动的飞沙。二、造林固沙。在比较大的风口处,营造十行乔、灌木配合的防风林带。三、挖防风沟,垛防风墙。在一些来不及栽树、翻淤的沙区,挖1米深的沟,再把挖出的土垛成墙,便可挡住一些风沙狂暴的袭击。四、封挡沙丘。在沙丘上覆盖半尺厚的胶泥,然后再种上树。这便是焦裕禄形象地比喻的"贴膏药"与"扎针"。

城关公社的韩村介绍了防风固沙的经验,他们从很远的地方拉来淤土,盖住了一个3亩大的沙丘,用沙土把15亩盐碱地盖上两三寸厚,把盐碱地改造成二合土,在140亩洼地里,挖了9条排水沟,1条排水渠,在沙地,造了50亩防风固沙林。

焦裕禄最后总结说:"同志们,大家的治沙经验都很好,各有所长,其他公社要借鉴好的经验,打好这场治沙战役。我对治沙的总结是:沙区没有林、有地不养人,这是基本情况。有林就有粮、无林饿断肠,这是重要性。以林促农,以农养林,农林相依,密切配合,这是方针。造林防沙,百年大计,育草封沙,当年见效,这是目标。翻淤压沙,立竿见影,三管齐下,效果良好,这是方法。"

这次会议增强了大家治理风沙的信心,经过一个多月的艰苦奋斗,兰考县初步取得了防风固沙的胜利。

向盐碱宣战

一

1963年11月19日至30日,焦裕禄组织除"三害"办公室、农量局、科委和各公社机关站等有关部门64人,分头对全县碱地面积、分布情况和地下水位进行了全面丈量和调查。

一天,黑瘦的焦裕禄带着行李卷儿,带着干粮,斜挎着一只大水壶,与普查队的同志一起出发。这时,身后传来银铃般的声音:"焦书记,您怎么又黑又瘦了?"焦裕禄回头一看是张芳,便说道:"原来是土壤专家呀!怎么不好好在办公室待着,也往下跑?"张芳说:"您这书记大人都往下跑,我咋就不能?"焦裕禄笑着说:"小丫头,伶牙俐齿!不过理论必须与实践相结合,没有实践的理论是无源之水,应该多到田间地头去。"张芳说:"您看我还是那个大城市的娇小姐吗?"焦裕禄仔细端详了一番张芳,只见她穿着碎花褂子、筒子裤，头上随便扎着个小辫，脸上泛着黝黑，宛若一个村姑。卓兴隆对焦裕禄说："焦书记，自打你和她谈话后张芳彻底改变了，经常深入公社大队，研究土壤成分，寻找治理盐碱地的方法，还总结了一套治碱方法。小张，你给焦书记汇报汇报。"张芳说："治碱的主要方法：排涝治碱，利用暴雨冲洗，然后将盐碱水排入河沟；深翻压碱，黄沙压碱，挖沟抬田；刮碱，起碱，冲沟躲碱，巧种；深耕细作多施有机肥；种大麦、青豆、扫帚苗等耐碱作物。"焦裕禄听了夸赞说："看来是巾帼不让须眉，我们的女大学生真成了'银环'了。"张芳不好意思地说："焦书记，可别再提'银环'了！"焦裕禄哈哈大笑道："此银环非彼银环！"

说笑间，来到了一块盐碱地边，焦裕禄抓起一撮泥土放在嘴里品尝着，涩涩的泥土引起了他的一阵剧烈咳嗽，他吐出泥土，皱紧眉头，紧闭着嘴唇，将手从解开的衣襟中探入右肋之下，按压着时时疼痛的肝区。一阵冷风袭来，他瑟瑟地抖索一阵，虚弱的身体已使他十分怕冷怕累。

张芳喊道："焦书记，你怎么了？你的脸色这么难看！"

卓兴隆说道："焦书记，我们送您去医院吧！"

他说："不要紧，咱们眼下吃点苦，受点累，挖掉穷根，子孙后代才有好日子过！"

谁也不再讲劝阻的话，因为大家知道不起任何作用。

就这样，他忍着病痛，以口品尝着每一块地的泥土，辨析出咸的是盐，凉的是硝，又臊又辣又苦的是马尿碱。

经过十多天的艰苦跋涉，这支队伍掌握了盐碱地的第一手资料，全县有盐碱地262699亩，占90万亩耕地的29.2%。其中，老盐碱地 146841 亩，近年里因内涝新增盐碱地多达 115858 亩，分布于全县 9 社 1 镇、93 个大队、1532 个生产队的耕地中。

焦裕禄对张芳说："小张，盐碱地共分几类？"

张芳说："分成牛皮碱、马尿碱、瓦碱、卤碱、白不齿和其他碱类，共六类。"

焦裕禄说："请你对盐碱地分类分别统计，绘制出全县的分布图。"

张芳说道："保证完成任务！"

几天后，一张兰考县盐碱地分类分布图摆在了他的办公桌上。

二

11 月 25 日，焦裕禄和盐碱普查队的同志来到了堌阳公社秦寨大队，他们看到深翻过的盐碱地上，新出土的麦子长得很好。未深翻的地里，盐碱又上升了。焦裕禄在有碱的地上挖了一铁锨的深度，抓了一点土放入口中尝了一下，说："这碱不深，属于轻碱地，只要把上面的一层碱刮出来就行了。"说着便伏下了身子，按麦垄一行行地把碱土扒到大背垄上，不一会儿就扒出了几米远，堆了几堆碱土。他向身后人解释道："这叫移碱保苗，把碱土运出去便可。"接着又连续看了几个村的碱地，发现类似的问题很多，他感觉到了事情的严重性，必须马上采取应对措施。

次日，他对堌阳公社书记说："请马上召集各大队长召开会议，研究当前的治碱问题。"会上，他听取了各队汇报的盐碱地的普查情况，全社在盐碱地里种麦 5300 亩，由于秋季雨量大，深秋又逢旱天，致使盐碱上升，危害麦苗生长，大都枯黄，部分已死。焦裕禄说："我们一定要拿出切实可行的治理盐碱的办法。要及时组织劳动力，采取'顺垄爬坡'、自上而下的扫碱方法，严防碱土滚入垄内。边扫碱边施肥，无肥即用沙压，以防麦苗受冻。"大家一致认为，焦书记说的方法可行，会后立即执行。最后，焦裕禄强调说："同志们，治碱时间性强，不可拖延，半月之内，必须全部完成任务。"

几天后，他来到了仪封公社圈头大队，他看到，社员在播种后的麦田里栽种三春柳，便走过去和社员攀谈起来："老乡，栽这些柳树会不会影响小麦的生长呀？"一位社员说："栽三春柳是为了治理盐碱，不但不会影响小麦生长，还能起到治理作用。"焦裕禄接着问道："一共栽了多少亩？"有的说300多亩，有的说400多亩。他满意地点点头，离开了。

他来到了村东头挂有圈头大队制硝厂的厂区，厂区内堆满了盐碱土，在一个熬制车间内，师傅们正在熬制盐碱土，白花花的碱装满了口袋，成品车间内一袋一袋装满了成品硝。焦裕禄详细了解了硝的产量及销量情况，对这里的负责人说："你们这种做法很好，既改良了盐碱地，又增加了副业收入，值得全县推广！"

离开圈头大队后，他又来到沙碱区的三义砦公社侯寨大队，检查该队的除"三害"情况。大队干部对他说："焦书记，去年，我们侯寨遭到了特大水灾，吃了国家大量的统销粮。但我们侯寨干部、群众不能给国家添太多负担，入春以来，我们学习外地除'三害'经验，下定决心治沙治碱改变贫穷面貌。为及时排除田间积水，在挖排水沟时，我们改变了一河两堤的传统模式，把挖出来的淤土盖在了碱地上，取得了一举两得的效果。"

焦裕禄听后说："你们做得对，风格高，有困难要想办法自己解决，值得表扬。但考虑你们的实际困难，我决定批给你们 5 辆架子车、50 把铁锨，'以工代赈'粮食 500 斤。"侯寨大队书记激动地握住焦裕禄的手说："焦书记，还是你最了解我们，这下可帮了我们大忙了。我们绝不辜负焦书记的期望，坚决打赢治理'三害'战役！"

焦裕禄率领除"三害"办公室的兵将，走遍了全县所有改造有成的盐碱地，对近一年来的治碱工作以及进展情况进行了全面的检查总结。每到一地，他都要仔细地察看庄稼长势，询问改良前的收成和更适宜的治碱办法。在堌阳公社的秦寨大队，他看到深翻压碱的 800 亩土地上，稠密的麦苗又肥又壮，十分开怀，赞不绝口地念叨："好啊，好啊，秦寨人的决心已开始变为现实！" 72 岁的老农秦有礼接言道："我活了 70 多年，从没见过盐碱地上长这么好的麦子！"

经核查，全县已改造盐碱地 9 万亩，其中深翻压碱的已经有 14789 亩；盖沙压碱 3432 亩；冲沟躲碱、起碱、刮碱、种耐碱作物，多施有机肥料，降低地下水位的 71779 亩。经过改良的盐碱地，出苗齐，长势普遍向好。焦裕禄真正地开怀了，他的左手探入衣襟，顶压住右肋下的肝部，黑黄色的脸上露出感天动地的笑容。

汤汤大水中

一

一天深夜，焦裕禄还在批阅整理各公社报来的治理盐碱经验，他想在这几天出台《关于治沙、治碱、治水三五年初步设想》。这几天，他和除"三害"办公室的同志下乡去了秦寨、赵垛楼、韩村、双杨树等几个典型村，韩村的精神、秦寨的决心、赵垛楼的干劲、双杨树的道路，在他的脑海里翻转，兰考县治理"三害"的决战，已经取得了阶段性胜利，他这个带头人感到一丝欣慰。这时，他所谓的"老毛病"又开始发作，疼得他汗珠子直往下掉，只得用钢笔杆顶住肝区。

这时徐俊雅给他端来开水，见状忙夺下他的笔："老焦，都疼成这样了，还不快去睡，别写了。"焦裕禄说："这个《初步设想》是对全县治理'三害'的指导性文件，事关全局，这几天就要上会，我得尽快赶出来。"徐俊雅说："你先睡，明天早点赶也一样。"焦裕禄讨价还价："俊雅，你让我再写一个钟头，四十分钟也行。"徐俊雅说："不行，你不看看，都下半夜了。"

她强行把稿纸收走了，又拉灭了电灯。焦裕禄只好躺在床上，辗转反侧。

兰考火车站的汽笛声若断若续。他抬起身子，悄悄从被窝里摸了把扫床的笤帚，顶住肝区。他的被筒里总是藏掖着笤帚、刷子、笔杆、空杯子之类的硬东西，随时用来应急。

突然外面闪过一道闪电，接着传来隆隆的雷声，伴随着呼啸的狂风，大雨倾盆而下，啪啪的雨点打在窗户上。他悄悄下床，披上雨衣，瞬间消失在大雨中。

徐俊雅听到开门声，喊道："老焦！老焦！"见没有回声，便起床查看，早已不见人影。

徐俊雅忙招呼起大女儿守凤："守凤，快起来，你爸又出去了！"娘儿俩打着雨伞去寻找焦裕禄。

像是有人把天捅了几个窟窿，那雨不是下，简直就是从天上往下倾倒。一天一地，都是飞瀑倾泻的轰鸣。没有路灯的街道一片漆黑。徐俊雅和焦守凤一条街一条巷地寻找。

焦守凤喊着："爸！爸！"大风很快把她们撑着的雨伞刮烂了。

娘俩在雨里相互搀扶着，跌跌撞撞，已淋得透湿。焦守凤问："妈，您说我爸会到哪儿去呢？"徐俊雅说："我想起来了，你爸一定去火车站了。"

火车站上，车轮声、汽笛声沉闷而磅礴。焦裕禄果然在车站广场上察看水情。他左手打着手电，右手拄着一根棍子，这里探探，那里瞧瞧。徐俊雅和焦守凤远远看见了火车站广场上雨幕中闪动的手电光。

焦守凤说:"妈,我爸真在那儿呢。"她大声喊着:"爸——"焦裕禄说:"这么大的雨,你们出来干啥?你看,身上都湿透了。"他脱下雨衣披在守凤身上。焦守凤说:"爸,我不穿。我和妈找了您几条街了。"徐俊雅说:"你还病着,一个人跑出来,怎不吭一声?"焦裕禄抹一把脸上的雨水:"雨下这么大,我心里急,出来看看县城里的积水能不能排出去。你们别担心,我这不是挺好嘛。"

徐俊雅扯起他的胳膊:"你不要命了?快回家!"焦裕禄一笑:"俊雅你说怪不,让这雨一浇,我的痛一点也没啦,真的!你们娘儿俩快回去,我再往北街、东街那边看看。"徐俊雅说:"你到哪儿,我们陪上你到哪儿!"焦裕禄无可奈何地摇摇头。焦守凤把雨衣当伞,给爸爸妈妈撑在头顶。

一家三口在雨里跋涉着。焦裕禄问:"俊雅,你们咋找到这里来的?"徐俊雅说:"记得有一回你说县城数火车站地势低,找了几条街找不到,想你肯定到这儿看水势来了。"焦裕禄说:"县城在明朝洪武元年刚建的时候,叫兰封县,就是因为躲避洪水,才从老韩陵那边迁过来。可哪一次洪水都没避开过,嘉庆年间一场大水,干脆把县衙、谷仓全荡平了,城墙也冲倒了。"

徐俊雅脚下一滑差点跌倒,焦裕禄急忙扶住。焦裕禄接下去说:"据说城内西南凹,当时积水有八尺深,水退了,只好重修县城。"他们又过了两条街,雨下得更紧了。焦裕禄和焦守凤扯着雨衣,根本无济于事,三个人都淋得透湿。路坑坑洼洼,水深的地方没过膝盖,三人挽着胳膊前行。焦裕禄说:"你看北街农展馆这边是块凹地,水是从南边、东边压过来的，十字街地势高，把水憋住了。"见徐俊雅面有戚色，他说："愁啥？这场雨下得好啊！"

徐俊雅没好气地顶撞："好什么？一个兰考都快淹完了，还好呢！"

焦裕禄说："这你就不懂了，不下这么大的雨，就不会有这么大的水。没有这么大的水，我一是不知它会泡到什么程度，二是不知兰考哪里有多高，哪里有多凹？我们除'三害'，风口沙路摸了，治碱也找到了办法，可就是这水的规律还没底，这场雨算是老天帮忙。"

徐俊雅说："天快亮了，回吧。"焦裕禄说："城关镇有些住房不太牢固，我还要转一圈再看看。"

二

回到县委，焦裕禄马上召集县委常委们开会，部署救灾工作。他说："同志们，天还不亮，雨还没停，就把大家召集来开会，是因为事情太紧急了。这一夜大雨呀，把县城全淹了，降水180多毫米，各公社的情况，有的电话打通了，有的还打不通，都非常不妙。我考虑了五条意见，和同志们沟通一下。"他飞速地接了一支烟："第一，所有从事农村工作的干部，无论是县、社、大队，还是生产队干部，都要全力以赴，领导带头，分片包干，迅速查清灾情。第二，降雨量大、受灾重的社队，在工作部署上以排水救灾为工作第一位，其他事情都往后放。"

县委常委李成问："那社教运动怎么办？"焦裕禄说："社教运

动暂时停下来！抓紧时机排除积水，抢救庄稼。第三，迅速整修全县水利设施，为更大的降雨排水做好准备。排水中强调上下游兼顾，发现水利纠纷，领导必须亲临现场。"他又接了一支烟，吐出一口，猛烈咳嗽起来。他喝了口水："第四，加强群众思想教育工作，稳定情绪。对群众住房普遍进行安全检查，不能漏掉一家一户。有危险的住房，一定要搬出来，塌房户要妥善安排。最后一条，大雨给群众生活带来了更大的困难，凡县、社、大队现存的救济物资，要迅速分发下去，以解燃眉之急！就这五条。大家有什么意见？"李成说："那阶级斗争还抓不抓？不搞社教，不抓阶级斗争，是很危险的。我认为，越是在这样的时候，越要抓阶级斗争。"焦裕禄说："如果抓阶级斗争能让水下去，就抓。现在全县都在水里困着呢，先排水。其他同志还有没有意见？"李成脸色变了，说："焦裕禄同志，我再提醒一次：抓阶级斗争是我们工作的纲领，老天下了场雨，阶级斗争就不要了？我们要看看自己的政治立场是不是有问题？用救灾冲击阶级斗争，我们会犯错误的。"

焦裕禄说："李成同志，兰考 36 万老百姓的生命就是天！水火无情，雨还在下，水还在涨，我们县委在这个时候就是老百姓的主心骨，我们不能乱了方寸。抓救灾就是政治立场出了问题，这是什么理论？今天我们不议这个问题，你有意见咱们个别谈，现在专议救灾。"

一位常委说："建议水利局和职能部门到各公社调查水文情况，绘出图纸，科学部署救灾，在排水上多听听专家的意见。"焦裕禄说："这个建议很好，非常好。我们越是在突发的大灾面前，越要讲科学精神。水利局那边，会后马上让他们把专家和技术人员派下去。水利局有没有泄洪方面的专家？"

张奇说："有一位工程师。"焦裕禄说："能不能把他找来？"张奇说："他到扬水站了。是个接受改造的'右派'。"焦裕禄说："那我们散会就去找他。对这几点救灾方案，大家还有没有别的意见？"大家说："没了。"

程世平说："没意见咱们赶快行动，老焦的五点意见，作为县委的文件立即发下去。"焦裕禄说："刚才那条建议一定要补充进去。"程世平手往下一劈："共产党员、共青团员和干部要以身作则，到第一线去和群众一道救灾。各位常委分片包干，马上下乡！"

一阵惊雷过后，传来一声嘹亮的鸡啼，紧接着，就是一片雄鸡报晓之声。

三

雷声时隐时现，雨还在下着。焦裕禄卷着裤管，脱掉鞋袜，打起一把红油纸雨伞，带领张奇和小刘到各灾区去查看水情，指导救灾。一行三人，每人手里拿一根探路的棍子，在大水里跋涉。汤汤大水，茫茫雨帘，只有横流的水，斜飞的雨，没有路，没有土，似乎也没有了空气，连呼吸也要吸入雨水，呛得人不住地咳嗽，浇得人不住地打抖。每到一股水流前，焦裕禄都要看清来源、流向，立在激流中画流向图，他问道："小刘，你能看出这水往哪儿流吗？"

小刘说："咱们手里没仪器，这一片都是水，水往哪儿流，看不出来啊。"焦裕禄撕碎了一张纸，把纸屑撒在水里，纸屑随着流水漂。他指给小刘看："小刘，你看，用不着什么仪器，跟着这片纸走，哪儿高，哪儿低，一目了然。"

雨还在下，小刘撑着伞，焦裕禄画着水流流向图，一路走走停停，先后到了田庄、金营、杜同庄和梁孙庄。每经过一个村庄，他都要先看先问群众的受灾情况，了解干部群众在这场灾难中的情绪想法。每到一股水流前，他都要看清来源，查清流向。他立于洪水与激流中，画出了一张又一张的洪水流向图。

他突然感觉到了一阵肝疼，疼得眼前发黑。他呻吟了一声，张奇和小刘立即扶住了他，他就势蹲在了水中，手按着肝区张口大喘，脸黄口青。张奇劝他："焦书记，你有病，不能再这样折腾……"他没有回话，抖索着蹲了一阵，手拄着棍子又蹚向前去。

他们蹚到了金营大队，支部书记李广志一眼看见焦裕禄水淋淋从天而降，吃惊地问道："一片汪洋大水，你是咋来的呀？"焦裕禄强打精神，晃了晃手中的棍子，竟来了一句幽默："就坐这条船来的。"

李广志看到他的病容，劝他赶快休息，他仍是不答，从雨衣下掏出他绘制的水流草图，一边指点，一边对李广志讲，应该在哪里开条河，再从哪里挖一条支沟，水应该流归何处……如此，就可以将几个大队田中的积水排出去，排出去……李广志感动了，所有的人都觉得心疼，劝他停歇一下，吃一口热饭暖暖身子。他摇摇头："这样的雨天，群众缺烧柴，不能吃派饭……"

他蹲在地上啃了几口带来的干粮，又招呼张奇和小刘蹚水走了。

他们来到了王孙庄时，城关公社正在那里开防汛战地会。当时焦裕禄发现有人情绪低沉，就坚定地说："这场雨，确实给我们带来不少困难，但我们共产党人是不怕困难的。现在可怕的不是灾害威胁，可怕的是干部在困难面前萎靡不振。"接着又十分严肃地说，"咱们都是群众的带路人。在一个县，县委是全县群众的领导核心；在一个公社，公社党委就是全社群众的领导核心。现在，群众都在看着我们，越是在困难的关头，领导干部越是应该挺身而出，用咱们的勇气和信心，去鼓舞群众的斗志。"

焦裕禄的一番话，鼓舞了大家的士气。人们竞相说了许多抗灾办法。焦裕禄听后，高兴地总结了大家的发言："麦季丢了秋季捞，农业丢了副业捞，洼地丢了岗地捞，地上丢了树上捞。只要我们领着干，事事依靠群众，灾帽一定能摘掉。"

大雨继续下，焦裕禄一行到城关公社柳林、金营、窦寨、王孙庄等大队，顺着水的流向，一个村一个村地察看。桂李寨地势高，水流不过去，积在北边6个大队的地里。焦裕禄决定从桂李寨排水，他把这个任务交给城关公社书记孟庆凯。孟庆凯召集桂李寨等7个大队联合挖了5条排水沟，救出庄稼2500多亩。

第二天，焦裕禄一行又冒雨到红庙、仪封、城关几个公社了解灾情，慰问受灾群众。这里群众缺粮食，缺柴烧，不少人外出谋生。据当时统计，全县已有9000多人外流，根据这个情况，焦裕禄与县委领导成员商量决定，把县里仅有的35万斤统销粮和5000元救济款，以最快速度拨发到受灾最严重的社、队和灾民手里。

5月21日至22日,他看到了一组数据:全县淹没庄稼18.2万亩，其中小麦7.9万亩、秋苗10.3万亩，倒塌房屋4890间，砸死、砸伤18人。他将灾情如实地向开封地委汇报。地委及时派来了救灾工作组，并拨给统销粮330万斤，救济款几十万元。

他忍着肝痛，又来到了灾情最严重的南丈公社和张君墓公社，表扬了南丈公社"排水中坚持上下兼顾，舍少救多，舍秋救麦，舍坏救好的原则，挖了许多排水渠道，3天时间，排水1.1万多亩"的做法。表扬了张君墓公社"组织群众3天挖大小排水沟356条、疏通老渠道187条、排积水面积2.6万亩、修理危房114间、安排了190户共655人的住房"的做法。当天晚上，他连夜召开了各公社书记、下乡的县委委员和救灾工作组长电话会。通报了南丈、张君墓、城关等公社排水救灾情况，要求全力以赴做好抢种补苗工作。

5月23日，又一组数据摆在他的面前：全县已排出积水面积7.36万亩，占水淹面积的35%，占能排面积的92%。补种大秋作物1700亩，修盖房子1696间，安置倒塌房屋的群众1440户。

5月26日，黄河流量每秒6000立方米，是1958年以来同期最大的一次洪水。这天上午，他先后到爪营公社姚寨、韩庄、坎头等险要地带和三义寨夹河滩等地检查堤防情况，教育沿河干部注意险情，保护群众。

5月27日，他主持召开县委常委会，总结前段生产救灾和社教活动工作，研究当前生产和麦季分配问题。

晚上，他又召开了各公社书记电话会，传达了县委常委会精神。他总结了5月18日以来，全县干部群众和水灾作斗争的情况，说："18日以来，全县降雨240毫米，低洼地区严重积水，全县倒塌房屋4800多间，群众吃、烧、住面临很大困难。在这种情况下，全县组织500多名干部，投入生产救灾中。县委机关除两名同志值班外，其余都下去了。全县干部争着到最困难的地方去，领导群众排水、抢种及安排生活，进一步发扬了我们党密切联系群众，和群众共患难的优良传统。"他又强调,"我们共产党人,对群众吃、烧、住、疾病都要挂在心上,这是我们党的优良传统。越是在群众困难的时候,越要联系群众,解决群众迫切需要解决的问题。对塌房的、有病的、住院的群众要进行慰问,对生活确实有困难的要帮助解决,要加强粮食调运,民以食为天,克服一切困难,尽快把粮食调运下去,这是对业务部门每个共产党员和干部的严重考验。下边的粮店,服务态度要改变一下,要发扬阶级友爱、学习雷锋精神。营业时间要延长,要从各方面体贴群众,方便群众。"

四

淫雨连绵,铺天盖地。焦裕禄带上县委办公室主任李现武,要到社员的草屋和牛棚去看看。两个人从东街转到北街,穿巷又来到西街,腰酸腿疼,头晕肚饥。李现武主任建议吃过午饭再看西街,焦裕禄答应了,转身欲回,雨竟又倾盆而下,天地浑浊一片。

在这样的暴雨中,草顶泥墙又被大水泡了多日的民房最易倒塌,他断然说道:"雨这样大,还是先看看西街的危房再吃饭吧!"

二人向西蹬去,经过县医院门口,李现武说:"焦书记,雨太大,别往前走了,还是先避一避吧!"他说:"再往前走走,看看西关冷仓。"大雨中两个人继续前行,来到西关冷仓门口,李现武说:"再往西就是磷肥厂,咱们回去吧!"焦裕禄这才答应一声,转身返还。就在这一刻,忽听得前面传来轰隆一声巨响,并夹杂人的呼叫声。他飞奔于泥水中,循声来到倒塌的房前,见是一家三间泥房,塌了两间。其他人均不在家,只一位老太太被砸压在屋里,尚能呼救。

二人丢下雨伞，双手急刨，扒开坍塌泥草，幸亏有房梁横斜，罩在了床上。躺在床上的老人，头部被塌落物砸伤，鲜血直流。如不及时搭救，暴雨一定会将支撑不稳的泥草房浇塌，老人顷刻便会闷死于里面。

李现武用毛巾扎住老人的伤处，焦裕禄背上老人，急送医院。这家的邻人也在此时赶来，从他背上抢下老人，才认出救人者是焦书记。他们一同将伤者送到县医院，安排救治之后，焦裕禄才松了一口气离去。

李现武主任看了一下手表，已是下午1点多钟，而焦裕禄的脸色此时此刻又青又黄，看了吓人，令人心疼。

李现武对焦裕禄说："焦书记，正好在医院，你也住院看看输一点葡萄糖！"

焦裕禄说："不是时候，全县还泡在水里，我怎能躺在病床上。"

李现武说："用不了多长时间，正好休息一会儿，输完了再走也不迟。"

焦裕禄说："还是等雨彻底停了再说吧！"

说完，两个人又消失在大雨中。

回乡探亲

一

1964年1月26日,焦裕禄在开封地委参加会议,地委张书记对去年全地区的救灾情况进行总结:"去年,全区遭遇了百年不遇的自然灾害,上半年风沙肆虐,下半年一场罕见的大水,加重了盐碱地的灾情,面对灾情各县结合自身实际积极组织抗灾抢险,涌现出了许许多多的先进县,兰考县委的同志很好,去年虽然困难很大,但在困难的情况下,办了很多事情。别的地方不敢干的事你们干了,效果很好。从去年看,你们的态度是积极的,没有被灾害和困难吓倒。这叫作积极领导。但你们又是稳步前进的,都是经过试验,经过发动群众讨论,不是强迫命令,符合地委提出的'积极领导,稳步前进'的方针。因此,地委几次会议都表扬了你们的领导方法,传播了你们的经验。兰考过去要饭的多，闻名全国，现在转变过来了，这不是简单的事情，地委很注意你们的做法，并且大力推广你们的经验。下面请焦裕禄同志谈谈经验……"

焦裕禄双手捂着腹部，疼得满头全是汗珠，站了一下又蹲了下来。地委张书记见状命令他立即住院治疗。他说："谢谢书记关心，我觉得病人最好不要住院，一住院，耳朵听的眼睛见的都是病，人进到了病圈子里，轻病也转重三分，倒不如坚持工作，工作的乐趣可以驱除疾病的痛苦，这样对战胜疾病反而有利。再说，年初要安排一年的工作，现在不能住院。"

地委张书记严肃地说："焦裕禄同志，不要再说了，人得了病就得治疗，就得休息，便是钢铁做成的坦克，在激战之后也需修整。便是擎天的铁柱，架海的钢梁，亦会有'金属疲劳'的一刻。"

他被送进了开封市人民医院，秘书小刘陪在其身边。

散会以后，地委张书记就赶到医院听取了医生对焦裕禄病情的诊断结果。主治医生告诉张书记："张书记，病人肝病已经十分严重，由于长期得不到医治，已经发生癌变……"

张书记对医生说："要组织最好的医生全力救治！有什么好的医治方案？"

医生回答说："一种是手术治疗，咱们开封医疗条件有限；二是保守治疗，服用中药调理。"

张书记听完直奔病房。

焦裕禄正在输液，张书记欠了下身子，说道："张书记，看我这不争气的身子，给领导添麻烦了！"

张书记握着焦裕禄的手说："好好治病，兰考人民需要你这样的带头人！"

这时，秘书小刘端了一杯水过来："焦书记，该吃药了。"

张书记问小刘："你是兰考县委的？"

小刘答道："张书记，我是焦书记的秘书小刘。"

张书记对小刘说："小刘同志，焦书记就交给你了，让他好好治病休息，一会儿医生就过来会诊，有什么情况随时跟我联系。"

说完，张书记告别了焦裕禄离开了病房。

在医院里住了三天，焦裕禄就住不下去了。可是张书记给医院和小刘都下了命令，小刘更是寸步不离地跟着他。早晨起来给焦裕禄打来开水，让他吃药，接下来又削了一个苹果。

焦裕禄说："小刘，收拾东西咱们回兰考。"小刘说："焦书记，这可不中，张书记关照了，你哪里也不能去，配合医生，好好治病。"

焦裕禄说："我说的咋样？一进医院，就真成病人了。"小刘安慰他说："焦书记，你就当去开会了、去参观了，别想工作，治好病干啥不行。"焦裕禄："好，一切听你的。"他吃完药，躺了一小会儿，又坐起来说："小刘，你去帮我办个事行不？"小刘问："啥事？"焦裕禄说："到街上替我买盒牙粉去，记住要金鸡的。"小刘说："焦书记，牙粉早没人用了，我给你买管牙膏吧。"焦裕禄说："牙粉便宜，牙膏太贵。"

小刘犹豫了一下。焦裕禄说："我的检查结果还没出来呢，豁出去了，再住几天，等结果出来再说出院的事。"

小刘放下心来："中。焦书记，那我去办，你一定好好休息呀！"

焦裕禄在窗户上探探头，见小刘走了，急忙下床收拾东西。小刘买好牙粉回来："焦书记，我回来了，牙粉买回来了。"没人答应。

他急忙走进病房，焦裕禄的床已经空了。

小刘一拍大腿："唉！上了焦书记的当了。"

二

地委张书记听说焦裕禄从医院"逃"回了兰考，无奈地摇了摇头，他请当地一位有名的中医为他开了药方，抓了三服药让人一起送给焦裕禄，并嘱咐他坚持服下去。吃完三服药，焦裕禄觉得病情有所缓解，小刘就又照着这个方子抓了三服，焦裕禄一问每服药要花30元钱，就批评小刘说："兰考是个灾区，群众的生活很苦，吃这么贵重的药，谁咽得下去？千万不要再买了！"

小刘："焦书记……"焦裕禄打断他："好了，说说《河南日报》让我们组织专版的事吧。"小刘说："焦书记，上次报社刘总编告诉我，省委领导同志认为咱兰考县除'三害'搞得好，要推广我们的经验，报社决定发咱县一个专版，让县委赶快组织稿件，20天之内送报社。"

焦裕禄问："组织哪个方面的文章？"小刘说："刘总编说，围绕除'三害'斗争，请县委书记写一篇文章，再写一篇通讯，配上照片。"焦裕禄说："好啊，这是省委对我们的关怀，报社对我们的鼓励。赶快组织力量，尽快完成，你拟个名单，通知他们到县委来开会。"

半夜里，焦裕禄正在伏案写作，肝区又疼得厉害，他不得不用钢笔杆努力顶住。一面大口地、发狠地吸烟，牙齿把烟嘴咬得"咯咯"响。

徐俊雅拿着被咬碎的烟嘴，忍不下去了，心抖音颤地劝他："你是强忍疼痛了吧？"他却强扮出笑脸，还来上一句幽默："烟瘾大，这烟嘴真不结实！"徐俊雅说："你要是疼得厉害，我就找医师给你打一针吧？"他故作轻松道："深更半夜的，吵醒人家不好，没有多疼啊！"俊雅趁了这样的时机，含了眼泪软劝他："你一天天瘦了，铁打的人也要歇一歇。有病的人，哪有不治病的？你什么都知道，就是不知道疼自己……"焦裕禄又一次淡淡地笑了，温和地又谈起那一套执拗如牛的道理："反正睡不着，还不如做点事情，还能忘掉疼痛。这样也好，工作的时间反倒多了，还有那篇文章没写完，晚上赶一赶。省委领导同志认为咱兰考除'三害'搞得很好，让《河南日报》给兰考搞个专版。咱们正好借这个机会给群众鼓劲呢！"

徐俊雅往桌子上一看，摊开的稿纸上写了一个文章的标题"兰考人民多奇志，敢教日月换新天"。她把纸笔收了："不行！一个字也不能写了！"

这时，有人敲门。徐俊雅打开门："是老程啊，这么晚了，您也没睡？"程世平问："老焦睡了？"徐俊雅说："没，疼成那样还在写东西，让我给没收了。"焦裕禄喊道："老程，快进来。"

程世平进了屋："老焦，你在写什么？"焦裕禄说："我正在写《河南日报》兰考专版文章。"程世平说："估计用不着了！"焦裕禄惊讶地问："怎么回事啊？"

程世平说："老焦，有人到省委去告我们的状了。"焦裕禄问："告我们什么？"程世平说："告我们违反国家粮食统购统销政策，买议价粮。又动用救灾款，到外地购买代食品。"

焦裕禄问："省委对我们的做法怎么看？"程世平说："听说省委要通报批评我们，连《河南日报》那个专版也不让发了。你说告黑状的这人有多可恨，背后打黑枪。"

焦裕禄劝老程："这事应该看得开，咱们是应急措施，难免会做得不妥，怎么能把人家的嘴给封住？"程世平说："老焦，我真算服了你。"

兰考购买议价粮和代食品的事，成了一个"事件"，连开封地委的压力也大起来。焦裕禄和地委张书记通电话，心情十分沉重："张书记，去外地购代食品是我让供销社的同志去办的，我负全责。如果组织上要给我们处分，只处分我一个人好了，不不，张书记，我真的不是说气话。我们已经有 27 名干部因为饿和劳累死在工作岗位上了，27 名干部啊，我是第一书记，我有责任……"

电话的另一方，地委张书记的声音有些激动："裕禄同志，地委不认为你和兰考县委在这个问题上有什么错误，干部是我党的宝贵财富，你们为保护干部采取应急措施，不应该算是违反统购统销政策。我已经向省委作过情况说明了，裕禄你不要背思想包袱。你身体这个样子，上次从医院跑掉了，这怎么行呢？工作是干不完的，你一定要听医生的该治疗就治疗，身体是革命的本钱！"

焦裕禄说："谢谢张书记，我没事，老毛病了。吃中药了，还能顶得住，您放心。张书记，我先给您拜个早年了。"放下电话，他的肝部又疼起来，他用短笤帚紧紧顶住，头上大汗淋漓。片刻，他又抓起电话手柄，吃力地摇着。

电话没来得及接通，程县长来了。两个人围着炉子抽烟。焦裕禄问："老程，今年春节你打算回家过年还是在这儿过？你要回去呢，我就留下值班。你要不回去呢，你就值班看门，我想带老婆孩子回趟老家，我已经好几年没回山东老家了。"程世平说："我不回了,你回吧,家里老娘盼着呢。我值班,你尽管放心。"焦裕禄笑笑说:"那好,老程,我还有点小事,能借给我点钱吗?三四百就足够了。""好。我叫财务科给你支四百块钱,不太够吧?穷家富路,多带上点。"焦裕禄说:"够了够了。连工资一共五百多块,足够用的了。这钱,我回来就想法还给你,路上能节省就节省了。"

炉火旺了,程世平觉得热,就脱掉了外边的棉衣,焦裕禄却还紧偎着炉子烤火。程世平说:"老焦啊,这炉子旺了,屋里太热,把外边的棉袄脱了吧!"焦裕禄忙说:"不不不。"程世平见他冻得直打哆嗦,心里一惊:"老焦,是不是又犯病了?"焦裕禄说:"没,就是有点冷。"程世平走过去摸了摸他的衣服,又是一惊:"大冷天你穿个空心子棉袄,怎么能不冷,连件秋衣也不套,八面进风,还不冻坏了?"焦裕禄苦笑一下:"老程,咱没往里套的衣裳呀。"程世平说:"那就买布紧着做一件。"焦裕禄说:"没布票,手头也紧,将就着吧,有那么多群众连棉衣都穿不上呀。"程世平说:"没布票我给你找,无论如何也要做件内衣。你这个样子回去,老娘看了多心痛,心里是啥滋味儿。走,走,走,我陪你上趟街,买一件去。"焦裕禄推着老程:"别别,不用。""跟我你还客气个啥?走!"程世平强拉硬拽,把焦裕禄拉走了。

三

1964 年春节将至,焦裕禄举家踏上了返乡的路途。

第一次回家过年的几个孩子非常兴奋,在车厢里跑来跑去。服务员推着餐车过来了,一边在车厢里走一边吆喝:"热包子,热包子!

谁吃热包子？快点买啊，买晚了抢不上啊！"

车厢里的乘客纷纷买包子。流动餐车推到座前，几个孩子停止了嬉闹，眼巴巴地望着。服务员问焦裕禄："同志，买包子吗？"焦裕禄说："谢谢，不买了，带着馍呢。"徐俊雅问："你们卖的汤多少钱一碗？"服务员说："清汤五分钱一碗，鸡蛋汤两毛一碗。"徐俊雅说："老焦，馍都裂干了，车上开水也供不上，给孩子们买碗汤吧。"焦裕禄说："行，买两碗清汤。"服务员问："你们一家六七口人，两碗清汤咋喝？"焦裕禄说："孩子们分着喝，我们大人就不喝了。"

就要回山东老家了，28年了，焦裕禄一天也没有忘记魂牵梦绕的老家。28年了，常入梦的家乡里，青山绿水阚家泉、同学民兵雅乐队、砍柴的斧头、杀敌的地雷、村西的小桥与槐树，还有老父、老母、白胡子的爷爷，悲惨与欢乐，相交相融。稚气与豪气，生发有根。每每入梦之时，哭醒笑醒；每每忙起之时，归心似箭。但是，他是党的人，是一县之主，36万人之帅，是洛阳、大连、哈尔滨、尉氏县的强将，是兰考大地机体的一个部分，接骨扭筋，血肉相连……今天，他终于回到了故乡的怀抱，但那种"近乡情更怯"的心情，却让他步履蹒跚。

在博山下了火车，又坐了一段汽车，就上了山路。

第一次走故乡山路的孩子们感到十分新奇。国庆说："爸，奶奶要知道我们今天回来，不知该多高兴！"焦裕禄说："那当然了。"

国庆指着前面一片墓碑问："爸，你看那是什么？"焦裕禄突然停下来，眼睛里充满了敬佩，说："那些都是革命烈士的坟墓，他们为了打日本鬼子，打国民党反动派，救穷人脱苦难，他们的血染红了这里的土地，这些墓碑警示着后人奋发向上。"

孩子们似懂非懂地点点头。

当走到通往崮山八陡的山路时，他对孩子们说："这是你爹小时候，推车运炭、推车卖油走过的路。有一次，鸡刚叫几遍我就推着一独轮车的油去博山卖，又饿又困，实在推不动了，连油车带人摔到了沟里，老半天才缓过神来。"

他顿了顿，用手擦了一下眼泪接着说："当年被日本宪兵抓到博山，你奶奶为了救我，每天拖着三寸金莲的小脚往返在这条路上，三十多里远呀。"

孩子们哭了，俊雅哭了，悲苦的往事映照在他的眼前，徐俊雅望着重病在身的丈夫，眼泪咸苦相交，欲忍还流。

这时，远远传来了"叔！婶！"的喊声，原来是大侄子守忠来迎接他们了。焦裕禄高兴地拉过守忠："守忠，又长结实了。"他转过身对孩子们说："这是你们的大哥，焦守忠。"

孩子们喊道："哥哥好！"

守忠说："快回家吧！奶奶等急了，让我来接接。"焦裕禄问："你奶奶身板怎么样？"守忠说："奶奶身子骨还行，还天天纺线呢。"

进了院子，小院里早挤满了乡亲，大家拥过来问长问短。老母亲欣喜异常，抱了大的又抱小的，孩子们亲热地喊着奶奶。

母亲仔细端详着焦裕禄说："儿啊，这回见你，咋这么瘦呀？脸都窄了。"焦裕禄说："娘，您别担心，我身子骨壮着呢。"

母亲又问徐俊雅："他爸咋这么瘦？"徐俊雅说："娘，他就是累的，休养一段时间就好了。"

第二天，焦母早早起来，她在堂屋地上洒了水，仔细地扫着地。焦裕禄出来，忙抢过扫帚："娘，您歇着，我来。"焦母说："起这么早干啥，坐了那么远的火车，不多睡会儿。"焦裕禄说："不累，早就醒了。"扫完了地，他看见母亲坐在镜前梳头，就接过梳子来："娘，您的头发全白了！"

母亲说："禄子，娘老了。"焦裕禄说："娘，您这全是操心累的呀！"

母亲说："禄子，娘看你脸色，一直没转过来，是不是哪儿不舒坦？"焦裕禄说："娘，您别担心，没事。"焦母说："病宜早治，饭宜热吃。不舒坦早点上医院看看，千万别拖着。你是一家之主，身子骨要紧。"焦裕禄说："娘，您放心。"

四

一天，吃过早饭，焦裕禄说："娘，我要去看看以前那些老同学、老同事，到他们家里去转转。"

孩子们听说爸爸要出去，都要跟着去，焦裕禄对徐俊雅说："都一起去吧，顺便拜年了！"

焦母："让守忠带你们去，变化大，好多人家你都找不到了，外面冷都多穿点！"

焦裕禄一家，在焦守忠的引领下，首先来到了老同学李安祥家，老同学多年不见，分外亲切，他们感慨几年不见皆已过"不惑"之年。他们一同回忆同窗共读的学生时光，谈事业，谈人生，谈生活，全然忘记了在一旁的徐俊雅和孩子们。

焦守忠提醒道："叔，时间不早了，该走了！"

李安祥这才想起了徐俊雅和孩子们，连忙道歉："不好意思，我俩光顾说话了,冷落你们了!"

告别了李安祥,焦守忠又带领焦裕禄一家人来到了焦方亭、刘美元夫妇家。

焦守忠敲了敲门,喊道:"小爷,我叔来看你们了!"

刘美元连忙打开了门惊讶地喊道:"是禄子回来了!"转身喊道:"方亭,方亭,你看谁来了。"

焦方亭赶忙来到门口:"怎么是禄子,你回来了,快进屋坐!"

焦裕禄进到屋里,三位老战友的手错杂地握在了一起。二人又一齐问:"你为什么这样黑瘦?"在他们的记忆中,焦裕禄是白面书生,白袍小将。焦裕禄笑着答:"就是这样瘦,总也胖不起来。"还是老妇救会会长的心比丈夫细一些,随便问了一句:"你媳妇和孩子没带来吗?"焦裕禄笑着答道:"在门外哪!"夫妇俩忙不迭地开门,看见穿一件旧布大袄,既俊又雅的徐俊雅候立门外的冰雪地上,满面笑容。后面几个孩子们在嬉闹着。

徐俊雅见了二位长辈彬彬有礼地问候道:"叔叔、婶婶,过年好!给您拜年了!"

孩子们说道:"爷爷、奶奶,过年好!"

刘美元热情地招呼着:"侄媳妇,孩子们,快屋里坐,外面太冷!"

客套一番后,焦裕禄问:"老民兵还有谁在家?"夫妇二人抢答:"焦念钦、焦念江、王西月……"

焦裕禄说道:"叔,婶,我要到王西月家去看看,告辞了!"

焦方亭、刘美元夫妇把焦裕禄一家送出大门外。

焦守忠又带领叔叔一家,来到了老党员、老民兵王西月的家中。

王西月握着焦裕禄的手说:"裕禄你回来了,想死你了,这么多年你怎么也不回来？"焦裕禄紧紧攥着王西月的手说："我也想念大家，实在是公务在身，脱不开身！"王西月问："禄子，你现在在哪儿工作？""河南兰考县。""做个几品官呀？""没什么官呢，在兰考县委。"

王西月端详了一番说道："禄子，你的脸色可不太好？是不是工作太累？要不让村里的中医给你看看，拿点中药调理调理？"

焦裕禄笑笑："我没事，没有什么病，不需要什么调养。"

俊雅安静地坐着，眼神幽幽地看着焦裕禄。

那群聪明而淘气的孩子们，一齐趴到了好脾性的爸爸身上，又笑又闹。王妻心疼焦裕禄，哄着孩子们："好孩子，乖孩子，快起来，别趴你爸身上，你爸太累了，太累了……"

焦裕禄笑着说："不要紧，闹惯了。"

他开始询问村中的老同志老战友还有谁，谁家的日子怎么样，生产队怎么样。王妻说："你还记得这些人呀？"焦裕禄说："怎能忘了呢？你们也忘了我吗？"

大家欢笑起来，共同忆起战斗的岁月，艰苦而充满斗志的岁月。他们走出门外，站在王西月的西屋山头，指点着西面。

焦裕禄："这里变化太大了，几乎找不到以前的影子了。"

王西月："是啊，你看原先空旷的田野里，盖起了大片的房屋。"

离开王西月家，焦守忠在前面走，一家人跟着上了山。焦方开早在山上等他们了。焦裕禄问焦方开："方开叔，您还记得吗？这边是咱们当年埋石雷的地方。"焦方开说："是啊，还有那边的二道坡，当年咱们打过伏击。"焦裕禄说："看不出来了，这条路也改道了。还有这儿……"他指着前头："这边不是阚家泉吗？"

焦方开说："这里没泉眼了。"焦裕禄说："方开叔，我觉得你这个队长冬日就要带领兄弟爷儿们上山，垒石堰，修梯田，平土地，刨草荒。春日开始封山，将山顶的四周搞起木材林，将山下的土厚处搞起经济林——桃树、梨树、苹果树、花椒树，满眼青绿，满山花果，既能绿化又能带来收入。"

焦方开："裕禄，你这个提议好是好，就是没有水浇果树。"

焦裕禄："在上坡的田间打几眼机井，不就解决了。"

焦方开："曾找过水利部门的专家来看过，没有找到水。"

焦裕禄反驳说："这个有阚家泉的宝地不会没水，只是没找到罢了，有青山的去处便要有绿水，这是大自然的恩赐。"

这时，徐俊雅笑着说："裕禄，回老家不叙旧，怎么又谈起公事了？我看你是职业病。"

焦裕禄和焦方开哈哈大笑起来。

就这样，焦裕禄带着全家人，遍访亲人、同学、邻居、老民兵和老干部。自腊月二十七日到家，由焦守忠引路，常以合家出动的阵势串了30多家门，有名可计的诸如：郑汝信、焦方亭、刘美元、焦方珠、焦念中、焦念书、李安祥、李洪生、李景伦、王西月、焦念钦、焦其焕、焦念样等，无名可计或路遇前来看望的，遍及了北崮山老老少少和裕禄家所有亲朋好友。

短暂的假期即将结束，焦裕禄知道又要离开母亲了。他想起了小时候被鬼子掳到抚顺，撕心裂肺地哭喊着禄子的母亲，后来他脱离了虎口逃回来又见到了母亲；他想起了他和前妻郑氏南下宿迁逃荒时无奈的母亲，鬼子投降后他带领妻女回到了老家又见到了母亲；他想起了他作为南下支前干部离开时虽难舍却自豪的母亲。他作为国家干部回到故里又见到了母亲,但是他自己心里清楚,这次离开是和母亲最后的诀别,也许永远也见不到娘了……

临走的前一天,他和徐俊雅一起为母亲做了一桌饭菜,让母亲坐在主位,他和徐俊雅一起端起酒杯站在母亲的面前,对母亲说:"娘,明天我们就回兰考了,今天儿子和儿媳敬您一杯酒,祝您老人家健康长寿!"说完一饮而尽。徐俊雅知道这杯酒喝下去,他的肝会疼痛难忍,但她不能制止,一来是他要尽孝心,二来是如果她制止就会让母亲知道。

喝完酒,焦裕禄把儿女们召集过来说:"孩子们,给奶奶磕头。"

孩子们齐齐地跪在地上,给奶奶磕了头。

焦母眼含热泪,不住地点头。

下午,他率领全家老小,由侄子焦守忠带路,来到了位于村西北角,岳阳山与崮山之山脚交汇的去处——焦家的老林地。

他指认一个个的坟头,向妻子、向儿女介绍着名字和与每人的血缘关系。告诉妻子儿女他们都是穷死的、苦死的,如果能有今天的日子,他们本不该在那样的岁数死去。

然后他又领着妻子和孩子们来到了老父的坟头,对孩子们说:"你们知道爷爷是怎么死的吗?是被地主逼债上吊死的。那时候,咱们全家吃的都是清水煮野菜。你们的大哥哥叫小连喜,也是在逃荒讨饭路上死的……"说到这里,也许他眼前又浮现了小连喜惨死时的情景,他停了好半天,黑瘦的面庞闪现了无限悲苦的表情,双目中似有闪光的泪花。骨肉至亲,父子连心,他哽咽着既像自言自语又像对着妻子儿女说:"那孩子要是还活着,今年该有20岁,成为一个真正的山东大汉了……"

全家人眼含热泪离开了焦家的林地。焦裕禄并未将他们带回家去，而是命侄子焦守忠将全家引向北崮山村的西南方向，走到一片烈士墓前，有五位抗日英雄牺牲于日寇的刺刀之下，其中还有一位美丽的、年轻的女卫生员。

他的声音在西北风的吹拂下，抖抖颤颤，掷于雪地却铿锵有力："孩子们，这儿是我们的老家，五位远在山南海北的革命英雄，为了抗日，为了赶走侵略者，长眠在这里了。全中国还有很多像他们一样的革命英雄，他们用鲜血换来了新中国的成立，换来了人民的幸福生活，你们永远不要忘记他们，做人要做这样的人……"

探亲的日子结束了，寒风刺骨，焦裕禄一家要去博山坐火车，焦母拉着孙子、孙女的手，为这个系扣子，为那个围围巾，恋恋不舍。焦裕禄说："娘，您回吧，天冷，冻着您了！"徐俊雅也说："娘，您放心，我们一到兰考就给您拍电报！"母亲好像没听见，依旧抱着小孙子保钢往前走。焦裕禄说："娘，您回吧，您送多远也是要走的，明年我还来陪您过年。"焦母说："我不累，再走走！"焦裕禄对焦守忠说："守忠，你快陪你奶奶回家。"焦守忠："奶奶，咱们回家吧，要不叔和婶怎么走？"

又过了一道山口，焦裕禄说："娘，您回吧，儿给您跪下了！"焦裕禄跪在母亲面前。母亲流着泪拉起焦裕禄说："禄子，不知为啥，娘这次就是不放心你。"焦裕禄说："娘，您放心吧，过个阶段我就来接您去兰考。"

母亲停下了，又过了一个山口，焦裕禄回头看到，母亲站在原地，一头白发被风吹起，焦裕禄的热泪夺眶而下。

与世长辞

一

自山东老家返回兰考,焦裕禄似乎是在拼命地工作。

1964年3月14日,他主持召开了县常委生活会,他说:"今天的常委生活会就是要亮亮我的思想。我个人的思想是,在兰考一天,就要干一天工作,但最苦恼的是自己身体不好,肝疼,扁桃体肿大,现在又多了个腿疼,会影响工作……春节回老家借了300元钱,这个月可还100元,争取三个月还清……我这个人是个炮筒子脾气,工作上有些急躁,有时对下边的同志批评不够恰当……"

程县长说:"老焦,你今天是咋啦,你的病这么重,还在坚持工作,我们都为你担心,万一出了问题……兰考人民需要你,根治'三害'的工作需要你……"

他笑笑说:"老程啊,我一个人能有那么大的能耐?党和万兰考人民才是改变灾区面貌的力量嘛！再说我这病，我就不信治不好！"

第二天，他下乡检查工作落实情况。往日里，他的车子蹬得飞快。那一天，他蹬不动自行车了。在一个上坡的地方，他实在蹬不上去了，下车蹲在了地上。

同志们围上来，无言地看着他，无可奈何，无言相劝。一位姓张的干部焦急地建议："焦书记，你都病成这样了，为啥还要硬撑，还是先回去吧！"

他却突然站了起来，推起车子向前走去："还有事情等着我们去办！"他没有更多的解释了。

他们好不容易来到了公社，公社书记看到他脸色不对，气色不佳，明知他病又犯了，却不敢说病："焦书记，先不忙谈工作，喝口水，您先休息一下。"

他不容商量地道："我不是来休息的，还是先谈你们的情况吧！"

公社书记的心缩紧了，却只得开始汇报。他气喘吁吁地记笔录，字写得歪歪扭扭，笔从手中掉在了地上，一阵强烈的疼痛袭来，他昏倒在地上。

焦裕禄被送到了兰考县人民医院，经医生诊断是肝病急性发作，必须立即转院治疗。

3月22日，程县长来到兰考县人民医院看望他，看到医生的诊断书后对他说："老焦，你这个病，不能再拖了，我已通知办公室的同志，中午之前安排转院！"焦裕禄说："老伙计，再饶我一天，转院前我得把工作安排妥当！"

程县长说："可以回家和俊雅及孩子们吃顿饭，准备一下，明天我安排好转院。"焦裕禄说："我还得回县委，有几位同志的工作还需要汇报，手头的几件事还要处理一下。"

他回到县委，详细地部署了县委的工作，找这个同志谈谈，找那个同志问问，无微不至，九曲回肠，忙了整整一天。

晚上，他躺在床上，像打了硬仗一样乏透了身骨。他开始面对墙壁"过电影"，不是一时一事，不是一月一季，而是一种全景式的、多场次的回顾展览。在这个不寻常的夜晚，工作与生活中的琐事已幻化为一片空白，只剩下几条粗壮的筋骨，"大写意"地呈现于眼前。于是，他以他幼时便有的想象力，构思出一幅幅辉煌的画面。

肝又疼了，是一种如火烧灼的疼痛。孩子们睡了，在梦中发出呀呀吃语。被里子全烂了，糟了，那是一群小燕子似的孩子蹬烂的，他只好把被子翻过来盖，如果被面再破了，心灵手巧的妻子俊雅会把它补一补，像平日里缝补他的棉袄、棉裤、衬衫、衬裤，她会把袜子补成靴子一样厚实，会把裤子的臀部以圆线条纳补，一圈圈收进去，收进去，使人看到一种以旧胜新的手艺，一种女性的温情与耐心。

妻子俊雅听到丈夫疼痛的呻吟，默默流着眼泪，无声无息地开始收拾住院用的缸子、饭碗、水杯、汤匙等物品……她盼望着天快点亮起来，天亮了自己的丈夫就能被送往医院，就能解除他的痛苦，在病痛面前她实在无能为力，一切一切的希望都寄托在了医生身上。

一大早，成群的兰考县委机关干部、群众都来给外出治病的焦书记送行，他谢绝那辆拉炮的美式旧吉普车护送，也谢绝了架子车、自行车的载送，而是由俊雅和守云搀扶着，气喘吁吁地弯着腰，缓慢地走向火车站。送行的队伍越来越长，扯南到北形成了不见尽头的人流。

焦裕禄抑制着剧烈的疼痛，努力挤出笑容向送行的人们挥挥手，劝同志们："大家不用担心，都回去吧，我很快就会回来，我焦裕禄舍不得兰考这块地方，更舍不得兰考 36 万人民……"

姥姥抱着三岁的保钢，带着国庆、玲玲等几个孩子也来了。焦裕禄接过保钢抱在怀里，深情地看着小儿子。他把脸贴在孩子脸上。他给国庆正正棉帽，给守云系好围巾。

送行队伍默默伴着他前行。一张张焦虑的面孔，一双双流泪的眼睛。临上车前，焦裕禄把除"三害"办公室主任张奇叫到面前，长时间凝视着他，一字一句嘱咐："老张啊，除'三害'是兰考 36 万人民的盼望，是党交给我们的任务。你们一定要领导群众把这件工作做好。我回来，还要看你们的成果呢。"张奇眼里含着泪水："焦书记，您放心。俺们向您保证，一定做好工作！"

汽笛声响了，一双双手搀扶着他上了火车。火车驶出了站台，送行的人们没有离开。他们向出站的列车挥动着双手。

这一天是 1964 年 3 月 23 日，兰考人永远记住了这个充满忧伤的日子。

二

焦裕禄住进了开封医院。人进了病房，心却留在了兰考，口中念叨嘱咐的，仍是兰考的除"三害"工作。主治医生对他说："焦书记，你住进了医院，就是病人，要配合好医生的治疗，安心治病，少谈工作，好好休息！"他苦笑了一下，说："不行啊！兰考是个灾区，那里有许多工作在等着我，我怎能安心躺在这里休息呢？"

肝疼，腰也疼起来，医生采取了烤电治疗，烤得皮肉起了水泡，剧烈的疼痛时时在折磨着他。妻子徐俊雅用毛巾小心翼翼地为他擦着汗。这时，地委张书记来到了病床前，焦裕禄强忍着疼痛要坐起来，被张书记制止了，他说："你的诊断结果我看了，必须尽快转到郑州医院接受治疗。"焦裕禄说："张书记，我的病没有什么了不起，灾区那样穷，何必把钱花在这上头？在这里诊断出病情以后，我还是回到兰考去，可以一边治疗，一边工作嘛！"张书记说："焦裕禄同志，叫你去郑州，是为了尽快地治好病，使你能更多地为灾区人民服务。"

他终于同意了组织上的决定，被送到了郑州的河南省医学院附属医院，经过几天的检查、诊断，医生在诊断书上写下了"肝癌早期"的诊断，徐俊雅看到了这个诊断，如雷击顶，她把脸转向窗口，强忍了欲要喷涌的泪水。焦裕禄察觉到了她神情的变化，笑着问她："你怎么啦？"她回答："没什么，担心孩子……"焦裕禄没有再说话，他大概已经明白了一切。

又过了几天，他被转院到首都北京的一家大医院，经过专家会诊，确定为"肝癌后期，皮下扩散"。这是不可救治的绝症，专家摇头叹息了，低声地且清晰地告诉徐俊雅以及随行的同志："我们只能采取保守疗法，无能为力了……他的生命最多还有二十几天的时间……"

这样，焦裕禄又被送回到郑州医院，返回此处的焦裕禄已是面色蜡黄、颧骨高耸、眼窝深陷、牙关紧咬，痛苦万状的表情令人揪心。他的身体极度地消瘦下去，肝痛已不是短暂的阵痛，而是持续难熬的长痛，整日整夜不能合眼。

在短暂的睡梦里,他没有了控制的意识,"哎哟"呻吟了几声,被惊醒的俊雅惊心地看到:他已经满头大汗,在床上抖缩地蜷成一团,从床的这一头滚到那一头,循环往复。俊雅哭了,要去叫医生,焦裕禄却突然强忍住了剧痛,摆手制止了她说:"别,别叫——深更半夜,医生——都休息了,别——惊动——人家。"

俊雅为难了,她想叫医生,可又怕惹得痛苦的丈夫生气,她趴在床沿上哭了起来,心中噎满了五味俱全的疙瘩,断断续续地请求丈夫:"裕禄,还是叫医生打一针止止疼吧……我再也不忍看下去了……"

焦裕禄无力地抬起了冒汗的手,轻柔地抚摩着俊雅的肩膀,眼中闪射出无限柔和和温暖的光芒:"俊雅,不要哭嘛……影响其他病友——多不好。病,就是欺软怕硬的东西——你要是硬顶住——它就老实多了——你看,我不是——好多了……"

他努力想扮出一丝笑容,脸上的肌肉却痉挛起来。妻子哭得更伤心了:多好的人啊!你得了这样的病,受着这样的罪,还想着不扰病友,不扰医生,你的一生即将结束,你的心好到了这样的地步!她忍不住再一次地劝说着,意在掩盖自己的失态:"裕禄,我没有什么可伤心的,可看见你疼得那样厉害,又不叫打止疼针,俺心里是个啥滋味?"

焦裕禄温柔地答道:"打止疼针是能止疼——可能止多大会儿?药很贵——打了还是疼,白费多少钱啊?我能顶得住,省下些药来——给别的病人……"

又一次的疼痛很快来临,比哪一次都强烈,都持久,从胸到肋,从肋到腹,像油煎火燎,锥刺刀割。他又在床上滚来滚去,双手痉挛地抓扯着被褥衣服。猛然间,他半句半句地吐着字:"俊雅,请——请——给我——点一支烟。"俊雅慌忙照办,他吸亮了烟头吱的一响按向自己的皮肉,一下,两下,俊雅再也忍受不住了,"哇"地哭出了声。护士急匆匆跑了过来,看到了这惊心动魄的场景,看到他身上几处冒泡的烫伤,什么都明白了。护士眼含着热泪告诉他:"焦书记,千万别这样做,就是铁人也受不住……我现在就给你打止疼针……"

突然间,他又一次忍住了,并且急急忙忙地拒绝:"等一等,疼得厉害时,再注射……"

护士不知所措,跑去告诉了医生,医生研究,送焦裕禄住进隔音室。在隔音室中,好心的医生恳求地对他说:"焦书记,这里是隔音室。你如果疼得忍不住,就大声地喊叫几声,也不会影响别人……"感激的表情洋溢于他蜡黄的脸上。

门外暴雨如注,疾箭般的雨点射在窗上,点点迸破,他躺在病床上望着打在窗户上的雨点,无限忧愁地念叨着:"下这么大的雨,不知兰考又淹了没有?除'三害'的情况怎样了……"

这时,徐俊雅进来了,她用毛巾擦了擦焦裕禄头上的汗水,焦裕禄看着自己的妻子心疼地说:"俊雅,这些日子,把你累瘦了。要不你回趟兰考,休整一下,顺便看看兰考淹了没有。"徐俊雅含着泪点了点头……

三

他的大女儿、乳名叫小梅的守凤来看父亲了。焦裕禄一眼看见女儿，非常高兴，第一句话便问："小梅，下这么大的雨，咱兰考淹了没有？淹得怎样？"守凤见父亲病成这样，仍然关心兰考灾情，难过得鼻中发酸，边揉眼边答："没有淹，咱县的排涝工程起大作用了，爸，您放心吧！"

焦裕禄把脸一沉，做出了严肃的样子，说："这样大的雨水，怎会不淹？女儿也对爸爸说谎？"

守凤是老实姑娘，急得冒出了泪花："我没有骗爸爸，咱县确实没有淹！"焦裕禄看她像要起誓的小模样，笑了起来，并且长长地叹出了一口气，说："这下我可放心了！"

焦裕禄对兰考放心了，他领导兰考人民建成的水利工程起了作用。36万兰考人民将不再受被淹之苦，他高兴了，忘记了生命垂危的自己。从女儿委屈的神情上，从女儿颤抖的起誓般的声音中，确信自己的女儿没有骗他。

医院连续两次发出了病危通知。省委常委、组织部长张建民和省委副秘书长苗化铭、开封地委组织部长王向明赶到医院看望他，焦裕禄已处在了昏迷与抢救之中。徐俊雅俯身贴向他的耳边，轻轻地、连声地呼唤着他："裕禄，你醒醒，上级领导都来看望你啦！"他竟在昏迷中醒了过来，并强睁开干涩的眼睛，伸出如柴的手，无力地与领导相握。然后，他不忘礼貌地让座，深沉的双眼默望着省地委领导，问出了他从未讲过的一句话："请组织告诉我，我的病到底还行不行？"省委、地委的领导安慰他："你一心为党为人民的事业累出了病，党会想尽办法把你的病治好。"他听后，慢慢地点了点头，又一次闭上了眼睛。

四

这两天，远在山东的母亲李星英，做了一个奇怪的梦，她梦到自己的儿子骨瘦如柴，张着双臂跑向她，嘴里喊着"娘！娘！我回来了……"

第二天，她问孙子守忠："你叔那里最近有消息吗？"

焦守忠说："奶奶，咋就这么巧，叔叔单位拍来了一封电报，我刚取回来。"

奶奶："快念念电报上说什么了？"

焦守忠："奶奶，电报上说我叔叔，得病住院了。"

奶奶："要不要紧？"

焦守忠："电报里说，不要紧，叔叔是工作太累了，住院休息几天就好了。"

奶奶："不对，你叔叔要是没大事，为啥不住在兰考县当地医院，要去省城大医院？你叔叔的脾性我知道，但凡病得不严重，他是不会住院的。自打春节探家之后，我心里总是慌慌的，昨天又做了一个梦……"

奶奶："守忠，你明天送我到博山，我要去趟郑州。"

第二天，焦母带上给焦裕禄做好的布鞋，带了些土特产，在焦守忠的陪护下，来到了博山火车站。

焦守忠安慰说："奶奶，别着急，我叔不会有事的。您在火车上注意安全。我已给婶子拍去了电报，她会在车站接您。"

几个小时后，火车到达了郑州火车站，

老太太下了火车，站在站台上向人群中眺望。终于，她的英俊挺拔的儿子迈着矫健的步子,挥着手向她走来。儿子高声喊着:"娘——"她答应着:"唉——"

这时,才看见喊"娘"的是一个陌生的小伙子。那个小伙子搀住了身边一个老太太的手臂。焦母揉揉眼睛,这才意识到刚才自己出现了幻觉。

她怅然地立在站台上。站台上的人已走光了,空荡荡的,这时候她清晰地听到有人喊着"娘"向她走来。她不敢贸然应声,揉着昏花的眼睛。

"是俊雅!""是我,娘,我接您来了!"

老太太:"禄子,咋样了?"俊雅扑在婆母怀里,放声大哭。

来到病房里,处在昏迷中的焦裕禄嘴唇微微动着,轻声呼唤着:"娘——娘——"

徐俊雅对婆婆说:"他这几天总是昏迷,一昏迷时就喊娘。娘,他这是想您啊……"

老太太:"俺知道,禄子想娘了。"

老太太伏在焦裕禄的耳边唤着:"禄子!禄子!娘来了!娘来了……"

焦裕禄吃力地睁开眼:"娘——来了——我,我不是——不是在做梦吧?"

看着瘦得不成样子的儿子,老母亲肝肠寸断:"禄子,真是娘来了……"

徐俊雅附在他耳边轻声说:"老焦,真的是娘来了!我从车站接回来的。"焦裕禄艰难地挪了一下身子:"娘,您老——累了吧……坐了,坐了这么远的火车……"

"娘不累。娘看见你就不累了。"焦裕禄:"娘,我——我没想到——病成这样——让娘挂心了……娘您老别担心,我病好了,还要回——回博山老家看看……""儿啊,你这么想就对了,等你好了,娘陪你一块儿回老家。娘给你做了新鞋。娘老了,这鞋做得越来越吃力了。"焦裕禄接过鞋:"娘,不知道,我——我还能不能——穿着这双鞋——再回博山……"老母亲给他理了理头发:"孩子,咋说这话,娘就不信还有治不好的病!等你病好了,就回老家养些日子。咱崮山上也找到水了,听说将来还要修水库呢。"

焦裕禄问:"找到水了?在哪儿?"老母亲说:"就在你说的那个地方,阙家泉。你方开叔说是你画的图,村里让水文队把水找到了。"焦裕禄说:"好,有了水,再栽上——栽上果树,崮山就好看了。兰考——兰考的沙丘用淤泥封固,又栽上泡桐……"他一阵咳嗽,大口地喘气。护士小田进来了:"焦书记,您累了,先休息一下吧。一会儿又要输液了。"她示意了一下俊雅,老太太会意,站起身子:"儿啊,话多伤身,你还是个病人呢,娘又不走,有的是说话的时间。你呀,就先歇会儿。"看见俊雅陪母亲出去了,焦裕禄撑起身子:"小田——我提一个要求。""焦书记,您说。"焦裕禄说:"不要给我——使用那么贵的药了,应该——应该留给比我更需要、更有希望的同志。"

五

昏迷中的焦裕禄时而用微弱的声音喊着:"娘——娘——"时而唤着:"俊雅——俊雅——"

徐俊雅俯下身在他耳边喊着:"老焦!老焦你醒醒啊!"焦裕禄慢慢睁开了眼睛。俊雅轻声说:"老焦,省委组织部的张建民部长、地委组织部的王向明部长看你来了。"焦裕禄伸出了无力的手,张部长、王部长的手与他握在一起。

张建民和王向明一人拉住了他的一只手,抑止欲要喷洒的眼泪,向这位为党和人民的事业鞠躬尽瘁的好干部、人民的好儿子坦言了:"裕禄同志,党组织为了治好你的病,已经尽了最大的努力……但是,医生诊断,说你的病到了肝癌后期,皮下扩散。目前,还没有办法治好这种病。你对后事有什么交代,对党有什么要求,请向组织上讲吧!"

焦裕禄吃力地抬着身子,徐俊雅忙去扶他。

病房内一时静寂得可怕。焦裕禄紧握两位部长的手,平静地说:"感谢——组织对我的关怀,我——没能完成——党交给的任务,没有实现——兰考人民的愿望,心里感到难过……"两位组织部长眼中含泪,动情地说:"裕禄同志,你在兰考工作得很好,省委、地委都对你很满意。你已经出色地完成了党交给你的任务,无愧于一个真正的共产党员!"

焦裕禄几乎拼尽全身力气,断断续续说:"我活着——没有治好兰考的沙丘……死后——希望组织上把我运回兰考……埋在沙丘上……看着兰考人民把沙丘治好,我——死后,不要为我多花钱,省下来,支援灾区……"

徐俊雅哭得全身抖动。焦裕禄又握住徐俊雅的手:"俊雅——不要哭,好好生活,好好工作……这么多年,你跟着我没少操心、受罪……孩子都还小……我走后——担子全压在你身上……你,多辛苦了。要教育好孩子，多叫他们参加劳动……不要伸手向组织上要钱、要东西……"

又对母亲说："娘，您年纪大了，没过几天好日子……我给俊雅说了，叫孩子们不忘奶奶……"母亲忍住眼泪，抿紧了嘴唇，不哭出声，不流出泪，安慰儿子："孩子，说这些话干啥？没事，哪有治不好的病！"

焦裕禄点点头，又一次昏迷过去。

女儿守凤跪在床前，哭喊着："爸——爸——"焦裕禄艰难地睁开眼睛。他把几个孩子招到床边，手指颤抖着，摸摸这个的脸，扯扯那个的手。孩子们哭了起来。

焦裕禄拉着长女焦守凤的手："守凤——你们姊妹几个，数你大——是大姐姐——以后要听妈妈的话，带好弟弟妹妹，你已经工作了，爸爸没有什么送给你——这套《毛泽东选集》就留给你了，毛主席会告诉你怎样工作，怎样——怎样做人，怎样——怎样生活……"

徐俊雅和孩子们哭成了泪人。

1964年5月14日9时45分，这位毛主席的好学生，兰考人民的好儿子，中国共产党的一位优秀党员，县委书记的榜样——焦裕禄，在千人传唱万人悲痛中停止了呼吸。

六

焦裕禄逝世的消息传遍兰考大地的时候，人们根本不敢相信自己的耳朵。仅在几天之前，他还和许许多多的社员一起干活、唱歌、说笑话。他不像一个将要死去的人，他口中所谈的都是生活的远景图画，他想让每一个人都活得好，这样的人会死吗？

涸阳公社的一位老翁捶胸顿足，高声呼号："老天不睁眼啊！为什么单叫这样的好人死，为什么不让我替他死？"城关公社高皂头村的靳氏老大娘，就是"风雪探亲人"被焦裕禄探望的那位老人，她初听焦裕禄去世时，愣怔了，对着焦裕禄的遗像站了半天以后，才突然坐地，放声大哭。她也想替他死，他自称是她的儿子，她也就像一个真正失去爱子的可怜的母亲，哭她的亲儿子、好儿子……

成千上万的老翁和老妇手执香箔、纸钱，遍地焚烧。有人摆上了上供的枣篮、馍篮，围着贡品跪下来，齐声哭叫："焦书记，苦死累死的好心人呀！你在俺家吃的是薯叶窝窝，现如今收麦了，俺蒸了白馍你尝尝……"

按照当地的风俗，纸钱大多焚烧于十字路口，烧纸人用树枝等物在纸钱周围画一圆圈，只在对着郑州的方向留一个门儿，这纸钱就会被风刮向郑州，也会被好心的过路人捎往郑州，交给长眠于郑州烈士陵园的焦书记。

他们的恸哭之词是感人的："焦书记，在俺快要饿死的时候，你把救济款送到俺家门，如今俺过好了，你撇下妻子儿女去了。俺也要给你送几个钱，叫你死后莫过活着时的穷日子……"

这时，兰考大地的上空飘来了一首曲子：

泡桐树啊叶叶绿，
看见了泡桐树就想起了您，
想起了您……